本书获广东第二师范学院出版资助

第九届广东省教育教学成果奖（高等教育）一等奖获奖成果

广东省高等教育教学质量与改革项目"协同育人，特色发展"研究成果

光明社科文库
GUANGMING DAILY PRESS:
A SOCIAL SCIENCE SERIES

·教育与语言书系·

"一核四翼"育人模式探索

以建设一流学前教育专业为视野

主　编　周　峰
副主编　苏　鸿　叶湛霞

光明日报出版社

图书在版编目（CIP）数据

"一核四翼"育人模式探索：以建设一流学前教育专业为视野 / 周峰主编；苏鸿，叶湛霞副主编． -- 北京：光明日报出版社，2024.3
 ISBN 978-7-5194-7857-5

Ⅰ.①一… Ⅱ.①周… ②苏… ③叶… Ⅲ.①学前教育—人才培养—培养模式—研究 Ⅳ.①G61

中国国家版本馆 CIP 数据核字（2024）第 066809 号

"一核四翼"育人模式探索：以建设一流学前教育专业为视野
"YIHESIYI" YUREN MOSHI TANSUO：YI JIANSHE YILIU XUEQIAN JIAOYU ZHUANYE WEI SHIYE

主　　编：周　峰	副 主 编：苏　鸿　叶湛霞
责任编辑：陈永娟	责任校对：许　怡　李海慧
封面设计：中联华文	责任印制：曹　净

出版发行：光明日报出版社
地　　址：北京市西城区永安路 106 号，100050
电　　话：010-63169890（咨询），010-63131930（邮购）
传　　真：010-63131930
网　　址：http://book.gmw.cn
E － mail：gmrbcbs@gmw.cn
法律顾问：北京市兰台律师事务所龚柳方律师

印　　刷：三河市华东印刷有限公司
装　　订：三河市华东印刷有限公司
本书如有破损、缺页、装订错误，请与本社联系调换，电话：010-63131930

开　　本：170mm×240mm	
字　　数：323 千字	印　　张：18
版　　次：2024 年 3 月第 1 版	印　　次：2024 年 3 月第 1 次印刷
书　　号：ISBN 978-7-5194-7857-5	
定　　价：98.00 元	

版权所有　　翻印必究

我与"教苑"三十载
（代序）

满怀对改革开放热土的憧憬，1989年7月，我从六朝古都南京来到南国羊城广州，职业生涯选择的第一站就是广东教育学院教育系（本序所指的"教苑"，现为广东第二师范学院教育学院），已走过30多个春秋。在这些峥嵘岁月里，学校已从成人高校改办为普通本科高校，教育系也升级为教育学院。我则从一名助教起步，2002年晋升为全校最年轻的教授，2006年被聘为教育系主任兼教科所所长，2012年转任教育学院院长，还曾兼任新创办的学前教育学院和教师教育学院院长至2021年，现任广东省中小学德育研究与指导中心执行主任。

30多年过去，弹指一挥间。自己身上早已深深打上了"教苑"的烙印，与她结下了不解之缘。俗话说，"树挪死，人挪活"。其间虽有多次调离的机会，但我终究选择与她一起成长，可谓"从一而终"。回顾30多年的教苑生涯，其大致可分为三个阶段：前十年，初来"教苑"打基础；又十年，"象牙塔"外搞教研；后十年，树人楼里探新路。

前十年：初来"教苑"打基础

广东教育学院教育系，起源于1955年广东教育行政学院教育教研室，主要从事教育行政干部和在职教师的职后培训。"文化大革命"期间，学校曾被迫下放到肇庆地区新兴县。广东学前教育学院曾拥有一批声震岭南、名扬全国的教育学、心理学大家，号称"八大教授"，分别是陈一百先生、吴江霖先生、邹有华先生、叶佩华先生、严永晃先生、方辰先生、雷香霆先生、余文伟先生。他们铸就了广东教育学院曾经的辉煌，更激励着我们后来者扎根教育、埋头进取。

1978年，学校在广州客村原址复办，并正式组建了教育系，历任系主任有：严永晃教授（1979—1982）、黄国漳教授（1982—1988）、王锭城教授（1988—1996）、王小棉教授（1996—2006）。2006年后我接任教育系主任，2012—2021年我转任教育学院院长。正是有历届院系领导团结带领师生的不懈努力，才有今天教育学院的辉煌。

"面向基础教育、研究基础教育、服务基础教育、引领基础教育"是广东学前教育学院的显著特色，也是我们安身立命的最大优势。随着我国基础教育从普及教育走向优质教育，基于学校"改制"为普通本科师范学院以及广东"新师范"建设的需要，在上级领导的支持下，教育学院的办学定位也进行了重大调整，从以中小学校长和教师的职后培训及学历补偿教育为主转到以本科教育为主，再到如今的"聚焦小儿科"成为教育学院近十几年专业发展的新取向。

众所周知，30年前，在高校林立的大广州，广东教育学院作为一所成人高校，平台低，机会少是客观现实，很多能人都设法跳槽。时任校长梁琼芳教授爱才用才的良苦用心深深打动了我。他曾语重心长地对我说："因为我们是三流高校，只有自己加倍努力做出成绩，才不会被别人看低。"为了不辜负领导的信任和期待，也可能是初生牛犊不怕虎，来校五年内，我先后在《教育研究》(1990)、《中国社会科学》(1993)、《新华文摘》(1994)这三本国内顶级社科类期刊发表论文。从此以后，还真有几个单位向我伸出了橄榄枝，其中有高水平大学，也有教育行政部门。是一走了之还是继续在这里坚守，对我来说是一个问题。

曾记得，我拿着自己和爱人的商调函去找时任校长刘劲予教授，希望他同意我俩调去深圳工作。刘校长对我半开玩笑地说："你可以天天去深圳做事，但必须在我这里领工资，否则人家会说广东教育学院太不爱才了。"当年，广东高评委"教育学"学科组组长张人杰教授更是直接对梁校长说，凭业绩周峰应该从讲师直接晋升教授。时任广东省教育厅厅长江海燕说我经常在珠三角传经送宝，服务中小学一线，曾送给我一个"周三角"的雅号。1992年年初，时任省教育厅副厅长周国贤促成我到全国重点职中新会市荷塘职中挂职任副校长，挂职期间，我帮助该校探索出名扬全国的"产教结合、校企合一"的广东"荷塘模式"，受到领导和同行的一致好评。从此，周厅长称呼我们为"三周"（包含老周、中周、小周，老周指周国贤、中周指周善恒、小周就指我），和我们成了忘年交。

回顾过往，有些人、事不禁涌上心头。必须承认广东教育学院作为成人高校，以教师培训为主，曾经研究气氛淡薄，但为了报答梁琼芳教授、张人杰教授、丁沅教授、王锭城教授等领导和前辈的知遇之恩，当年作为青年教师的我只有奋发进取，尽力为校争光。记得1990年12月，我还是一名刚硕士研究生毕业的小助教，无意间，我提交给全国教育哲学专委会年会的论文《现代人本主义教育功能观试析》在权威期刊《教育研究》发表。不久，梁琼芳教授就邀请我和舒日中副教授一起开展邓小平理论的研究。1992年，我们三人合著出版了国内第一本邓小平教育思想研究的专著——《建设有中国特色的社会主义与教育》（中山大学出版社）。那年的春天，全国正掀起学习邓小平南方谈话的高潮，该书出版可谓恰逢其时。1997年，我又协助梁琼芳教授主编了《邓小平教育思想与广东教育改革》（广东人民出版社），1999年，该书荣获第六届广东省优秀社会科学研究成果奖二等奖。

1998年，我独著的《素质教育：理论、操作、经验》由广东人民出版社出版，这比1999年6月13日颁布的《中共中央国务院关于深化教育改革全面推进素质教育的决定》早了一年，该书又成为国内第一本研究中小学素质教育的专著，一年就发行了6万多册。《中国教育报》发表了"对素质教育的全方位探索"的长篇书评，江海燕为该书作序。当然，有得就有失。当年就是为了赶此书稿，连续熬夜，又遇上1997年的冬天特别寒冷，把书稿交给出版社后，自己的腰都直不起来了，被确诊为腰椎间盘突出，从此反复被它折磨，直到2012年下决心做了腰椎间盘摘除手术。

还是在1998年，省政府在中山召开"珠江三角洲教育现代化工作会议"，会议期间江海燕厅长对我说，广东推行教育现代化，中小学要实施素质教育，现在主要"瓶颈"之一是面向家长，希望我做些相关工作。为此，我在1999年主编出版了教子成材丛书，即《给幼儿家长的100条建议》《给小学生家长的100条建议》《给中学生家长的100条建议》。记得当时因为腰椎间盘突出毛病复发，校稿是在广州中医药大学附属医院的病房里完成的。该丛书也得到了江海燕的高度肯定，她在序言里指出，这套丛书是"家长学校的好教材"。该丛书一经出版就被许多中小学和幼儿园选为家长学校教材，一年发行数十万册。

领导和前辈的关心和爱护，使我坚定了留下来的决心。虽然这里起点低些、平台小些、机会少些，但换个角度看，自己从事的是实践性很强的教育学科，这里有省中小学校长培训中心，可以接触许多中小学校长，更方便自己深入中小学一线，只要自己努力，就能走出一条新路。另外，相较从政而言，我认为教学和科研更适合自己的性格，后来的实践也证明了这一点。

又十年："象牙塔"外搞教研

在社会上，人们一般都把高校看作"象牙塔"，大学教师是钻"象牙塔"的人。其实，地方本科师范学院是典型的应用型高校，产学研紧密结合是该类学校发展的必由之路。就我从事的教育研究内容而言，30年的教苑生涯研究，大致可分为5方面，即邓小平教育思想研究（1991—1997）、中小学素质教育研究（1997—2005）、中小学优质学校研究（2005—2012）、教育学学科与专业建设研究（2012—2021）、中小学德育研究（2021年至今）。这些研究都是理论紧密联系实际的主题。当年，无论是江海燕厅长、周国贤副厅长，还是广东第二师范学院校长梁琼芳教授、广州大学张人杰教授，他们都比较欣赏我走出"象牙塔"，走一条不同于多数高校教师搞教育研究的新路。其实，教育科学本身就是一门实践性很强的学科，尤其是应用型本科院校的教师，只有走出"象牙塔"，才能有广阔天地，才能大有作为。

  研究基础教育，引领基础教育，成为我的事业追求。无论是我主持的广东省"九五"教育科学规划课题"中小学素质教育操作策略研究"，还是全国教育科学"十五"规划课题"中小学优质学校形成机制研究"，都是理论紧密联系实际，每个课题都有100多所中小学实验学校参与规划。除了纵向课题研究注重理论联系实际外，我还主动给中小学当顾问，出点子。2000年，应梁允胜校长的邀请，我给珠海市湾仔中学设计了"德美育人模式"，提出"以德为核心，以美为载体""良药不苦口，忠言不逆耳"等理念，至今对于我们追求幸福教育、幸福德育仍有启发意义。2002年，应冯珊校长的邀请，我到广州市番禺区大石中学当教育顾问。当时，这所城乡接合部的薄弱初中，办学40多年，还没有评上"区一级学校"，针对这一现实情况，我提出"抓德育就是抓质量"，用"三全德育模式"统领学校教育教学改革，仅用三年时间，大石中学就被评上了"广东省一级学校"，该校推行"三全德育模式"进行管理与教学，从此以后，大石中学中考成绩在广州市几乎年年第一。该校推行的"三全德育模式"与如今教育部正在全国热推的"三全育人模式"十分相似，而前者已有20多年的历史。

  2002年，我的论文《试论基础教育均衡发展的若干问题》在《教育研究》发表，该文是我国基础教育均衡发展研究领域引用最多的三篇论文之一。顺着该文的研究思路，2006年，本人主持的全国教育科学规划课题"中小学优质学校形成机制研究"开题，广东省内有120多所中小学自愿加入课题实验，其中，改革开放先行区深圳就有近60所中小学加入。该课题研究报告《中小学优质学校及其创建》作为本人的博士学位论文，答辩高分通过；其核心内容又以《中小学优质学校形成机制研究》为名发表在《教育研究》上，该论文荣获2015年广东省哲学社会科学优秀成果奖（论文）二等奖，这也是广东第二师范学院以第一作者身份获得的社科类最高奖项；2017年，《中小学优质学校及其创建》又荣获广东教育教学成果奖（基础教育）二等奖。同一个课题研究成果，既获省部级科研成果奖，又获省部级教学成果奖，在高校即使不是独一份，也一定是罕见的。

面向基础教育，服务基础教育，对我来说，不是口号而是行动。本人多次主持横向课题研究并给学校或区域做教育规划，这更是紧密服务基础教育一线，体现了教育理论与教育实践的结合。如与英德市教育局合作完成了义务教育阶段"金种子"骨干教师素质提升项目，与广州市花都区教育局合作完成了"农村义务教育阶段小班化改革项目"和"农村初中质量提升工程项目"；还曾直接给番禺区北片教育指导中心、东莞长安实验中学和凤岗华侨中学等当教育顾问。

2002年，我被聘为教育系副主任兼教科所副所长，分管教育科研。当年这是一个闲职，但我做的两件事情值得一提。第一，为了扩大广东教育学院的社会影响，我到省新闻出版局申请了一个刊号，在学校没有办刊经费资助的情况下，自筹经费创办了《新世纪教育论坛》（后改名为《广东基础教育研究》）。在公办高校，个人到珠三角募捐一本内刊的办刊经费，估计也是头一回。这本内刊一办就是20多年，在省内外已产生了一定的影响。第二，积极参与并直接推动由我国著名教育学家张人杰教授倡议发起的"广东教育沙龙"。张教授退休后，该沙龙由我与华南师范大学教科院院长黄甫全教授、广东教育学会秘书长伍柳亭研究员接手续办，前后主办了近百届，这也是广东教育界围绕教育热点、难点、痛点进行的，持续时间最长，讨论问题最多，社会影响较大的学术沙龙，当年被许多同行赞誉为"广东教育界一道亮丽风景"。这也是张人杰教授引领广东教育研究，提携青年教师的一个创举。更惊喜的是，由张人杰教授主编，本人参编的《中小学教育与教师》一书荣获2005年广东省哲学社会科学优秀成果奖一等奖。这也是广东第二师范学院老师第一次获得该殊荣。

还记得，2006年暑假前的某天中午，学校钟康模书记叫我去他办公室，刚一坐下他就跟我说，学校党委决定要我出任教育系主任兼教科所所长一职，让我回去好好干。我感到太突然了，没有任何思想准备，但在其位必谋其政。接任教育系主任后，本人的主要精力自然就要放到行政管理上，但教学、科研也需兼顾。

后十年：树人楼里探新路

尊重常识、尊重规律、尊重人性是做好管理工作的前提。把管理工作与教学工作、科研工作密切结合，把职前培养与职后培训相互协调，把学科建设与专业建设相互促进，这又是我作为"双肩挑"院长的基本追求。只有这样，才能把管理工作与教育研究、教学工作更好地结合起来并有所作为。为此，在学校领导的大力支持下，着眼于普通本科院校出人才、出成果的目标要求，本人带领全院师生转变成人高校的原有办学观念，不断进行办学模式的探索与创新，用了短短十年时间归纳出教师职前"一核四翼"培养模式和教师职后"三高一低"培养模式。因为这两个模式都诞生在教育学院所在的"树人楼"，不妨说它们是最近的十年我在树人楼里探索新师范建设的新路子。

所谓教师职前"一核四翼"培养模式，源于2011年广东学前教育学院由学前教育专科改办本科。作为学前教育界的新兵，如何实现专业建设后来居上，"办小儿科，做大文章"就是在这一背景下提出来的。本人作为教育学院院长和"教育学"重点学科带头人，反复思考专业建设和学科建设如何做到"穿新鞋走新路"，由我领衔的"地方本科院校学前教育专业'一核四翼'应用型复合人才培养模式的研究与实践"成为广东学前教育学院学前教育专业十年磨一剑的主要抓手。广东学前教育学院始终坚持以幼儿教育市场需求为导向，持续改进学前教育专业人才培养方案，不断探索育人模式的改革创新，坚持走"协同创新，特色发展"的人才培养新路，以应用型复合人才培养为核心，逐步形成了广东第二师范学院学前教育专业特有的模式，即完善理论、活动、实践三类课程，打造教学、科研、培训三大平台，利用课堂、课外、校外三种途径，形成具有早幼一体、普特融合、差异发展三大特色的"一核四翼"育人模式（如图1所示）。

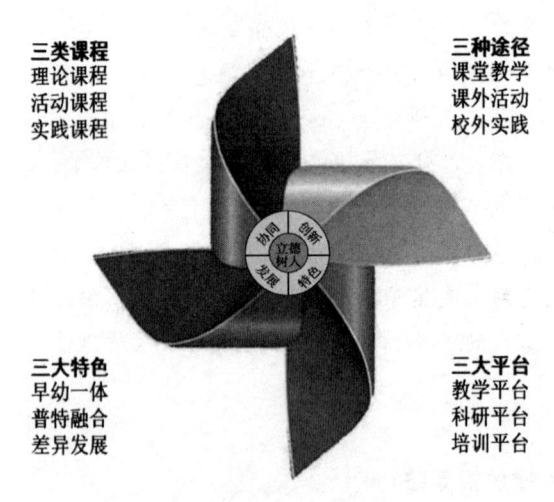

图1 地方本科院校学前教育专业"一核四翼"应用型复合人才培养模式

2011—2021年，广东第二师范学院学前教育的专业建设和学科建设取得了可喜的成绩。在2020年广东省重点学科中期检查时，广东学前教育学院学前教育专业和学科建设成就得到了组长黄达人教授（原中山大学校长）的高度评价，他认为我们这条路走对了。广东学前教育学院学前教育专业只用短短十年就取得了六个"广东第一":在全国公办大学学前教育专业综合排名为2018年广东第一(根据艾瑞深第三方专业排名统计);2019年,被确认为全省学前教育专业首个"省一流本科专业"建设点,2021年,获评"国家一流专业"建设点并高分通过教育部师范专业二级认证;本人领衔的《地方本科院校学前教育专业"一核四翼"育人模式的探索与实践》获评2020年广东省教育教学成果奖(高等教育)一等奖,这也是该届全省学前教育专业唯一的获奖成果,使广东第二师范学院在省级高等教育教学成果奖上实现了零的突破;广东学前教育学院学前教育专业连续多年本科生招生规模全省第一;2019年,在广东学前教育学院学前教育专业基础上成立了全省第一个学前教育本科学院(广东学前教育学院);2019年,由广东学前教育学院发起主办的"面向未来的学前教育"国际学术研讨会,吸引了来自美国、英国、澳大利亚、日本等国的学前教育专家和我国台湾、香港与境内的500多位学前教育工作者参加,可谓盛况空前。这些业绩被新闻媒体和同行赞誉为"小儿科"做出的"大文章"。

所谓教师职后"三高一低"培养模式,源于2012年广东省启动的新一轮基础教育"百千万人才培养工程",广东省学前教育学院承担了两届历时8年的"小学名校长幼儿园名园长培养项目"。本人作为该项目首席专家,基于广东学前教育学院几十年中小学校长和幼儿园园长培训的实践经验,结合当代职后培训的理论发展,针对广东基础教育高端人才培养的目标要求,提出了"三高一低"培养模式。具体而言,即"高端"的培养目标、"高瞻"的培养课程、"高效"的培训过程,"低重心"的培养方式。该模式着眼于培养一批师德修养高尚、专业素养精湛、人文底蕴深厚、教育视野宽阔、教育理念先进、管理风格独特、实践与创新能力强、能引领学校特色发展和品牌建设的广东名校长和名园长。该模式的基本特征是问题导向、"一人一案",遵循"反思实践、生成理念—践行理念、改进实践—传播理念、引领实践"的培养链,形成理论与实践双循环下的螺旋式上升的专业成长阶梯。广东省中小学"百千万人才培养工程"两期项目对比如表1所示。

表1 广东省中小学"百千万人才培养工程"项目对比

类别	培养人数（人）	培养后晋升正高职称人数（人）	培养后晋升正高职称人数占比（%）	入选"三名"工作室主持人（人）	入选"三名"工作室主持人人数占比（%）
"百千万人才培养工程"项目	484	109	22.52	229	47.31
小学名校长幼儿园名园长培养项目	51	28	54.91	27	52.94

由表1可知，广东学前教育学院承担的"小学名校长幼儿园名园长培养项目"培养质量优势明显。《广东基础教育高端人才"三高一低"培养模式的研究与实践》不仅荣获2021年广东省教育教学成果奖（基础教育）一等奖，还被广东省教育厅推荐参加2021年国家级教育教学成果奖的评选。基础教育高端人才"三高一低"培养模式结构如图2所示。

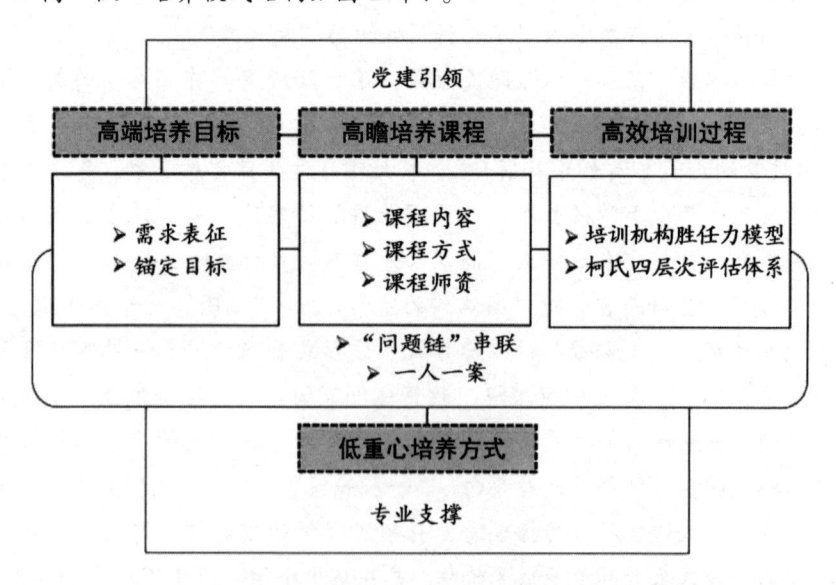

图2 基础教育高端人才"三高一低"培养模式结构

广东学前教育学院独创的个性化、易复制的职前"一核四翼"培养模式和职后"三高一低"培养模式不仅双双荣获广东教育教学成果奖一等奖，而且获得国内外新闻媒体和教育同行的广泛好评。其办学成果先后在中央电视台、《人民日报》《中国教育报》《中国教师报》《美国波士顿地方报》《南方日报》《羊城晚报》《广州日报》《新快报》、广东教育、早期教育、教育导刊、教育家、师道、中国教师、中国网、新华网、环球网等众多新闻媒体宣传报道。其中，2022年4月3日，我在新华网发表的《"一核四翼"育人模式，为学前教育专业插上腾飞翅膀》，一天浏览量就突破了50万人次。

总之，30多年的"教苑"生涯我是尽心尽力，苦中作乐。就身体而言，我得到了6根钢钉，深埋于腰椎；就科研而言，我主持了十多项省级以上课题，发表论文50余篇，独著、合著或主编教育书籍50多部，荣获省部级哲社优秀成果奖4项、省部级教学成果奖4项；就教学而言，我系统讲授了"教育学""中外教育史""教育哲学""中小学素质教育研究""学前教育原理"等课程，还为中小学校长（园长）和教师开设现代教育理论专题数十个；就服务基础教育而言，我主持了多个横向课题，直接为中小学设计了4种办学模式，为数百所中小学指导教育改革。为了表达我对"教苑"的深厚感情，2020年我还几乎将自己和爱人丁静教授私人收藏的图书全部捐赠给了教育学院资料室。

在这30多年里，我取得的每一点成绩都离不开领导、同行、同事和朋友的关心、帮助和指导；我的缺点和不足也大多被他们包容和理解。借此机会，我要向他们表达深深的谢意！本书是最近十年本人主持的两项教改成果之一，虽不成熟，但不妨供大家参考和借鉴，也算为广东第二师范学院新师范建设和"申硕"工作发挥余热，为自己带头立项的省特色重点学科"教育学"建设添砖加瓦。

不当之处，敬请批评指正。

周峰
2023年1月28日
于常州漕桥

前　言

广东第二师范学院学前教育专业始建于2009年，在短短十几年的时间内，实现了超常规、跨越式发展。2011年开始招收本科生，2012年获批为广东省幼儿园园长和幼儿园骨干教师省级培训基地，2014年获批为省级学前教育专业应用型人才培养基地建设单位，2019年获批为广东省一流本科专业建设点，2021年通过教育部师范类专业二级认证，2022年获批为国家级一流本科专业建设点。

广东第二师范学院学前教育专业的快速发展源于广东第二师范学院党政对学前教育专业建设的高度重视。近年来，广东第二师范学院积极响应国家政策导向，主动转变办学观念，坚持错位发展、特色发展，将办学重点从培养中学师资转变为培养学前教育和小学教育师资。《广东第二师范学院"新师范"建设行动方案（2018—2020年）》明确提出，"将学前教育专业作为重点专业予以建设"，并且"在政策、师资、场地建设等方面给予重点扶持"。2018年，在教育学院学前教育系的基础上，通过政策倾斜、师资重组，资源优化，克服多种困难，全校齐心协力催生了学前教育学院，这是广东省本科高校组建的第一个学前教育学院。

本书是对十余年来广东第二师范学院学前教育专业建设和学科建设的系统总结。全书共分四个部分，分别是风采篇、研究篇、方案篇和新闻篇。

第一部分风采篇选择了广东第二师范学院学前教育专业在办学十余年的历史进程中比较有代表性的活动图片，旨在通过图片形式再现广东第二师范学院学前教育专业办学的基本情况，包括省教育厅领导和学校党委的关怀与支持、学前教育专业建设大事记、学前教育师资队伍建设、专业办学的社会影响等多个维度。

第二部分研究篇汇集了广东第二师范学院学前教育学院在人才培养、教学研究、专业建设和学科建设等方面比较有代表性的研究成果。尤其值得一提的是，广东第二师范学院周峰教授领衔主持的《地方本科院校学前教育专业"一核四翼"应用型复合人才培养模式的研究与实践》荣获广东省教育教学成果奖（高等教育）一等奖。所谓学前教育专业"一核四翼"育人模式，即围绕全面提升学前教育专业应用型复合人才素质这一核心，完善三类课程，利用三种途径，创设三大平台，打造三大特色。具体而言，三类课程就是构建相互关联、互为补充的学前教育理论课程、活动课程和实践课程；三种途径就是课堂教学、课外活动、校外实践，并做到课内课外协同，本校与外校协同，高校与幼教机构协同；三个平台就是教学平台（硬件一流的学前教育实训平台）、科研平台（充满活力的学前教育研究中心）、培训平台（广东省幼儿园园长教师培训中心）；三大特色包括早幼师资一体化培养特色，普通教育与特殊教育融合特色，以及注重学生个性特长培养的差异发展特色。

第三部分方案篇重在展现广东第二师范学院学前教育专业在人才培养、制度建设、专业认证等方面的基本情况，由于篇幅限制，本部分只是节选了人才培养方案和专业认证资料文本。在人才培养方面，广东第二师范学院学前教育学院突破学术型人才培养的传统思维定式，紧密结合专业建设基础和广东经济社会发展需要，聚焦应用型人才培养的时代方向，不断拓宽学前教育人才培养的深度和宽度，努力做到校内外协同、课内外协同、本土培养与国际合作协同，切实为广东省早期儿童教育、儿童文化产业发展提供人才和科技支撑。基于应用型人才培养的视角，我们将学前教育专业的人才培养目标定位为：培养高素质的早期儿童教育工作者。"高素质"涵盖了四个维度，包括专业精神、实践能力、探究意识、特色发展。"专业精神"反映广东第二师范学院学前教育专业学生的精神面貌和专业伦理，要求学生热爱儿童、热爱学前教育事业，具有职业理想、敬业精神和合作意识。"实践能力"要求学生按照《幼儿园教师专业标准》，具备保育和教育的专业能力。"探究意识"要求学生善于思考和研究，养成终身学习的习惯，具有初步的学前教育研究能力。"特色发展"要求学生在校期间根据自己的兴趣有所侧重地多元发展，力争做到学有所长。

第四部分新闻篇重在体现广东第二师范学院学前教育学院在人才培养、专业建设和学科建设方面的新闻报道和社会影响。近年来，广东第二师范学院学前教育专业的办学情况受到中央电视台、广东电视台、新华网、中国网、《中国教育报》《中国教师报》《羊城晚报》、广东教育等国内主流媒体的广泛报道，产生了较大的社会影响。

面向未来，我们将始终坚守初心，继续砥砺前行，不断开拓创新，力争把学前教育学院建设成为广东省高水平学前教育研究中心、高质量人才培养基地、高层次教育咨询与服务机构。

目 录
CONTENTS

第一编　风采篇 1

第二编　研究篇 13
学前教育本科专业"一核四翼"应用型复合人才培养模式的研究
　　与实践 15
学前教育专业"一核四翼"育人模式探索 29
面向2035：建设一流学前教育专业 42
探索一流学前教育专业的建设方略
　　——专访广东第二师范学院周峰教授 47
聚焦"小儿科"，争做大文章
　　——广东第二师范学院大力发展学前教育专业纪实 51
略论地方本科院校教师教育改革的问题与对策 56
广东基础教育高端人才"三高一低"培养模式探索 64
"一核四翼"模式引领学生工作创新局 72
党建引领专业高质量发展新探
　　——以广东第二师范学院学前教育专业为例 76
创新育人模式，打造一流专业
　　——广东第二师范学院学前教育专业建设侧记 83
通识教育的文化品性与文化自觉 87
新师范背景下高师院校学前教育专业课程体系创新 95
产教融合视野下师范院校学前教育专业课程改革的探索 102
基于OBE理念的师范院校教师教育课程改革研究 109

基于行动学习的"学前卫生学"在线课程设计 ············ 117

构建师范类高校双创教育体系的实践探索

　　——以广东第二师范学院"互联网+"大赛项目培养为例 ······ 130

筑梦教育，卓越树人

　　——广东第二师范学院教育学院大学生实践成长工程 ········ 141

第三编　方案篇 ·· 149

学前教育学院专业建设与教育教学改革项目成果介绍 ········ 151

广东第二师范学院学前教育（师范）专业人才培养方案 ······ 166

广东第二师范学院学前教育专业自评报告（节选）·········· 183

"蒙台梭利教学法"课堂模拟教学示例

　　——粉红塔与棕色梯的结合 ························· 230

第四编　新闻篇 ·· 235

一核四翼：助推一流学前教育专业建设 ···················· 237

精准培训基础教育高端人才 ······························ 239

培训应与时代接轨 ······································ 242

小中见大：广东第二师范学院学前教育专业发展纪实 ········ 244

办"小儿科"，做大文章 ································ 250

广二师这个专业就业率100% ····························· 256

再上央视，看看广东第二师范学院学前教育"一核四翼"育人模式 · 258

周教授的文章受到学界关注 ······························ 262

"一核四翼"育人模式，为学前教育专业插上腾飞翅膀 ······ 265

后　记 ·· 266

风采篇

第一编

周峰教授主持的《地方本科院校学前教育专业"一核四翼"应用型复合人才培养模式的研究与实践》荣获第九届广东省教育教学成果奖（高等教育）一等奖，这也是该届学前教育专业唯一获奖成果。

这是广东第二师范学院学前教育学院部分教师合影。"地方本科院校学前教育专业'一核四翼'应用型复合人才培养模式的研究与实践"项目主持人：周峰教授（后排左四）。主要成员：苏鸿（后排右三）、高慎英（前排左四）、丁静（前排右四）、郑向荣（前排左三）、王彦波（前排左一）。

2020年4月,广东第二师范学院书记王左丹(左三)、副院长黄慕雄(右二)等陪同时任茂名市委常委、组织部部长王创(右三)率领的茂名幼儿师范高等专科学校领导一行来广东学前教育学院交流。

2020年9月,广东省特色重点学科中期检查指导组组长、中山大学原校长王达人教授(左三)、北京师范大学洪成文教授(右二),对广东第二师范学院教育学院以提升学前教育专业应用型复合人才素质为核心的"一核四翼"育人模式给予高度评价,认为广东学前教育学院学科与专业建设路子走对了。右三为广东第二师范学院院长廖伟群。

2018年11月,周峰教授率队到首都师范大学学前教育学院交流,借鉴该院学前教育专业国家级认证经验。

2021年9月,教育部师范专业认证专家组赵一仑教授(右二)、余珍有教授(左一)和宁征园长(左二)一行三人对广东第二师范学院学前教育专业进行二级认证,并高分通过。

2019年5月,广东第二师范学院学前教育学院承办的"面向未来的学前教育"国际学术研讨会在广州隆重举行,广东省教育厅副厅长朱超华、广东教育学会会长李学明巡视员以及中外学者500多人参加。来自美国、英国、澳大利亚、日本以及我国台湾、香港等地的10名学者被聘为广东学前教育学院学前教育专业顾问。会议期间,还进行了"广东学前教育学院"揭牌仪式。

我国著名教育家、北京师范大学资深教授、中国教育学会名誉会长顾明远先生为广东学前教育学院和"一核四翼"育人模式题字。

2019年5月举行的"面向未来的学前教育"国际学术研讨会上,时任广东第二师范学院教育学院兼学前教育学院院长周峰教授做《学前教育专业"一核四翼"育人模式探索》的主题报告。

邀请美国哥伦比亚大学教育学院程贺南教授(二排左十一)和哥伦比亚大学附属幼儿园 Heather Pinedo-Burns 园长(二排左十)来广东第二师范学院为广东省幼儿园卓越园长班学员讲学。

广东第二师范学院学前教育专业"一核四翼"应用型复合人才培养模式已走出广东,辐射全国。先后有多所高校来广东学前教育学院交流调研。

2020年，广东第二师范学院学前教育学院召开了学前教育一流专业建设战略研讨会，并聘请了一批兼职教授，现在广东学前教育学院学前教育专业聘请近20名一线名园长名教师任兼职教授。

广东第二师范学院学前教育学院学生丰富多彩的课外社团活动是"一核四翼"育人模式的重要组成部分。

广东第二师范学院学前教育学院（广东学前教育学院）树人楼外景，"一核四翼"育人模式和"三高一低"培养模式就诞生于此，可谓"树人楼里探新路"。

研究篇

第二编

学前教育本科专业"一核四翼"应用型复合人才培养模式的研究与实践

周　峰　苏　鸿　高慎英　丁　静　郑向荣　王彦波*

一、问题的提出

（一）基于学前教育高质量发展的需要

2010 年《国务院关于当前发展学前教育的若干意见》颁布实施至今，有关学前教育发展的政策文件不断出台，促进我国学前教育发展。

2011 年起，国家及省连续实施三期学前教育三年行动计划，重点解决入园难、入园贵、入好园的问题，推进学前教育普及普惠高质量发展，实现"幼有所育""幼有优育"。

广东第二师范学院为省属普通本科院校，以立足广东、服务广东基础教育为主，广东学前教育专业本科招生规模远远不能满足广东学前教育事业发展的需要。

广东省属于经济发达地区，但区域差异明显，各区域经济、文化、教育发展差异较大，尤其是学前教育发展不平衡，区域内城区与村镇之间、公办幼儿园与民办幼儿园之间的差距比较明显，幼儿园教育质量和幼儿园教师队伍参差不齐。

2017 年 8 月 30 日，广东省教育厅颁布的《广东省发展学前教育第三期行动计划（2017—2020 年）》强调指出，要"加大本专科层次幼儿园教师的培养力度，扩大省属高等师范院校学前教育专业的培养规模"。2018 年 11 月 15 日，中

---

* 作者简介：周峰，广东第二师范学院学前教育学院教授，博士；苏鸿，广东第二师范学院学前教育学院教授，博士；高慎英，广东第二师范学院学前教育学院教授，博士；丁静，广东第二师范学院学前教育学院教授；郑向荣，广东第二师范学院学前教育学院副教授；王彦波，广东第二师范学院学前教育学院讲师，博士。

共中央、国务院《关于学前教育深化改革规范发展的若干意见》提出，到2020年，基本形成以本专科为主体的幼儿园教师培养体系，本专科学前教育专业毕业生规模达到20万人以上。

广东第二师范学院积极响应国家及省的学前教育发展政策，及时调整办学重点，主动求变，提出"聚焦'小儿科'，争做大文章"的办学思路，走错位发展、特色发展之路。大力发展学前教育本科专业，将其作为学校"新师范"建设的突破口之一，扩大招生规模、进一步促进内涵发展，提升办学质量。

自2011年起，广东学前教育学院开始招收学前教育专业本科生。保持平均每年100人的招生规模。2018年起，扩大招生规模，保持平均每年300人的招生规模。

经过10年的努力，广东第二师范学院学前教育专业实现了从规模到质量的跨越式发展（如图1所示）。

图1 专业发展历程：跨越式发展

（二）基于学前教育专业人才培养特点的需要

幼儿园教师与中小学教师专业素养要求不同。依据《幼儿园教师专业标准》，学前教育专业定位要清晰准确，注重应用型复合人才培养。

第一，学前教育专业融教育性、艺术性、综合性、实践性于一体，注重科学保教、实践能力及多方面素养的培养，幼儿教师的师德修养要求更高，要有情怀、关爱、尊重幼儿，寓教于乐，寓教于生活。

第二，学生实践能力培养需要多方协同创新和通力合作，应用型复合人才的培养要有完善的实践教学课程体系、充足优质的实践基地、"双师型"实践导师和理论导师等，要做到理论引领实践，让学生在真实的教育情境和实践中感悟理论。

第三，课程教学要有整合意识和创新意识，注重课程结构合理、课程资源丰富多样，构建适宜的、科学优质的课程体系，要强化以学生为中心，以学论教，以研促教，创新教学方式，提升教学质量，确保人才培养质量。

（三）基于学前教育师资培养的现实需要

广东省幼儿园教师以幼师生和专科生为主，与本科生培养相比，更注重艺术技能训练，而忽视理论素养和反思意识培养，这种片面强调艺术技能训练的幼师培养模式给本科人才培养模式带来很大冲击，难以形成独具特色的本科生专业素养优势。本科人才培养如何准确定位，充分发挥本科层次的幼儿园教师优势，成为学前教育本科专业的首要问题。

现实中存在种种问题导致学前教育本科生的专业素养偏低。例如，基于艺术课程与理论课程的关系，要不要强化本科生的艺术素养；强调艺术教育技能训练，会不会舍本逐末；基于理论教学与实践教学的关系，如何避免缺乏理论反思的实践教学，理论知识的机械学习等；如何强化本科生的科研意识和科研能力培养。

以0~6岁婴幼儿为对象的学前教育需求是多种多样的，普特融合、早幼一体已成为学前教育的应有之义。学前融合教育逐渐成为世界教育潮流发展的趋势。《特殊教育提升计划（2014—2016年）》强调指出，各地要将残疾儿童学前教育纳入当地学前教育发展规划，列入国家学前教育重大项目。支持普通幼儿园创造条件接收残疾儿童。支持特殊教育学校和有条件的儿童福利机构增设附属幼儿园（学前教育部）。幼儿园融合教育的实现需要有特殊教育知识的幼儿教师和幼儿园园长。

早教机构作为一种现实的存在，成为学前教育的重要补充，尤其是广东经济比较发达地区普遍存在，但良莠不齐。《国务院办公厅关于促进3岁以下婴幼儿照护服务发展的指导意见》（2019年5月），《广东省人民政府办公厅关于促进3岁以下婴幼儿照护服务发展的实施意见》（2020年3月），从政策和实施层面对早教机构以及3岁以下婴幼儿的保育和教育提出更高要求，如何培养高质量的早幼一体化师资也成为学前教育本科专业办学实践的新问题。

基于此，本项目期待解决的主要问题为：如何创新学前教育本科专业应用型复合人才培养模式，破解学前教育本科专业培养模式单一、应用性不强、学生综合素养低等。

二、解决问题的过程与方法

本研究团队以专业建设为主线，以人才培养为核心，抓准机遇，整合资源，重点项目与全面优化共建共赢，扩大规模与质量提升双轮驱动，教师团队建设与学生卓越发展相互促进。十年时间，实现了跨越式、超常规、高质量发展，探索了学前教育本科专业"一核四翼"应用型复合人才培养模式。

解决问题的过程与方法如下：

第一阶段（2011—2014年）：注重人才培养模式探索，走内涵发展之路。

本专业初创时期，教师积极开展理论与实践研究，主动融入学前教育学术交流圈，提升教师个人与专业知名度、影响力。依托广东省高校专业综合改革试点，着眼于学前教育专业人才培养模式探索，走内涵发展之路。

重点做了以下几项工作：

（1）强化应用型人才培养，注重专业建设和课程研发。明确学前教育专业特色建设与专业定位，具有跨学科性、复合性和实践性，以此为主线，不断修订并完善学前教育的人才培养模式与课程设置，加强教材建设，完善课程教学大纲等课程文件。着重研制了人才培养方案系列文本：《学前教育专业四年制本科人才培养方案》《学前教育专业四年制本科实践教学方案（试行）》《学前教育专业实践教学标准（讨论稿）》《学前教育专业师范生教学技能课外训练实施方案（讨论稿）》《专业性活动课程周末实践平台的建立与运作》等。

创新三类课程。针对学前教育专业的特殊性，在师资队伍、培养模式、课程设置等方面不断创新。在课程研发方面，逐步形成三类课程，即理论课程、活动课程和实践课程。选修课程门类多样，实践课程和活动课程创造性实施，其中，"专业性活动课程"的独特方案引起省外同行的重视。

完善艺术教育类和创新创业类课程设置，强化艺术文化素养和实用技能培养。加大选修课程比例，鼓励教师以项目研究驱动课程建设，注重培养学生实践能力和创新创业能力，以拓宽专业适应性，促进学生的差异化发展。

（2）以专业建设项目为依托，完善实践教学体系。2012年，成功申报省级"专业综合改革试点项目·学前教育学"，获专业建设经费50万元。2014年，成功申报省级学前教育专业应用型人才培养示范基地建设项目，获专业建设经费60万元。学校在经费、场地等方面给予大力支持，尤其是校内专业功能场室建设，以满足艺术类和教学实践技能类课程的学习需要。

本专业进行全方位的建设工作，完善各种专业功能场室，支持教师外出学习、考察联络各类幼儿园，建设实践基地幼儿园网，完善协同育人和实践育人机制，并保持长期稳定的合作关系。很多实践基地幼儿园已经与学院合作十年之久。

坚持"全程实践"理念，构建"三位一体"协同培养机制，不断完善实践教学模式，强化实践教学。强调"教学做合一"的"全程实践"，注重活动育人。本专业构建了贯穿四年的全程实践教学体系，涵盖师德体验、教学实践、班级管理实践和教研实践，实施"现场教学+教育见习+专业性活动课程+教育实习"实践教学模式，帮助学生在实践感悟和真实场景中完成"从知识理解到实践体验""从惰性知识到综合运用"的转变。

基地幼儿园为教育见习、实习、专业技能训练等提供充足的实践活动场所，实践教学指导教师队伍稳定量足，指导能力强，指导过程细致、记录完整。

（3）完善培训平台，扩大影响力，提高认可度。2011年，由高慎英和周峰主编《广东学前教育发展报告（1950—2010）》，该书对广东省域学前教育发展概况做了深入系统的梳理与分析，得到广东省教育厅相关部门的高度重视。

2012年学前教育系获批幼儿园教师国培基地，承办幼儿园教师国家级培训班。同年，获批广东省幼儿园园长、幼儿园教师培训基地，三个培训平台让本专业在广东省乃至全国获得了更大的发展空间和平台支持。学前教育系成为广东学前教育专业委员会常务理事单位。

第二阶段（2015—2018年）：注重教师团队建设和学生卓越发展相互促进。

本阶段重点在教师团队建设和促进学生发展上有所创新，主要做的工作有以下几方面：

（1）完善专兼职、"双师型"教师团队。加大"外引""内转"力度。优良的师资是专业建设的核心，学校通过师资重组，资源优化，招聘海内外高层次专业人才等一系列手段和机制保障措施充实教师团队，师资配备在全省本科院校学前教育专业中处于领先水平。不断加强基层教研组织建设，设立了学前理论教研室、儿童发展教研室、儿童艺术教研室、实践教学教研室等。2018年，成功申报省级教学团队建设项目——"学前教育（师范）教学团队"。

（2）加强学前教育"教·学·研"中心建设。建立绘本研究工作坊、蒙氏研究工作坊、奥尔夫音乐训练室、创意美术工作坊、感统训练工作坊、儿童游戏与综合训练室。依托学前教育"教·学·研"中心建设，教师自主设计开发多样的选修课程，深化理论与实践研究，以研促教，提升学生的专业技能和实践能力。

（3）建立"双导师制"，培育"双师型"教师（如图2所示）。聘请24名省内知名幼儿园园长或教师为兼职教授。所有专任教师均有到幼儿园挂职锻炼

19

或指导幼儿园开展教研科研工作经验。积极指导国家级、省级及校级大学生创新创业训练项目，指导参加广东省师范生技能大赛等各类竞赛。

图2　建立双导师制，培育双师型教师

（4）以特色重点学科为契机，深化学前教育研究。2016年，教育学获批广东省特色重点学科，广东第二师范学院把"学前教育学"确定为广东省特色重点学科"教育学"的主攻方向，学科建设得到倾斜政策扶持。本专业教师积极申报校级与省级教科研课题研究项目，以研促教，以研促改，依托教科研课题积极开展课程教学改革。

（5）促进学生卓越发展。依照2018年2月2日发布的《广东"新师范"建设实施方案》，学前教育师资培养成为重中之重，学校把学前教育专业作为重点建设专业。2018年，本专业招生规模扩大，教师数量增加，由系改院，筹建学前教育学院，进一步改善办学条件，为学生发展提供更广阔的空间。

人才培养质量是重中之重，坚持"产出导向"，持续改进。学校和院系两级都拥有系统健全的教学管理制度和质量监控机制，建立行政领导、两级教学督导和教师听评课制度，强化同行评教、学生信息员反馈、学生网络评教等方式跟踪并获取教学质量监测信息。通过网上评教系统、学生信息员意见收集、院系教学状态评估、年度本科教学质量评估、本科学生就业质量评估、第三方评估等，以规范本科教学行为。强化教学过程评价和教学督导，持续提升本科教学质量。

从2012级起，启动卓越师范生培养项目，以培养师范生的教育情怀、综合素养和研究能力为主。引导学生以赛促学，以研促学，在参与项目式学习、师范生教学技能大赛、创新创业项目等创新学习中完善自我。

建立学前教育专业人才培养方案和课程审议机制，不断完善人才培养方案和课程体系，鼓励教师创新课程教学，以学生发展为本，以学定教。

建立毕业考核制度，注重培养目标达成、质量评价和产出导向。建立毕业生跟踪调查制度和实施办法，注重调查结果分析、反馈和改进，通过问卷、访谈、信函回访等形式对毕业生及用人单位进行调研，形成广东第二师范学院毕业生就业质量年度报告。以2016届本科毕业生为例，首次就业率为96%。就业岗位主要为公民办幼儿园教师，就业工作与学前教育专业相关度为93%，主要就业地为广州、佛山、东莞、深圳等。

第三阶段（2019—2022年）：注重办学质量持续提升及人才培养模式辐射推广。

本阶段是本专业实现跨越式发展的奋进期和收获期，重在办学质量的持续提升及应用型复合人才培养模式的推广应用。聚焦"协同"，拓展三种途径；重视"创新"；研发三类课程，凸显"个性"；形成三大特色，着力"发展"；打造三大平台，形成个性化、能推广的学前教育专业"一核四翼"育人模式。

重点做了以下几方面的工作：

（1）落实立德树人根本任务，深化课程教学改革。以一流课程、课程思政示范课程建设为契机，推进课程建设，将学科研究新进展、实践新经验、社会需求新变化及时纳入课程和教材。推动课堂革命，广泛开展启发式、讨论式、参与式教学，大力推进现代信息技术的应用，完善线上、线下混合教学模式，强化课堂互动，促进学生的主动学习和深度学习。

（2）辐射并深化合作办学机制和人才培养模式。实施"高职—本科"协同育人试点项目，创新"专本一体化"人才培养模式，培养应用型、技能型人才。积极寻求与省内有专业学位授权点的知名高校联合培养硕士研究生的机制，提升学校办学层次和人才培养质量。

（3）以专业认证和粤港澳大湾区建设为契机，持续提升人才培养质量。进一步扩大招生规模，2019年招生规模达300人以上（占广东省的1/4）。积极参与筹建粤港澳大湾区学前教育专业协同育人联盟和广东省学前教育专业协同育人联盟平台，为广东第二师范学院学前教育专业的跨越式发展奠定平台基础。积极筹备"面向未来的学前教育"国际学术研讨会。对标省级示范性教师教育实践基地建设，逐步形成以珠三角地区为核心并辐射广东省的学前教育专业实践基地群，完善实践教学质量保障机制。

（4）全力迎接师范专业认证，积极申报省一流和国家一流本科专业建设。

2019年起，启动二级师范专业认证工作，以专业认证为契机，认真回顾、重新审思十年来的专业建设和人才培养模式，精准定位，画好专业自画像。

着力提炼办学特色和办学优势，以《学前教育专业"一核四翼"应用型复合人才培养模式的研究与实践》为题申报校级和省级教育教学成果奖（高等教育）。

在获校级教育教学成果特等奖和省级教育教学成果一等奖（高等教育）的基础上，积极申报省一流本科专业建设点。

在获得省一流本科专业建设点基础上，积极申报国家一流本科专业建设点。

三、成果的主要内容

（一）探索了学前教育本科专业"一核四翼"应用型复合人才培养模式

该培养模式强调：以"立德树人"为根本导向，坚持以学生为本，产出导向，持续改进，确立了"协同创新，特色发展"的办学理念，突破以学科逻辑培养学术型人才的思维定式，积极结合专业建设基础和广东省经济社会发展需要，明确应用型复合人才培养的办学定位，以全面提升学前教育专业应用型复合人才素质为核心，完善理论、活动和实践三类课程，利用课堂教学、课外活动和校外实践三种途径，创新教学、科研和培训三大平台，打造早幼一体、普特融合、差异发展三大特色。具体如图3所示。

图3 学前教育本科专业"一核四翼"应用型复合人才培养模式

基于学校的办学特点和办学定位，探索适合本专业的办学定位和办学思路，而不是"盲目攀比"，更不是"同质竞争"。我们坚定地认为"小儿科"可以做"大文章"，重视培养应用型复合人才，走出了一条特色化发展的新路。

（二）以"三类课程"统整学术性和应用性

传统本科高校学前教育专业人才培养模式重视学术性取向，课程设置与课程实施的应用性不强。毕业生主要是考研，不能适应幼儿园教师的实际需要，也难以体现当前本科高校向应用型高校转变发展的时代需求。

本专业以应用型复合人才培养为核心，以"三类课程"统整学术性和应用性，注重实践教学模式创新，倡导"全过程"实践教学，做到本科四年实践不断线，将理论学习与实践训练贯穿四年的学习过程。注重活动课程资源开发，学生在真实的问题情境中进行项目式学习和体验式学习。

实践教学管理制度健全，学校专门开发了实习网络管理平台系统。学院不断完善实践教学实施方案和考核评价制度。基于系统性、组织性、多样性和有效性原则，形成层层递进、各有侧重的实践教学体系，每次实践教学都做到有计划、有组织，过程有指导、结束有反馈总结。实践教学内容全面丰富，形式灵活多样，注重实践基地和优秀资源库建设，线上、线下观摩学习，资源充足，做到见习、实习、研习"三习贯通"。具体如图4所示。

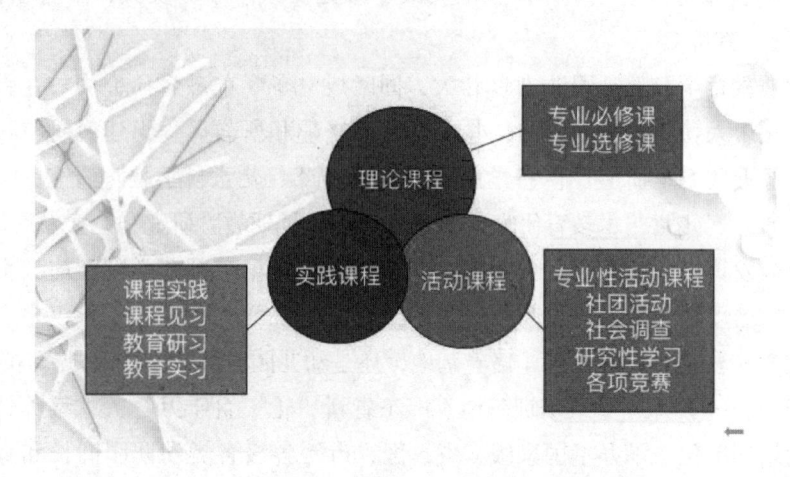

图4 学前教育专业三类课程结构

应用型复合人才培养，倡导"教学做"合一，突出实践教学与专业能力训练，鼓励学生用多种不同的方式接触学前教育理论，把理论学习、深度体验、同伴互助与实践训练相结合，切实有效地提升学生的职业认同感和职业核心能力。

（三）搭建了促进师生发展的多元化平台

首先，探索了高本衔接的多元化培养机制，开展本科院校与高职院校的专业衔接。先后与广东省外语艺术职业学院、珠海城市职业技术学院等建立协同育人机制，共同探索"3+2""4+0""2+4"等多元化的人才培养模式，推广应用"一核四翼"应用型复合人才培养模式。以扩展优质师资培养规模，整合理论素养、实践能力和反思意识，致力于应用型复合人才培养。

其次，着力进行实践实训平台建设。为强化学生的实践能力培养，我们积极争取学校支持，不断完善专业实践条件。一方面，不断拓展校外实践基地建设；另一方面，积极争取学校支持，建设校内专业实训场室。2018年，学校累计投入资金1000万元，建设以树人楼为核心的实训平台，完善专业功能场室，并达到省内领先水平。已经建成并投入使用的功能场室包括：钢琴实训室、形体艺术中心、儿童美术教育中心、奥尔夫音乐教室、蒙台梭利教学法专用课室、儿童绘本研究中心、儿童科学发现室、幼儿园班级环境实训室、儿童游戏实训室、幼儿安全教育室、儿童剧场等。

最后，建设教师专业研究平台和社会服务与社会培训平台。实现高校教学、科研与社会服务"三合一"，立足实践、研究实践、服务实践，培育全能型、"双师型"教师。

学前教育学院教师团队力量壮大，同时成立了学前教育研究中心，引导教师凝练化个人特色化研究方向，并根据研究兴趣和所教课程组建教研与科研团队。已经形成5个研究团队：学前教育理论研究、儿童科学教育研究、学前融合教育研究、儿童艺术教育研究、0~3岁婴幼儿早期教育研究和儿童发展研究。

充分发挥高校的社会服务职能，不断提升广东第二师范学院学前教育社会服务的知名度和影响力。目前，广东第二师范学院学前教育学院不仅是广东省最大的学前教育专业本科人才培养基地，还是幼儿园教师"国培基地"、广东省幼儿园园长（教师）省级培训基地、广东省新一轮"百千万"人才培养幼儿园名园长培训单位。承办了国家级、省、区、市等各级各类幼儿园园长和骨干教师培训任务。

四、效果与反思

（一）效果

广东第二师范学院学前教育专业"一核四翼"育人模式在实践中取得了可喜的办学效益。

2019年5月，由广东学前教育学院主办的"面向未来的学前教育"国际学术研讨会上，周峰教授代表学前教育学院做了《学前教育专业"一核四翼"育人模式探索》的主题报告，得到出席研讨会的500多位中外同行的高度评价。中国教育在线、《南方日报》《广州日报》《羊城晚报》《新快报》《信息时报》、央广网、广东科教网、广东教育厅官网、香港凤凰中文网等都先后大篇幅报道广东学前教育学院学前教育专业办学成就。

办学成果具体表现在如下五方面：

第一，学前教育专业综合办学实力显著提升。经过十年的不懈努力，本科招生规模名列广东省第一，师资团队结构合理，学科背景多元，融合学前教育学、儿童心理学、教育管理学、音乐美术等艺术学。现有专任教师48人，其中，教授7人，副教授9人，都具有博士或硕士学位。

聘请省内幼儿园一线的高水平幼儿园园长或教师14人担任兼职教授或副教授；学校先后投入近1500万元建设的专业功能场室，在省内处于领先水平；以珠江三角洲高水平幼儿园和早教机构为依托的专业实习基地已成网络，并建成学前教育专业实训联盟。

根据第三方大学评价机构艾瑞深研究院的统计数据，2018年，广东第二师范学院学前教育专业在全国公办大学学前教育专业排名中为广东省第1名（全国第15名）。

2019年，学前教育专业"一核四翼"应用型复合人才培养模式获广东省教育教学成果（高等教育）一等奖，这是广东第二师范学院第一次获得此类奖项。

2019年，获批广东省一流本科专业建设点，这是广东省唯一一个学前教育专业入选省一流专业。2021年，获批国家一流本科专业建设点。

第二，学前教育专业教师团队教科研业绩突出。学前教育教师团队承担了国家级、省部级科研课题和教研课题15项，获得广东省哲学社会科学优秀成果奖2项，发表高水平论文和学术专著20余部（篇）。不少教学改革成果具有较大的社会影响。例如，2010年，高慎英和周峰教授组织编写出版了《广东学前教育发展报告（1950—2010）》，第一次对广东省学前教育事业60年发展状况进行了系统梳理，引起学界同行的高度关注。2012年，成功申报广东省高等学校"专业综合改革试点项目·学前教育学"；2014年，成功申报广东省高等教育"创新强校工程"建设项目——应用型人才培养示范基地（学前教育专业）。2016年，广东学前教育学院"教育学"被评为广东省特色重点学科；2018年，学前教育学又被评为广东省"冲补强"特色高校提升计划重点建设学科，被确定为重点建设方向。2020年，"学前教育原理"成为省一流精品课程和课程思政示范课程。目前，学前教育学院教师团队在学前教育课程改革研究、儿童家庭教育研究、儿童科学教育研究、蒙台梭利教育研究、儿童绘本教育研究等方面已经形成一定的影响力。

第三，学前教育专业实践基地建设成效显著。以协同创新为抓手，重视实践基地建设，在全省范围内遴选了25所高品质的幼儿园，为学生全程见习、实习、研习提供了有保障的机会和条件。3所幼儿园获批为省级教师教育示范性实践基地。

本专业教师与实践基地幼儿园开展合作研究，充分发挥高校科研优势，强化基地幼儿园的教科研指导，推动基地幼儿园共赢发展。经过持续的专业化指导，多家幼儿园升格为省市级示范性幼儿园，充分体现了教师团队的专业水平和社会影响力。

第四，学前教育专业人才培养质量优异。我们坚持以培养高质量的学前教育师资为专业使命，不断提升学生培养质量。近十年来，广东第二师范学院学前教育专业学生就业率一直稳居全校前列，每年毕业季，大量用人单位主动来校举办学前教育专业人才招聘会，广东第二师范学院学前教育专业毕业生成为用人单位争抢的"香饽饽"。毕业生培养目标达成度好，就业率一直稳居全校前列。工作与专业期待高度相关。学生在广东省师范生技能大赛、广东省大学生科学影像大赛、广东省大学生合唱比赛、大学生创新创业项目等各类比赛中获奖80多项。

根据麦可思应届毕业生培养质量评价数据，2020届毕业生共103名，就业率为100%，首次就业工作与学前教育专业相关度为80%。2021届毕业生共149名，截至10月就业率为95.97%，初次就业工作与学前教育专业相关度为88.59%。就业流向为幼教机构、幼儿园等，主要就业地域为广州、佛山、东莞、深圳等地，工作与专业高相关度说明学生职业期待吻合度好，培养目标达成效果好。麦可思统计数据显示，学前教育专业毕业生对专业教育教学的满意度为全校所有本科专业最高，为100%，毕业生在新岗位的教学满意度为96%，这充分说明人才培养方案的课程体系设置合理，教学质量有保障，能充分满足毕业生实际工作学习的需要。2018—2020年，往届毕业生及就业单位调研报告显示，用人单位和幼儿家长对毕业生满意率都接近100%。通过随机抽样进行问卷和访谈发现，幼儿家长对本专业毕业生满意度高达100%。充分反映了本专业的毕业生具有良好的工作适应力，表现出较好的创造性，赢得了用人单位认可和幼儿家长的肯定与好评。每到毕业季大量用人单位都会主动提前来校召开现场招聘会。

毕业生中已有多人次在所在省、市级论文比赛、教学比赛、幼儿教师技能竞赛中获得优异的成绩，成为所在幼儿园的骨干教师；部分毕业生或从事教育专业的教学与科研工作，或继续深造读研。

学前教育专业往届毕业生中，不少在工作岗位取得了比较优异的成绩，如

2015届毕业生薛颖茵、梁斯静在2019年第二届广东省中小学青年教师教学能力大赛（学前教育组）分别荣获一等奖和三等奖；2016届毕业生黄力在2019年第24届全国中小学生绘画书法作品比赛中，荣获指导工作一等奖，在2018年广州市"文溪雅荷杯"幼儿园场景化课程设计竞赛教师组决赛中荣获特等奖。

第五，幼儿园园长（教师）培训取得较大社会影响。广东学前教育学院学前教育专业队伍强、设施优、质量高。2011年，广东第二师范学院学前教育系顺利通过省教育厅组织的专家评估，成为广东省幼儿园园长（教师）省级培训基地，同年，被教育部确定为幼儿园教师"国培"基地。广东学前教育学院不仅承担幼儿园教师"国培"项目、广东省新一轮"百千万人才培养工程"幼儿园名园长培训等省内最高层次的培训任务，承担多层次、多类型的省级幼儿园园长培训和幼儿园骨干教师培训、广州市卓越园长培训、广州市园长提高培训、各地市园长教师的横向培训任务，培训学员满意度高。2021年，培训成果《广东基础教育高端人才"三高一低"培养模式的研究与实践》获广东省基础教育教育教学成果一等奖。

总之，经过十多年的努力，学前教育本科专业"一核四翼"应用型复合人才培养模式卓有成效。其关键在于，抓住发展机遇，聚焦"小儿科"，争做大文章！具体如表1所示。

表1 广东学前教育学院学前教育本科专业10年（2011—2021年）高质量发展

招生规模	2011年招生100名，2020年招生300名。2020年本科学前教育招生规模占全省的1/4。广东学前教育学院还采用协同育人模式，与3所高职院校联合培养"专升本"学生数百名
专业发展	2017年"学前教育学"，入选为广东省特色重点学科教育学。2018年艾瑞深学前教育专业排名显示，广东省排名第一。2019年获批广东省首个学前教育省一流本科专业建设点。2021年通过教育部师范专业认证，同时获批国家一流本科专业建设点
人才质量	学前教育专业师范生专业能力大赛、大学生创新创业项目等80多项，2020年，新冠肺炎疫情突发，学前教育专业毕业生100%就业，且70%到幼儿园一线就业。广东学前教育学院承担广东省卓越幼儿园园长和"百千万人才培养工程"项目"幼儿园名园长"培养项目，多名园长荣获正高级职称、大奖

续表

招生规模	2011年招生100名，2020年招生300名。2020年本科学前教育招生规模占全省的1/4。广东学前教育学院还采用协同育人模式，与3所高职院校联合培养"专升本"学生数百名
社会影响	2019年，学前教育本科专业"一核四翼"应用型复合人才培养模式荣获广东省教育教学成果（高等教育）一等奖，也是该届广东省学前教育专业唯一获奖成果。同时，主办广东省首届大型学前教育国际学术研讨会。人才培养模式和专业建设成果先后在中央电视台、新华网、环球网、中国网、《中国教育报》《南方日报》《羊城晚报》《广州日报》《光明日报》、教育家、广东教育、早期教育等众多新闻或教育媒体宣传报道。2021年，作为发起者，成立广东高教学会学前教育专委会

（二）反思

本项目成果尚需进一步思考和完善的问题主要有以下几方面：

第一，如何在新时代背景下，进一步深化、细化、优化"一核四翼"应用型复合人才培养模式，坚持"协同创新，特色发展"理念，以国家级一流本科专业建设为契机，继续拓宽培养途径，拓新培养课程，拓建培养平台，形成培养特色，聚焦学生综合素养和实践能力提升。

第二，推广应用过程中，如何既保持"一核四翼"应用型复合人才培养模式的特色亮点，又能有效结合其办学基础和办学实践形成多样化、可操作的系列化子模式，并培育成为优秀教育教学成果。

学前教育专业"一核四翼"育人模式探索

周峰 苏鸿 郑向荣[*]

学前教育是我国教育现代化的奠基工程，又是我国教育发展的"短板"。大力发展学前教育专业是广东第二师范学院实现应用型本科院校转型发展、特色发展的必然选择。早在 2012 年，广东省"强师工程"文件就明确指出，"依托广东第二师范学院并联合省内具有教师教育资格的高等学校，采用多种方式培养学前教育、小学教育和特殊教育等紧缺学科教师"。广东第二师范学院认真贯彻文件精神，抓住时代机遇，实现了学前教育专业的跨越式发展。我们始终坚持以幼儿教育市场需求为导向，以应用型复合人才培养为核心，持续改进学前教育专业人才培养方案，不断探索育人模式的改革创新，坚持走"协同创新，特色发展"的人才培养新路，逐步形成了广东第二师范学院学前教育专业特有的"一核四翼"育人模式。经过近十年的不懈努力，广东第二师范学院学前教育专业建设取得了可喜的成绩，办学条件达到省内领先水平，教师队伍整体素质优异，学生培养质量获得社会好评，教师培训产生广泛社会影响，学科与专业建设在省内同类师范院校中跃居前列。

一、问题导向，"一核四翼"育人模式产生的背景

广东第二师范学院学前教育专业"一核四翼"育人模式的形成不是偶然的，它主要针对我国高校学前教育专业办学中长期存在的突出问题，积极寻找突破与创新的教改实践成果。我们认为，在广东高校学前教育专业办学实践中存在如下突出问题：

---

[*] 作者简介：周峰，广东第二师范学院学前教育学院院长、教授，博士；苏鸿，广东第二师范学院学前教育学院教授，博士；郑向荣，广东第二师范学院学前教育学院副教授。本文曾发表于《教育导刊》2020 年第 4 期。

（一）学前教育专业大专及本科层次招生规模过小

学前教育是基础教育的基础，更是教育现代化建设的奠基工程，但学前教育长期是广东省教育的"短板"，而高水平、高学历的幼儿教师奇缺又是广东省"短板"中的"短板"。虽然广东省已实施了两轮学前教育行动计划，但随着国家大力发展学前教育的要求不断提高，学前教育专业大专以上，尤其是本科层次毕业生的比例偏低，已成为广东省学前教育质量提升的瓶颈之一。2018年11月，《中共中央国务院关于学前教育深化改革规范发展的若干意见》指出，到2020年我国学前教育专业大专和本科毕业生规模达到20万人以上。若按人口比例，到时广东省要有近2万名毕业生规模才符合要求，但是广东省学前教育专业大专以上招生规模实际情况不容乐观。广东省高考招生数据显示，2018年（夏季）15所高校学前教育专业本科计划招收1107名（实际招收1081名），18所高职高专共招收学前教育专科3235名，两者合计4500名，与2万名的要求相去甚远。实际上，99所中职学校成为广东省学前教育师资培养的主力军。广东省学前教育大专以上学历师资紧缺，本科层次幼儿教师更是稀缺的问题，十分突出①。

（二）学前教育专业培养模式单一

过去，多数高校把学前教育当成"小儿科"，学前教育专业长期不受重视，高水平大学更是把它当成点缀。培养模式也很单一，主要局限于从高中升学的四年制本科人才培养。这与学前教育专业的跨学科性、复合型人才需求相去甚远。尤其是高中起点4年制学前教育本科生在艺术、体育等幼儿园急需的特长方面潜力有限，而受制于传统的高考招生制度，学前教育专业又不能从艺术类考生中独立招生。针对上述问题，我们先后与广东省外语艺术职业学院、珠海城市职业技术学院等合作，共同探索"3+2""4+0""2+4"等多元化的人才培养模式，开展本科院校与高职院校的专业衔接。

（三）学前教育专业本科人才培养的应用性不强

传统的本科高校学前教育专业人才培养模式重视学术性取向，课程设置与课程实施的应用性不强。大量学前教育专业本科毕业生主要是为考研，不能适应幼儿园教育实际需要，也难以体现当前本科高校向应用型高校转变发展的时代需求。为此，我们探索人才培养模式创新，以高质量应用型复合人才培养为核心，做到本科4年实践不断线，不断改进课程设置，不断探索教学模式创新。

---

① 参见广东2018年夏季学前教育专业（本科）招生计划（附录1）。

（四）市场巨大，但可供给的优质学前教育资源严重不足

众所周知，我国义务教育是6岁入学，学制9年。学前教育作为非义务教育一度被全面推向社会，造成普惠性公办幼教机构十分稀缺，无论是城区还是乡镇，民办幼儿园约占2/3以上，早教机构几乎百分之百是民办（如图1所示）。

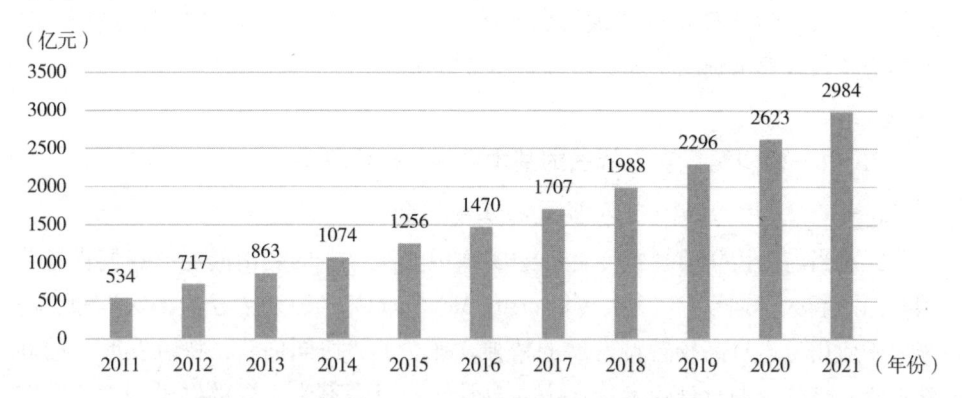

图1 2011—2021年我国民办幼儿园的市场规模

资料来源：郭旭光．困境下民办幼儿园的战略管理与创新［D］．北京：北京大学，2019.

根据《国家教育事业发展"十三五"规划》提出的目标要求，2020年，我国学龄前儿童在园人数要达到3150万人。根据此数据测算，2021年，我国民办幼儿园在园人数将达到3400万人，年均复合增长率为6.90%（如图2所示）。

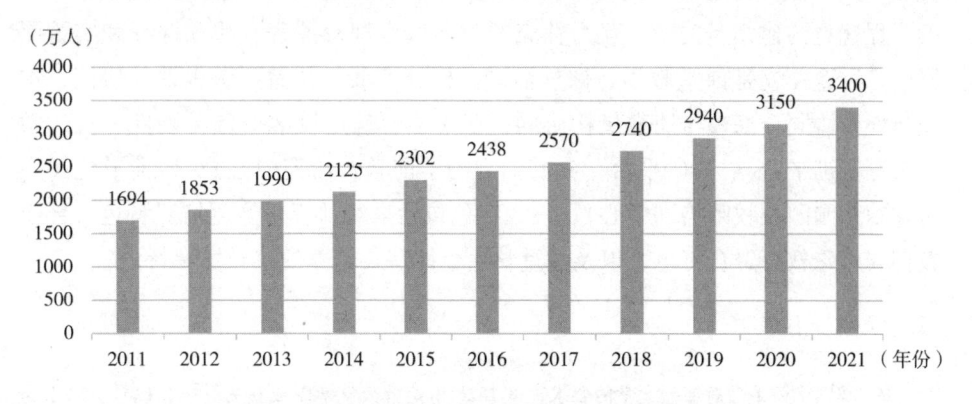

图2 2011—2021年我国民办幼儿园的在园人数

资料来源：郭旭光．困境下民办幼儿园的战略管理与创新［D］．北京：北京大学，2019.

跟庞大的市场需求相比，学前教育师资紧缺，学历水平不高，平均薪酬水

平很低，大多数幼儿园教师仅有幼师（或中职）学历。作为我国教育现代化奠基工程的 0~6 岁学前教育，毫无疑问成为我国教育短板中的短板，迫切需要全社会重新认识学前教育的价值，尽快补齐这块不应该有的教育短板。2018 年 11 月 15 日，《中共中央国务院关于学前教育深化改革规范发展的若干意见》出台，全面、深刻地指出了学前教育在我国教育现代化发展中的重要地位和作用，用超常规手段对学前教育进行供给侧改革，加大政府投入，鼓励社会力量参与，尤其为学前教育师资的培养、培训指明了方向。

二、"一核四翼"育人模式的基本内涵与价值取向

（一）"一核四翼"育人模式的基本内涵

针对当前高校学前教育专业办学实践中普遍存在的突出问题，我们借鉴英美等国"新大学运动"（New University Movement）① 的办学经验，认真领会国家关于应用型本科高校转型发展的精神，确立了"协同创新，特色发展"的办学理念，充分挖掘自身的发展潜力，自觉转变以学科为主导的办学观念，突破以学科逻辑培养学术型人才的学科思维定式，并积极结合专业建设基础和广东省经济社会发展需要，明确应用型复合人才培养的办学定位，切实为儿童教育及儿童文化产业发展提供人才和智力支撑，逐步形成了广东第二师范学院学前教育专业"一核四翼"育人模式，具体如图 3 所示。所谓学前教育专业"一核四翼"育人模式，即围绕全面提升学前教育专业应用型复合人才素质这一核心，完善三类课程，利用三种途径，创设三大平台，打造三大特色。具体而言，三类课程就是构建相互关联、互为补充的学前教育理论课程、活动课程和实践课程；三种途径就是课堂教学、课外活动、校外实践，并做到课内课外协同，本校与外校协同，高校与幼教机构协同；三大平台就是教学平台（硬件一流的学前教育实训平台）、科研平台（充满活力的学前教育研究中心）、培训平台（广东省幼儿园园长教师培训中心）；三大特色包括早幼师资一体化培养特色，普通教育与特殊教育融合特色，以及注重学生个性特长培养的差异发展特色。

---

① 英国工业革命对新型大学的要求，以 1826 年伦敦大学学院成立为标志，以社会需求为驱动，主要开设科学、数学、商业等现代应用性专业，对学生进行工商业实科教育，源源不断地为各行各业输送实用型人才，支撑英国百年"日不落帝国"的全球霸主地位。美国赠地学院运动，起源于 1862 年和 1890 年的两份"莫雷尔法案"，形成了多类型的美国高等教育体系，高校成为服务当地社会经济发展的重要力量，支撑美国 19 世纪末建成比较完整的现代工业体系，GDP 跃居世界首位。

三类课程
理论课程
活动课程
实践课程

三种途径
课堂教学
课外活动
校外实践

协同发展　立德树人　创新特色

三大特色
早幼一体
普特融合
差异发展

三大平台
教学平台
科研平台
培训平台

图3　广东第二师范学院学前教育专业"一核四翼"育人模式

（二）"一核四翼"育人模式的价值取向

在学前教育专业改革的价值取向方面，我们着力遵循以下三个原则：

1. 综合改革

我们认为，高校的专业建设与培养模式改革应该是一个系统工程，仅仅局限于某个局部的改革已经难以实现办学综合实力的整体提升。为此，自2011年起，我们持续不断地从学前教育专业的学科专业设置、人才培养模式、师资队伍建设、基本办学条件等关键环节和重点领域进行整体的、综合的改革，不断突破制约学前教育专业向应用型专业转变的内部机制障碍。

2. 服务需求

高校的专业建设应该适应地方经济社会发展的需求，作为省属本科高校，我们在改革中自觉立足广东省经济社会发展的需求，主动把办学思路转到服务广东区域经济社会发展上。针对广东学前教育高质量师资严重不足的突出问题，广东第二师范学院学前教育专业自2009年创建之初，就明确提出做大做强学前教育的社会使命，办学10年来，招生规模逐年扩大。2017年，广东学前教育学院学前教育本科招生规模突破200名，约占广东省学前教育专业本科招生的1/4，为广东省高质量高学历学前教育师资培养做出了应有贡献。

3. 特色发展

我们认为，专业建设应该根据每所学校的实际，探索自己独特的办学定位和办学思路，而不是"盲目攀比"，更不是"同质竞争"。为此，我们从学校的办学特点和办学定位出发，思考差异性发展的办学之路。与华南师范大学、广州大学等校的学前教育专业相比,我们是学前教育的新兵,但我们坚定认为"小儿科"一样可以做大文章,我们在改革中更重视人才培养的宽口径、强能力,更强调与广东省儿童教育机构与儿童文化产业的紧密联系,走出了一条特色化发展的新路。

三、"一核四翼"育人模式的主要做法和经验

广东第二师范学院学前教育专业"四个三"育人模式围绕"协同""创新""特色""发展"四个关键词展开了深入探索与试验,具体做法与经验如下:

(一)聚焦"协同"

我们认为,在国家大力发展学前教育的时代背景下,高师本科院校学前教育专业的培养模式创新必须突破"关门办学"的老路,应该以开放性、全球化、多元性的办学理念,积极谋求课内外、校内外、国内外的协同与合作,不断突破各种潜在的壁垒和阻碍,尽最大可能整合各种办学资源。

为此,广东第二师范学院学前教育专业在四个"协同"上着力。一是课内外协同,通过课内打基础,课外拓潜力,通过学生会和团委等学生组织,开办各种学生文艺社团,提升学生的综合素质。二是校内外协同,我们先后与广东省外语艺术职业学院、珠海城市职业技术学院等签订了学前教育人才培养合作协议,搭建了高职和本科专业衔接的通道。校内外协同还反映在学校内部多个办学院系的协同。学前教育是一个综合性、跨学科的领域,涉及学科门类多,因此特别需要协同创新的支撑。我们在改革中还探索建立了学校内部相关院系之间的协同创新机制,通过联络和组合各个相关学科(例如,音乐系、美术系、体育系、生物系等)的师资力量,组建学校内部育人联盟,建立高校内部的知识分享机制。三是国内外协同,我们探索与国外高校开展合作办学,通过"请进来、走出去"的方式,着力提升人才培养的国际化水平,扩展师生的视野。例如,我们正在紧锣密鼓筹办今年5月下旬举办的"面向未来的学前教育"国际学术研讨会,邀请美国哥伦比亚大学、澳洲西悉尼大学、麦考瑞大学、英国牛津大学、西英格兰大学等国外著名高校的学前教育专家来广东第二师范学院开展学前教育的学术交流,也是体现国内外协同的一个具体举措。四是校企协同,我们和用人单位、儿童教育相关机构建立了产学研联盟,不断探索产学研合作的新思路,包括:积极拓展校外的实习实践基地,在珠三角地区建立了完善的实践基地网络,与优质幼儿园合作建立省级教师教育示范性实践基地,与幼儿园及儿童文化产业机构合作开展教育科研。通过与行业企业的合作,使学

科建设与行业企业改革的实际需求紧密结合起来，完善广东第二师范学院学前教育学院研究成果无缝对接幼教行业企业发展实际的运作模式，在促进教育教学内容创新的同时提升了广东第二师范学院学前教育学院的专业研究水平。借助产学研联盟，我们还积极引入行业、企业力量深度参与专业建设、课程设置和人才培养。

（二）重视"创新"

学前教育专业具有跨学科性、复合性、实践性的独特属性，其人才培养模式应该与传统的文科或理科专业人才培养模式具有显著差异。针对学前教育专业的特殊性，我们力图在师资队伍、课程设置、培养机制等方面不断创新。

1. **师资队伍建设创新**

我们根据学前教育的专业特点，以"双师"结构的教学团队建设作为学前教育创新发展的一大突破口。在改革过程中，我们主要从如下三方面着力：一是建立实践导师队伍，目前，广东第二师范学院学前教育学院已经外聘了15名有社会影响的产业界及儿童教育界人士担任学院兼职教授，促进了师资队伍的多元化；二是成立合作发展联盟，合作发展联盟本着"平等互利、共同发展"的宗旨，开展专业建设、人才培养、实习基地建设、"双师型"教师培养、项目研发等，实现高校和儿童教育机构、儿童文化产业机构的联结、互动与共赢；三是培育"双师型"教师科研团队，鼓励教师围绕实践教学展开合作研究，通过团队合作，逐步形成了实践导向的研究特色。经过多年努力，广东第二师范学院学前教育专业师资队伍呈现多元化、复合型的特点，"双师型"教师比例不断提高。

2. **课程设置创新**

在课程设置方面，我们形成了理论课程、实践课程和活动课程三类课程的有机整合，尤其是"专业性活动课程"的独特方案，引起省内外同行的重视。另外，经过多年的探索与积淀，我们逐步形成了早期教育、学前教育、儿童玩具三个特色鲜明的选修课程模块，消除了传统选修课程设置随意化、拼盘式的弊端。

3. **培养机制创新**

我们以高质量应用型人才培养为导向，不断改革和创新学前教育专业的人才培养机制，近八年来，主要从四方面进行改革。一是凸显学前教育的专业特色。学前教育领域对学前教育的专业特色一直存在模糊的认识，以致多人对学前教育形成错误的认识，把学前教育当作"小儿科"，专业性不强，更有人认为"学前教育是个筐，什么都往里面装"。这种模糊认识使学前教育专业的人才培养模式长期以来存在着某种错位。例如，重理论轻实践、重观念轻技巧、重学历轻能力等。我们经过长期的探索，将学前教育的专业特性概括为三方面，即综合性、实践性、文化性，并将其渗透和体现在课程设置之中。二是构建多元化的人才培养方案，包括与高职院校、境外高校开展合作办学等。三是重视学生的创新创业教育。四是建立学前教育专业毕业考核标准。

（三）凸显"特色"

我们在改革实践中不断探索，逐步形成了自身的办学特色，主要表现在三方面：

1. 目标特色——面向未来的学前教育需要，主动拓宽专业口径，培养能适应0~6岁幼教市场需要的师资，实现早幼师资一体化培养

围绕应用型人才培养的总方向，我们根据学前教育专业特性及人才培养规格要求，将学前教育专业的培养目标定位为"宽口径、厚基础、强能力、高素质"。围绕这一目标，我们不断拓宽专业口径，从原先仅着眼于3~6岁的幼儿教育，扩展到0~6岁的学前教育，再到基于儿童文化全产业链的课程研发。基于"宽口径"的定位，我们的培养目标包括三类应用型人才：一是各级各类学前教育机构培养师资，能够胜任幼儿师范学校、职业技术学院幼师专业、教师进修学校及各类早教机构、托儿所、幼儿园等学前教育机构的教学、研究、管理、服务、咨询等工作；二是学前教育行政部门、妇联、少年宫、少工委及各类儿童文化事业（如新闻、出版、广告、影视、网络等）培养儿童教育工作者；三是培养各类儿童用品与教玩具设计、开发或生产机构的从业人员。

2. 课程特色——面向学前教育的复合型人才培养，把特殊教育课程引入学前教育专业，并大力开发专业性活动课程，构建学前教育课程新体系

根据未来教育必须走普教与特教融合发展的道路，我们利用特教系师资优势，在开学前教育专业课程中，增加特殊教育类课程，让学前教育专业学生掌握与特殊教育相关的基础知识和技能，为幼儿园实施融合教育服务。广东第二师范学院学前教育学院在专业性活动课程建设方面已经取得了丰富的改革经验。例如，丁静教授主持的广东省哲学社会科学规划课题"高等师范院校的专业性活动课程研究——以学前教育为例"现已经顺利结题。专业性活动课程是教师自主开发的，适合学前教育专业的特色课程。以发展学生兴趣爱好、形成个人特长技能为目的，以专业兴趣小组自主活动为主要方式，辅之专业教师指导。期望学生在弹、唱、跳、说、画等共同专业基本技能的基础上形成更高层次的、有特长的专业技能。以该课题研究为基础，学前教育学院还面向社会开设学前教育领域的公益性活动课程，并且产生了很好的社会影响。未来，学前教育学

院将以活动课程建设为重要载体，构建实践取向的学前教育专业课程体系。

3. 教学特色——面向学前教育市场的多元化要求，鼓励学生差异发展，实践见长，强调教学做合一

紧贴学前教育市场需求，在对学前教育专业学生提出统一要求的前提下，鼓励学生在双语、艺术、体育、科技等方面发展个性特长，实现差异发展。

实践性是学前教育专业的一大特色，近十年来，我们以"全程实践"的理念改革和强化实践教学环节，取得了比较显著的成绩。所谓"全程实践"，是指实践教学贯穿本科四年的全部学程，并力争做到"时间上贯穿、空间上拓展、课程中渗透"。我们的思路是实施"现场教学+教育见习+专业性活动课程+教育实习"实践教学模式，通过加强实践教学与实践基地建设，实现课内外、校内外课程资源的统整。"全程实践"倡导"教学做"合一，突出实践教学与专业能力训练，鼓励学生用多种不同的方式接触幼儿教育理论，把理论学习、深度体验、同伴互助与实践训练结合起来，切实有效地提升学生的职业认同感和职业核心能力。

（四）着力"发展"

广东第二师范学院学前教育专业自2009年创办以来，积极响应国家大力发展学前教育的政策导向，主动融入学前教育快速发展的时代潮流，并明确提出跨越式发展的专业建设目标。为切实实现跨越式发展，我们在改革中着力进行各类平台建设，主要包括专业教学平台、专业研究平台、社会服务与培训平台，从而全面完成高校教学、科研与社会服务的各类使命。

1. 专业教学平台建设

为强化学生的实践能力培养，我们积极争取学校支持，不断完善专业实践条件。一方面，不断拓展校外实践基地建设；另一方面，积极争取学校支持，建设校内专业实训场室。

以校内实训场室建设为例，为改善和升级学前教育专业办学硬件，仅2018年学校就累计投入资金1000万元，建设各类以树人楼为中心的学前教育专业实训平台。学前教育学院专业功能场室完善，并达到省内领先水平。已经建成并投入使用的功能场室包括：钢琴实训室、形体艺术中心、儿童美术教育中心、奥尔夫音乐教室、蒙台梭利教学法专用课室、儿童绘本研究中心、儿童科学发现室、幼儿园班级环境实训室、儿童游戏实训室、幼儿安全教育室、儿童剧场等。为了给学前教育专业学生提供更直接便捷的实训见习基地，学校还将继续加大对学前教育专业的投入，学校已做预算，将建设附属实验幼儿园。

2. 专业研究平台建设

《广东第二师范学院"新师范"建设行动方案（2018—2020年）》明确提出，"将学前教育专业作为重点专业予以建设"，并且"在政策、师资、场地建设等方面给予重点扶持"。2018年，在教育学院学前教育系的基础上，通过政策倾斜、师资重组，资源优化，克服多种困难，全校齐心协力成立了学前教育学院，这是广东省高校唯一的本科性质的学前教育学院，充分体现了广东第二师范学院对发展学前教育事业的高度重视。经过1年的努力，广东第二师范学院学前教育学院专任教师从原来的10人增加到16人，后续还将引进4名国内外知名大学的博士，师资配备在广东省本科院校学前教育专业中处于领先水平，所有教师均毕业于国内外知名高校，并且专业结构、学缘结构合理。

在成立学前教育学院的同时，我们还成立了学前教育研究中心，力图引导教师依托研究中心开展学科建设与专业研究。我们引导教师不断凝练个人特色化研究方向，并根据研究兴趣组建教研与科研团队。学前教育研究中心已经初步形成了5个研究团队：儿童科学教育研究、学前融合教育研究、儿童艺术教育研究、0~3岁婴幼儿早期教育研究和儿童发展研究。

3. 社会服务与培训平台建设

我们充分发挥高校的社会服务职能，不断提升广东第二师范学院学前教育社会服务的知名度和影响力。目前，广东第二师范学院学前教育学院不仅是广东省最大的学前教育专业本科人才培养基地，还是幼儿园园长"国培基地"、广东省幼儿园园长（教师）省级培训基地、广东省新一轮"百千万"人才培养幼儿园名园长培训单位。近五年来，承办了大量教育部和省、区、市等各级政府委托的各类幼儿园园长和骨干教师培训任务。

四、"一核四翼"育人模式的社会影响

广东第二师范学院学前教育专业"一核四翼"育人模式在实践中取得了可喜的办学效益。具体表现在以下五方面。

（一）学前教育专业综合办学实力显著提升

在国内，广东第二师范学院学前教育专业办学历史不长，属于学前教育新兵，2009年创建专科，2011年开设本科。经过10年的不懈努力，我们不仅本科招生规模名列广东省第一，近3年学前教育专业本科招生人数稳定在200名左右，而且在创造条件进一步扩招；师资团队广东省最强，现有的16名在任专职教师中，教授4人，副教授2人，博士10人，利用广东省博士流动站特殊政策，

今年又落实引进学前教育相关专业 4 名博士，而且我们聘请省内幼教一线的 15 名高水平幼儿园园长或特级教师做兼职教授或副教授；为了改善学前教育专业硬件，学校先后投入近 1500 万元建设的该专业各种功能场室，在广东省处于领先水平；以珠江三角洲高水平幼儿园和早教机构为依托的专业实习基地已成网络，并建成学前教育专业实训联盟。根据第三方评价机构艾瑞深研究院的统计数据，2018 年我校学前教育专业在全国公办大学学前教育专业排名中为广东第 1 名（全国第 15 名）。

（二）学前教育专业教师团队教科研业绩突出

近年来，学前教育教师团队承担了国家级、省部级科研课题和教研课题 15 项，获得广东省哲学社会科学优秀成果奖 2 项，发表高水平论文和学术专著 20 余部（篇）。不少教学改革成果具有较大的社会影响。例如，2010 年，高慎英和周峰教授组织编写出版了《广东学前教育发展报告（1950—2010）》，第一次对广东学前教育事业 60 年发展状况进行了系统梳理，引起学界同行的高度关注。2012 年，成功申报广东省高等学校"专业综合改革试点项目·学前教育学"；2014 年，成功申报广东省高等教育"创新强校工程"建设项目——应用型人才培养示范基地（学前教育专业）。2016 年，广东学前教育学院"教育学"被评为广东省特色重点学科；2018 年，被评为广东省"冲补强"特色高校提升计划重点建设学科，学前教育学被确定为重点建设方向。目前，学前教育学院教师团队在学前课程改革研究、儿童家庭教育研究、儿童科学教育研究、蒙台梭利教育研究、儿童绘本教育研究等方面已经形成一定的影响力。

（三）学前教育专业实践基地建设成效显著

我们以协同创新为抓手，重视建设校内外学生实践基地，目前已经初步形成了网络化实践基地教育联盟。其中，2 间实践基地幼儿园获批为省级教师教育示范性实践基地。我们还与实践基地幼儿园开展合作研究，利用高校科研优势，加强对基地幼儿园的教科研指导，推动基地幼儿园共赢发展，目前已经有多家幼儿园在广东第二师范学院学前教育学院教师的集体指导下升格为省市级示范性幼儿园，充分体现了广东第二师范学院学前教育教学改革的社会影响力。

（四）学前教育专业人才培养质量优异

我们坚持以培养高质量的学前教育师资为专业使命，不断提升学生专业能力。近 10 年来，广东第二师范学院学前教育专业学生就业率一直稳居全校前列，每年毕业季，大量用人单位主动来校举办学前教育专业人才招聘会，广东第二师范学院的学前毕业生成为用人单位争抢的"香饽饽"。学前教育专业学生在广东省师范生技能大赛、广东省大学生科学影像大赛、广东省大学生艺术展演比赛、大学生创新创业项目等各类比赛中多次获奖。

（五）幼儿园园长（教师）培训取得较大社会影响

由于广东学前教育学院学前教育专业队伍强、设施优、质量高，2011年，广东第二师范学院学前教育系顺利通过省教育厅组织的专家评估，成为广东省幼儿园园长（教师）省级培训基地；2012年，被教育部确定为幼儿园园长教师"国培"基地。近年来，广东学前教育学院不仅承担幼儿园园长"国培"项目、广东省新一轮"百千万人才培养工程"幼儿园名园长培训等省内最高层次的学前培训任务，还大量承担省级幼儿园园长培训和幼儿园骨干教师培训、广州市卓越园长培训、广州市园长提高培训、各地园长教师的横向培训任务，每年培训规模超过500人次，实际培训人数近5000人次。培训学员满意度高，这也充分反映了广东第二师范学院学前教育教学改革成果的社会影响力。

我们坚信，只要继续坚持"协同创新，特色发展"的办学理念，不断完善广东学前教育学院学前教育专业"一核四翼"育人模式，在别人眼里学前教育这个"小儿科"，在我们手里一样可以做出"大文章"。

附录1　广东2018年夏季学前教育专业（本科）招生计划　　单位：人

序号	学校	学前教育	备注
1	广东第二师范学院	136+50（公费定向）= 186	文理兼招
2	华南师范大学	16	
3	韩山师范学院	96	
4	岭南师范学院	48	
5	广东技术师范学院	138	
6	广州大学	40	实际招14人
7	佛山科学技术学院	70	
8	惠州学院	106	
9	肇庆学院	30	
10	韶关学院	175	
11	嘉应学院	34	
12	广东石油化工学院	26	
13	广州体育学院	40	体育与健康方向
14	北京师范大学珠海分校	52	

续表

序号	学校	学前教育	备注
15	广东外语外贸大学南国商学院	50	
	总计	1107	实招1081人

附录2　广东2018年夏季学前教育专业（专科）招生计划　　单位：人

序号	学校	学前教育	备注
1	韶关学院	105	
2	韩山师范学院	130	
3	嘉应学院	300	
4	广东女子职业技术学院	48	
5	汕尾职业技术学院	47	
6	罗定职业技术学院	60	
7	阳江职业技术学院	50	
8	河源职业技术学院	20	
9	揭阳职业技术学院	14	
10	清远职业技术学院	50	
11	江门职业技术学院	13	
12	珠海城市职业技术学院	40	
13	广州珠江职业技术学院	310	
14	东莞职业技术学院	100	
15	惠州城市职业学院	150	
16	广东碧桂园职业学院	49	
17	广东茂名幼儿师范专科学校	189	
18	湛江幼儿师范专科学校	1560	
	总计	3235	

附录3：截至2017年底，通过备案的中职类学前教育专业名单（99所）见广东省教育厅关于公布2017年度中等职业学校学前教育专业备案结果的通知[EB/OL].广东省教育厅，2017-12-25.

面向 2035：建设一流学前教育专业

朱 旭 周 峰[*]

2019 年，中共中央、国务院印发《中国教育现代化 2035》，对学前教育尤为关注，提出"普及有质量的学前教育"。学前教育是我国教育现代化的奠基工程，也是我国教育发展的短板。补齐短板，大力发展学前教育离不开学前教育师资的培养。广东第二师范学院以问题为导向，坚持走"协同创新，特色发展"的新路，以全面提升学前教育专业应用型复合人才素质为核心，逐步形成了学前教育专业"一核四翼"育人模式，在近三年里，学前教育专业取得了五个"广东第一"：2018 年，艾瑞深第三方专业排名，在全国公办大学学前教育专业综合排名中为广东第一；2019 年，被确认为广东学前教育专业唯一的"省一流本科专业"建设点；周峰教授领衔的《地方本科院校学前教育专业"一核四翼"育人模式的探索与实践》成为 2019 年广东省高等教育教学成果奖学前教育专业唯一获奖成果并荣获一等奖；广东第二师范学院学前教育专业连续三年本科生招生规模全省第一；2019 年，广东第二师范学院成立了广东高校第一个学前教育本科学院。这些成绩被同行赞誉为"小儿科"做出的"大文章"。面向 2035 年，虽然我们积极探索一流学前教育专业建设路径，但毕竟广东第二师范学院学前教育专业办学时间不长，做法还不够成熟，希望同行专家不吝指正。

一、面向未来，精准定位，实现转型错位发展

广东第二师范学院学前教育专业创办于 2009 年，创办该专业之初，我们坚持"三年打基础、六年出成效、十年出特色"的基本办学思路。根据国家发展趋势和粤港澳大湾区发展需求，学校确定了"聚焦'小儿科'，争做大文章"的基本办学定位，将学前教育专业和小学教育专业作为学校发展的重点，积极参与筹建粤港澳大湾区学前教育专业协同育人联盟，并组织筹建广东省学前教

---

[*] 作者简介：朱旭，广东第二师范学院教师教育学院副教授；周峰，广东第二师范学院学前教育学院教授，博士。本文发表于《早期教育》（教育科研版）2020 年第 9 期。

育专业协同育人联盟平台，为广东第二师范学院学前教育专业的跨越式发展提供有力支撑。同时，我们在国家大力提倡产教融合的背景下，将以产教融合为突破口，以高水平学前教育学院为建设目标，以高水平应用型学前教育人才为培养目标，组建"四位一体"（集培养、培训、研究、实验于一体）的广东学前教育学院，协同推进学前教育专业发展。

二、加大投入，双管齐下，打造一流办学条件

为改善和提升学前教育专业办学硬件条件，学校先后投入近1500万元建设学前教育专业各类功能场室。已经建成以树人楼为中心、设施设备齐全的学前教育功能场室，主要有钢琴实训室、形体艺术中心、儿童美术教育中心、奥尔夫音乐教室、蒙台梭利教学法专用课室、儿童绘本研究中心、儿童科学发现室、幼儿园班级环境实训室、儿童游戏实训室、幼儿安全教育室、儿童剧场等。功能场室建设体现了基础实训室和专业实训室的结合，设计类实验室和综合类实验室的结合。广东第二师范学院学前教育本科专业的硬件水平已经在广东省处于领先地位。2020年，广东第二师范学院还将继续加大学前教育专业投入，建设附属实验幼儿园，为学前教育专业学生提供更直接的实训见习基地，进一步强化学前教育专业的实训平台建设。

三、完善机制，外引内培，建设优质师资团队

广东第二师范学院建设学前教育专业优质师资队伍的措施主要有以下几个。一是学院建制[①]，成立研究中心和团队。比如，成立广东省第一个本科学前教育学院，还成立了学前教育研究中心，力图引导教师依托研究中心开展学科建设与专业研究。目前，学前教育研究中心已经初步形成了5个研究团队：儿童科学教育研究、学前融合教育研究、儿童艺术教育研究、0~3岁婴幼儿早期教育研究和儿童发展研究。二是培育"双师型"教师科研团队。首先，引进名校博士高端人才；其次，聘请实践导师，比如，聘请具有社会影响力的产业界及儿童教育界人士为兼职教授，鼓励教师围绕实践教学展开合作研究。三是成立协同育人联盟，该联盟本着"平等互利、共同发展"的宗旨，开展专业建设、人才培养、实习基地建设、"双师型"教师培养、项目研发等，实现高校和儿童教育机构、儿童文化产业机构的联结、互动与共赢。经过多年努力，广东第二师

---

① 广东省第一家学前教育本科学院落户广东第二师范学院树人楼，我国著名教育学家顾明远先生亲笔题字"广东学前教育学院"。

范学院学前教育专业师资队伍呈现多元化、复合型的特点,"双师型"教师比例不断提高。

四、合作办学,扩大招生,发挥培养规模效应

广东第二师范学院积极探索合作办学的新路径,扩大学前教育专业本科规模。2018年,广东第二师范学院与珠海城市职业技术学院就学前教育专业合作办学取得了实质性进展。2019年,广东第二师范学院与英国西英格兰大学签订框架协议,拟与该校就学前教育本科和研究生培养开展中外合作办学。2020年,广东第二师范学院学前教育专业与广东省外语艺术职业学院成功获批广东省"三二分段专升本协同育人试点名单"。广东第二师范学院已成为广东省最大的学前教育专业本科人才培养基地,2019年招生规模达300人以上(占广东省的1/4),连续三年本科生招生规模位列广东省第一,为弥补广东省学前教育本科师资缺口做出了较大贡献。

五、建设基地,全程实践,打造实践育人平台

广东第二师范学院坚持以"全程实践"的理念来改革和强化实践教学环节。"全程实践"是指实践教学贯穿本科4年的学习历程,并力争做到"时间上贯穿、空间上拓展、课程中渗透"。通过研究性实践、整体性实践和专项实践等形式,帮助学生熟悉0~6岁幼儿教育服务体系的人才需求和运作方式,提升学生职业认同感和专业实践能力。为落实全程实践理念,广东第二师范学院学前教育专业加强实践基地网络建设,建构高校与幼儿园一线的有效联结。目前,已经在广州、深圳、佛山、东莞等地建设了一大批学前教育专业实践基地,建立了完善的实践教学领导与组织机构,并系统构建了学前教育专业学生见习、实习、研习方案,逐步形成了以珠三角地区为核心并辐射全省的学前教育专业实践基地网络。

六、学生中心,产出导向,实现人才培养模式创新

基于产出导向的教育理论(OBE)被世界公认为"追求教育卓越的一个正确方向和值得借鉴的教育改革理念"。OBE教育理念关注学习者的学习成果,强调学习者掌握知识和能力的程度,即强调以师范生的学习效果为导向,关注师范毕业生"学到了什么"和"会做什么",而不仅仅是"教师教了什么"。广东第二师范学院学前教育专业以培养目标和毕业要求为出发点,突出学生中心,

设计科学合理的课程大纲和培养方案，采用适切的教学内容和教学方法，配置丰富的教学资源，明确教师在课程教学中的责任，确保学生培养达到或超越课程目标、培养目标和毕业要求的标准。通过近10年的积极探索，广东第二师范学院学前教育专业逐步形成了能复制、可推广的"一核四翼"育人模式。所谓"一核"，即围绕全面提升应用型复合人才素质这一核心，体现学生中心的教学理念；所谓"四翼"，就是做到"四个三"，即完善理论课程、活动课程和实践课程三类课程，利用课堂教学、课外活动、校外实践三种途径，搭建教学平台、科研平台、培训平台三大平台，打造早幼一体、普特结合、差异发展三大特色，如图1所示。

图1　广东第二师范学院学前教育专业"一核四翼"育人模式结构

"一核四翼"育人模式作为广东省学前教育专业特色品牌，立足中国实际，既有文化传承的人文情怀，又有国际格局和视野，切实为广东早期儿童教育、儿童文化产业发展提供高质量人才支撑。无论是广东第二师范学院学前教育专业毕业生，还是在校生，都在广东省中小学青年教师教学能力大赛（学前教育组）、广东省师范生技能大赛、广东省大学生艺术展演比赛、大学生创新创业项目、广东省大学生科学影像大赛等各类比赛中屡获佳绩。

七、信息化建设，人工智能，推进专业建设"新基建"

面向2035年的中国学前教育正迈入科创中心、人工智能的时代。学前教育人才培养应配合科创中心的建设，加强人工智能技术在学前教育专业领域的综合运用，借助人工智能的信息化手段提升人才培养质量。比如，通过大数据分析学生数据和用人单位信息；建设大规模在线开放课程，使学生的学习由课表学习走向泛在学习；利用智能技术加快教学方法改革，构建包含智能学习、交互式学习的新型教育体系等。

  2019年5月26日，由广东第二师范学院主办的"面向未来的学前教育"国际学术研讨会在广州隆重举行，来自美国，英国，澳大利亚，中国香港、澳门、台湾及境内的500多名学前教育专家和一线幼教工作者参加这次盛会。广东学前教育学院在与会者的见证下正式揭牌。面向2035，面向未来，我们有思考，我们更有行动。

探索一流学前教育专业的建设方略

——专访广东第二师范学院周峰教授

郑向荣[*]

  学前教育是基础教育的基础，关系亿万儿童的健康成长。然而，被人们视作"小儿科"的学前教育无疑是我国教育体系的短板，高水平幼教队伍建设严重滞后，更是"短板"中的"短板"。因此，办好学前教育专业，加快培养一大批师德高尚、热爱儿童、业务精良的幼教队伍对于学前教育事业的健康发展极为重要。为此，我们就一流学前教育专业建设的几个问题专访了广东第二师范学院学前教育学院院长周峰教授。

  2019年5月，在广州举行的"面向未来的学前教育"国际研讨会上，"广东学前教育学院"正式揭牌，这标志着我国第一人口大省也是第一经济大省的广东终于诞生了第一所本科层次的学前教育学院。作为主要策划者，请您谈谈组建广东学前教育学院的背景

  周教授：我们认为，大力发展学前教育，是新中国成立以来党和国家教育政策的重大调整，广东第二师范学院作为师范院校必须认真贯彻。2018年11月，中共中央、国务院专门出台《关于学前教育深化改革规范发展的若干意见》指出，要"落实立德树人根本任务，遵循学前教育规律，牢牢把握学前教育正确发展方向，完善学前教育体制机制，健全学前教育政策保障体系，推进学前教育普及普惠安全优质发展，满足人民群众对幼有所育的美好期盼"。意见明确要求，到2020年，全国学前三年毛入园率达到85.00%，各地公办幼儿园比例要占50.00%，普惠性幼儿园比例占80.00%，基本形成以本专科为主体的幼儿园教师培养体系，本专科学前教育专业毕业生规模达到20万人以上。

  对人口占全国人口1/10的广东来说，按《关于学前教育深化改革规范发展的若干意见》的要求，到2020年本专科学前教育专业毕业生应达20万名，但

---

[*] 作者简介：郑向荣，广东第二师范学院学前教育学院副教授。本文发表于《教育家》2020年第10期。

高考招生数据显示，2017 年，广东学前教育专业本科招生规模仅 900 多名，专科招生 3500 多名，本专科毕业生合计不到 4600 名，与国家要求相去甚远。这样的学前教育专业本专科招生规模远不能满足广东学前教育事业发展的需要。广东省教育厅颁布的《广东省发展学前教育第三期行动计划（2017—2020 年）》也指出，要"加大本专科层次幼儿园教师的培养力度，扩大省属高等师范院校学前教育专业的培养规模"。

  在这样的背景下，广东第二师范学院积极响应国家教育政策转变，及时调整办学重点。学校领导亲自率领"新师范建设"调研组开展了广泛调研，主动求变，提出了"聚焦'小儿科'，争做大文章"的办学思路，走错位发展、特色发展之路。广东第二师范学院党委果断将办学重点从培养中学师资转变为培养学前教育、小学教育、特殊教育师资，把大力发展本科学前教育专业和小学教育专业作为学校"新师范"建设的突破口。广东学前教育学院就是在这一背景下诞生的。

  广东第二师范学院 2009 年才创办学前教育专业专科，2011 年开办学前教育本科专业，在这十多年里，广东二师的学前教育专业突飞猛进取得了令人瞩目的办学业绩，具体表现在哪些方面？

  周教授： 正如你所说的，广东第二师范学院学前教育专业办学时间不长，学前教育专业本科办学刚满 10 年。但在 10 年的时间里，全院上下凝心聚力，重点发展学前教育专业，取得了不俗的办学业绩。首先，体现在学科建设上，广东第二师范学院把"学前教育学"确定为广东省特色重点学科"教育学"的主攻方向，学科建设得到倾斜。其次，体现在办学规模上，广东学前教育学院已成为广东省最大的学前教育专业本科人才培养基地。2019 年招生规模达 300 人以上（占广东省的 1/4），目前在读学前教育本科生近 800 人。最后，体现在办学质量和影响力上，根据艾瑞深第三方公布的我国高校专业排名，2018 年，广东第二师范学院学前教育专业在广东省排第 1 名，在全国排第 15 名；2019 年，广东第二师范学院学前教育专业正式被确认为"广东省一流本科专业"建设点。

  同时，本人领衔的《地方本科院校学前教育专业"一核四翼"应用型复合人才培养模式研究与实践》荣获 2019 年广东省高等教育教学成果奖一等奖。广东学前教育学院首创的个性化、能推广的"一核四翼"应用型复合人才培养模式，为毕业生就业提供了广阔空间。如今，广东学前教育学院不仅是广东省最大的学前教育本科人才培养基地，还成为广东省高质量的省级幼儿园园长和教师培训基地、高水平的学前教育研究中心、高层次的学前教育咨询与服务机构。

在广东省一流专业建设过程中，你们选择了哪些有效的路径和方法推动学前教育专业超常规发展？

周教授： 作为学前教育领域的新兵，如何建设一流的学前教育专业，我们没有现成的经验，只能借鉴国内外其他高校的经验，结合自身学校实际进行创新。具体而言，我们做了以下五方面的尝试：

第一，加大教育经费投入，打造一流办学条件。广东第二师范学院在资金和场地紧张的情况下，想方设法为学前教育专业发展提供最大支持。2018年，学校将广州市海珠校区一栋6层2500多平方米的美术楼改名为"树人楼"，供学前教育学院使用，同时为改善和升级学前教育专业办学硬件，学校先后投入资金近1500万元，建设以"树人楼"为载体的学前教育专业教学与科研平台，后续已经建成了设施设备齐全的学前教育功能场室，学前教育专业的硬件水平全省领先。

第二，加强体制机制建设，"外引""内转"学前教育师资。优良的师资是专业建设的核心，在教育学院学前教育系的基础上，学校通过师资重组，资源优化，扩编，重金招聘海内外高层次学前教育专业人才等一系列手段和机制保障，使学前教育学院聚集了一批有专业度、有工作热情的优秀人才，师资配备在广东省本科院校学前教育专业中处于领先水平。此外，我们还聘请了20多名省内知名幼儿园园长或名师做学前教育学院的兼职教授，他们的加入凸显了学前教育专业的应用型人才培养目标的定位。

第三，积极探索合作办学，扩大招生规模。目前，广东省高校学前教育本科招生规模较小，与满足社会需求仍然存在较大距离。为此，广东第二师范学院克服各种困难，扩大学前教育专业本科招生规模，使广东第二师范学院学前教育本科招生规模位列广东省第一，为广东省幼儿园本科师资培养做出了较大贡献。同时，广东第二师范学院积极探索合作办学的新培养路径，扩大学前教育专业本科招生规模。如与珠海城市职业技术学院就学前教育专业开展合作办学、获批广东省"三二分段专升本协同育人试点名单"、与广东省外语艺术职业学院合作培养"专插本"的学前教育专业人才等。

第四，强化实践基地建设，实现大学4年全程实践。广东第二师范学院学前教育学院坚持以"全程实践"的理念促进应用型复合人才培养目标的实现。为此，我们加强实践基地建设，扩大高校与一线幼儿园的有效合作，成功申报2个学前教育专业省级教师教育示范实践基地，逐步形成了以珠三角地区为核心并辐射广东省的学前教育专业实践基地群。

第五，协同创新、特色发展，打造新型育人模式。基于应用型复合人才培养的视角，我们将学前教育专业的人才培养目标定位为：培养高素质的早期儿童教育工作者。围绕这一培养目标，广东学前教育学院形成了个性化、能推广的学前教育专业"一核四翼"育人模式。新型育人模式已经取得可喜的成果：学前教育专业在校生和毕业生在广东省师范生技能大赛和青年教师教学能力大赛中屡屡获奖，毕业生用人单位反馈满意度非常高。2020年由于新冠肺炎疫情影响，大学毕业生就业形势非常严峻，但广东学前教育学院103名2020届学前教育本科毕业生在6月初就全部落实就业单位，毕业生出现供不应求的状态。

　　党的十九大以来，加快发展学前教育，是国家教育政策的重大转变。请您展望一下广东学前教育学院未来的发展。

　　周教授：首先，着眼创新、协同、特色，面向未来是我们建设一流学前教育专业的基本思路。习近平总书记把"更好的教育"列为人民的期盼之首，多次强调要"办好学前教育"。学前教育学院要以"为党育人、为国育才"的政治高度，增强使命感和责任感，办好师范教育，扩大有质量的教师供给。其次，我们将紧紧抓住粤港澳大湾区建设的契机，积极参与筹建粤港澳大湾区学前教育专业协同育人联盟和组织筹建广东省学前教育专业协同育人联盟平台，为广东第二师范学院学前教育专业的跨越式发展奠定平台基础。

　　同时，在国家大力主张产教融合的背景下，将以产教融合为突破口，以高水平学前教育学院为建设目标，以高质量应用型复合人才为培养目标，组建广东学前教育产业学院，共同推进学前教育专业建设发展。最后，我们仍将坚持错位发展，探索独特的办学定位和办学思路。我们重视人才培养的宽口径、强能力，走出了一条特色化发展的新路。

　　我们认为，在国家大力发展学前教育的时代背景下，高师本科院校学前教育专业的培养模式创新必须突破"关门办学"的老路，应该以开放性、全球化、多元性的办学理念，积极谋求国内外、校内外、课内外的协同与合作，不断突破各种潜在的壁垒和阻碍，尽最大可能整合各种办学资源。我们坚信，"小儿科"一样可以做出大文章！

聚焦"小儿科"，争做大文章

——广东第二师范学院大力发展学前教育专业纪实

周 峰 苏 鸿[*]

2018年，广东第二师范学院认真践行《广东"新师范"建设实施方案》，积极加快学校转型发展，坚定不移地走"强特色"办学之路。根据当前国家大力发展学前教育的政策导向，结合广东省学前教育本科学历师资紧缺的现实需要，在大量深入调研的基础上，学校重新调整办学定位，把大力发展本科学前教育专业和小学教育专业作为广东第二师范学院"新师范"建设的突破口，2018年"奋进之笔"的着力处。广东第二师范学院学前教育专业快速发展的实践说明，本科高校办"小儿科"，一样可以做大文章。

一、聚焦学前教育，主动为广东教育现代化补短板

众所周知，学前教育是基础教育的基础，更是广东教育现代化建设的奠基工程，但学前教育长期是广东省教育的短板，而高水平高学历的幼儿教师奇缺又是广东省"短板"中的"短板"。招生数据显示，处于一个拥有1亿多人口的大省中，广东学前教育专业2017年本科招生规模仅900多名；处于广东省学前教育专业龙头地位的华南师大，2018年学前教育专业本科招生只有16名，广州大学该专业本科招生仅14名。"学前教育"这个人人把它当成"小儿科"的专业，高水平大学不一定瞧得上它，那么广东学前教育本科学历师资紧缺的问题到底由谁来解决？

广东第二师范学院的前身是广东教育学院，在多年的办学实践中，办学的重点一直放在中学师资的职前职后培养培训上，为广东省培养了大量合格的中学教师。近年来，基础教育阶段教师需求结构正在发生深刻改变，尤其随着国家对大力发展学前教育的高度重视，学前教育专业本科师资的培养缺口很大，

---

[*] 作者简介：周峰，广东第二师范学院学前教育学院教授，博士；苏鸿，广东第二师范学院学前教育学院教授，博士。本文发表于《师道》2019年第5期。

已经成为广东省学前教育质量提升的瓶颈之一。2018年11月，中共中央、国务院《关于学前教育深化改革规范发展的若干意见》明确指出，要"完善教师培养体系"，"支持师范院校设立并办好学前教育专业"。广东省目前正在实施的《广东省发展学前教育第三期行动计划（2017—2020年）》也提出，要"构建幼儿园教师队伍建设支持体系"，"加大本专科层次幼儿园教师的培养力度，扩大省属高等师范院校学前教育专业的培养规模"。

为此，广东第二师范学院积极响应国家政策导向，主动转变办学观念，坚持错位发展、特色发展，将办学重点从培养中学师资转变为培养学前教育和小学教育师资，其中，"学前教育学"被确定为2018年广东省高校"冲补强"项目，确定为广东第二师范学院三个省级重点学科之一"教育学"的主攻方向。未来，广东第二师范学院将建成广东省最大的学前教育本科人才培养基地，并力争把学前教育学院建设成为广东省高水平学前教育研究中心、高质量人才培养基地、高层次教育咨询与服务机构。

二、配备高水平师资，成立广东省第一个学前教育学院

《广东第二师范学院"新师范"建设行动方案（2018—2020年）》明确提出，"将学前教育专业作为重点专业予以建设"，并且"在政策、师资、场地建设等方面给予重点扶持"。

2018年，在教育学院学前教育系的基础上，通过政策倾斜、师资重组，资源优化，克服多种困难，全校齐心协力催生了学前教育学院，这是广东省本科高校组建的第一个学前教育学院，充分体现了广东第二师范学院对发展学前教育的高度重视。在学校人事编制十分有限的情况下，广东第二师范学院想方设法，进一步扩大学前教育学院的教师编制，并面向海内外重金招聘高层次学前教育专业人才。经过1年的努力，广东第二师范学院学前教育学院专任教师从原来的10人增加到16人，其中，教授4人，副教授2人，博士10人，师资配备在广东省本科院校学前教育专业中处于领先水平，所有教师均毕业于国内外知名高校，并且专业结构、学缘结构合理。2018年，广东第二师范学院学前教育教师团队成功申报省级教学团队建设项目，为进一步发展奠定了坚实的基础。2019年，学校拟再利用省人社厅博士工作站的相关政策，提供具有吸引力的待遇条件，进一步招聘学前教育相关专业的高层次人才。同时，为了充实学前教育学院师资队伍，我们还聘请了一批省内知名幼儿园园长和一线教师做兼职教授。

三、加大资金投入，全方位改善学前教育专业办学条件

广东第二师范学院在资金和场地紧张的情况下，想方设法为学前教育专业发展提供最大支持。2018年，广东第二师范学院将海珠校区一栋6层共2500多平方米的美术楼改名为"树人楼"供学前教育学院办学之用。为改善和升级学前教育专业办学硬件，仅2018年学校累计投入资金1000万元，建设以"树人楼"为载体的学前教育科研平台和学生专业能力实训平台。建成的功能场室有钢琴实训室、形体艺术中心、儿童美术教育中心、奥尔夫音乐教室、蒙台梭利教学法专用课室、儿童绘本研究中心、儿童科学发现室、幼儿园班级环境实训室、儿童游戏实训室、儿童剧场等，软硬件水平在广东省处于领先地位。2020年，广东第二师范学院将继续加大学前教育专业投入，建设广东第二师范学院附属幼儿园，为学前教育专业学生提供更直接的实训见习基地，进一步强化学前教育专业的实训平台建设。

四、充分挖掘潜力，最大限度扩大学前教育专业办学规模

目前，广东省高校学前教育本科招生规模较小，与国家大力发展学前教育的政策导向存在较大距离。为此，广东第二师范学院克服各种困难，扩大学前教育专业本科办学规模。2018年，广东第二师范学院在学生宿舍床位数十分有限的情况下，仍坚持扩大学前教育本科办学规模，学前教育专业招生人数从原来的100人扩大到200人。广东学前教育学院还实施公费定向师范生培养计划，2018年，面向粤东粤西粤北等经济欠发达地区共招收学前教育专业公费定向师范生50人。在成人教育方面，2018年，学前教育专业专升本招生规模达1153人。目前，广东第二师范学院学前教育本科招生规模位列广东省第一，招生人数几乎占广东省的1/5，为弥补广东省学前教育本科师资缺口做出了较大贡献。

与此同时，广东第二师范学院进一步挖掘学前教育办学潜力，积极探索与高职院校合作办学，扩大学前教育专业本科规模。2018年，广东第二师范学院先后与广东江门幼儿师范高等专科学校、广东省外语艺术职业学院、珠海城市职业技术学院进行了深度交流，就学前教育合作办学制定了实质性合作框架，并结合广东第二师范学院和合作单位实际，开展了"3+2""4+0"等多种办学模式的探索。

2019年，广东第二师范学院还将与江门市人民政府启动战略合作，立足广东第二师范学院和广东江门幼儿师范高等专科学校在学前教育师资培养上的独

特优势，合作开办广东第二师范学院江门校区，校地协同共建广东第二师范学院学前教育学院，共同打造广东省最大的学前教育本科人才培养基地，并在此基础上共同打造"广东学前教育学院"。未来广东第二师范学院学前教育本专科在校生规模将达到3000人以上。

五、践行全程实践，强化学前教育专业基地建设

广东第二师范学院学前教育学院坚持以"全程实践"的理念改革和强化实践教学环节。所谓"全程实践"，是指实践教学贯穿本科4年的全部学程，并力争做到"时间上贯穿、空间上拓展、课程中渗透"。让学生走进真实的学前教育现场，深度体验学前教育实践，熟悉0~6岁婴幼儿教育服务体系的人才需求和运作方式，以开阔学生视野，扩展学生就业空间，提升学生职业认同感和专业实践能力。

2018年，广东第二师范学院学前教育学院认真实施学校"新师范"建设行动方案，狠抓实践基地网络建设，建构高校与幼儿园一线的有效联结。目前，我们已经在广州、深圳等地建设了一大批学前教育专业实践基地，建立了完善的实践教学领导与组织机构，并系统构建了学前教育专业学生见习和实习方案，逐步形成了以珠三角地区为核心辐射全省的学前教育专业实践基地网络。

与此同时，我们与幼儿园深度合作，打造高校与幼儿园发展共同体。2018年，成功申报学前教育专业省级教师教育示范性实践基地2个，聘任了一批有丰富实践经验的幼儿园名园长担任广东第二师范学院学前教育专业兼职教授（副教授），并认真落实高校教师与优秀幼儿园教师共同指导教育实习的"双导师"制度。开设了学前教育学院"树人论坛"，专门邀请一线优秀园长和国内外专家学者为学生做学术讲座。

六、协同创新，特色发展，打造本科学前教育专业育人新模式

协同创新，特色发展是新建的学前教育学院超常规发展的助推器。广东学前教育学院突破学术型人才培养的传统思维定式，紧密结合专业建设基础和广东经济社会发展需要，聚焦应用型人才培养的时代方向，进一步拓宽学前教育人才培养的深度和宽度，努力做到校内外协同、课内外协同、本土培养与国际合作协同，并加强与发达国家学前教育专业高水平大学合作，开辟学前教育专业本科和硕士层次的国际化培养新路，切实为广东省早期儿童教育、儿童文化产业发展提供人才和科技支撑。

基于应用型人才培养的视角，我们将学前教育专业的人才培养目标定位为培养高素质的早期儿童教育工作者。"高素质"涵盖四个维度，包括专业精神、实践能力、探究意识、特色发展。"专业精神"反映广东第二师范学院学前教育专业学生的精神面貌和专业伦理，要求学生热爱儿童、热爱学前教育事业，具有职业理想、敬业精神和合作意识。"实践能力"要求学生按照《幼儿园教师专业标准》，具备保育和教育的专业能力。"探究意识"要求学生善于思考和研究，养成终身学习的习惯，具有初步的学前教育研究能力。"特色发展"要求学生在校期间根据自己的兴趣有所侧重地多元发展，力争做到学有所长。

2018年，我们围绕"协同创新，特色发展"这一培养目标，对现有的人才培养方案进行了深度改革，并初步形成了幼儿艺术教育、幼儿科学教育、幼儿双语教育等多个特色化发展方向。同时，积极支持学生参与各类学科与专业比赛，并获得了可喜的成绩；例如，2018年，第六届广东省高校师范生教学技能大赛，广东第二师范学院学前教育学院共有2人获二等奖，1人获三等奖。

总之，中共中央、国务院已吹响大力发展我国学前教育的冲锋号，我们学前教育学院在广东省教育厅和学校领导下，以只争朝夕的精神，奋力打造广东省学前教育新高地。

略论地方本科院校教师教育改革的问题与对策

朱 旭 周 峰[*]

新中国成立以来,我国教师教育取得了举世瞩目的成就,为基础教育发展提供了强有力的师资保证,支撑起世界上最大规模的基础教育体系。据统计,2017年,全国共有187所本专科层次的师范院校和383所举办教师教育的非师范院校,其中,包括142家教育硕士培养单位和15家教育博士培养单位;每年新录用的30万名左右的中小学教师中,师范毕业生占3/4以上。[②] 针对教师教育的重要地位,习近平总书记提出,"要加强教师教育体系建设,加大对师范院校的支持力度,找准教师教育中存在的主要问题,寻求深化教师教育改革的突破口和着力点,不断提高教师培养培训的质量"[③]。中共中央、国务院、教育部等五部门以问题为突破口和着力点,分别出台了《关于全面深化新时代教师队伍建设改革的意见》和《教师教育振兴行动计划(2018—2022年)》,体现了国家造就高素质专业化创新型教师队伍的坚定决心和重大部署。全国各地纷纷就教师教育发展提出各种新举措、新方案。作为改革开放先行区的广东也不例外,提出了《广东"新师范"建设实施方案》。笔者在"新师范"建设调研过程中,发现地方本科院校教师教育改革普遍存在的主要问题,并尝试对这些问题提出针对性的解决策略。

一、地方本科院校教师教育改革的问题

(一)培养目标趋于同质

我国长期是实行三级师范教育体系,即中等师范学校或幼儿师范学校培养小学师资或幼儿园教师,师范专科学校培养初中教师,本科师范院校培养高中

---

[*] 作者简介:朱旭,广东第二师范学院教师教育学院副教授;周峰,广东第二师范学院学前教育学院教授,博士。论文发表于《教育导刊》2019年第6期。

[②] 参见教育部发展规划司2017年全国教育事业统计。

[③] 习近平. 做党和人民满意的好老师:同北京师范大学师生代表座谈时的讲话[N]. 人民日报,2014-09-10(1).

教师。随着我国社会经济的高速发展，办学实力的不断增强，中小学师资的学历要求不断提高，中等师范学校普遍被取消，传统的"中专+专科+本科"三级师范教育被"专科+本科+研究生"的新三级师范教育取代。在经济发达地区，甚至出现小学教师本科化、高中教师研究生化的趋势。而地方本科院校没有根据形势变化及时调整人才培养方案，存在人才培养目标"同质化"的问题。其主要表现为：定位笼统，以中学师资为培养对象进行"中小幼特"全覆盖；规格单一，倾向于理论型人才培养，忽视实践人才的培养；类型模糊，不同特色的高等学校培养同一类型人才。这种趋于同质的培养目标，不能满足不同学段师资培养的特殊要求，还出现了人才培养规格与毕业生任教岗位不匹配的现象。例如，2017年，四川省高校师范专业学生就业岗位与专业匹配度不高，近三成师范专业学生就业岗位与所学专业不相关。[1] 这种现象的实质就是师范生人才供给的结构性失调，如"理论型人才多，实践型人才少""高中师资多，初中、小学少，学前、特教师资缺"等。以广东省为例，在中师取消以后，小学教师的培养一般由大专或本科毕业生补充。而全省本科师范院校开设小学教育专业的学校很少，招生规模较小，不能满足基础教育对小学优质师资的需求。如华南师范大学小学教育专业2017年的普通高考招生计划为30人[2]，2018年的普通高考招生计划为50人[3]；广州大学小学教育专业2017年的普通高考招生计划为47人[4]，2018年的普通高考招生计划为80人[5]。从造就高素质专业化创新型教师队伍的要求出发，"小幼特"教师的培养更需要走专业化的道路，师范教育的"小儿科"一样可以做大文章。

（二）教育类课程相对弱化

教育类课程在师范生人才培养方案中占据重要地位，与学科专业课程相比，有相对弱化的现象。具体表现在以下几方面：就课程地位而言，把教师教育类课程列到公共课的类别中，置于整个课程体系中的"边缘"位置，得不到应有的重视。就课程联系而言，以学科为培养目标的课程逻辑使得学科课程与教育

---

[1] 宋天华．四川省高师院校师范生就业质量研究［J］．中国乐山市委党校学报，2017（3）：75．
[2] 2017年华南师范大学师范专业招生计划表［EB/OL］．华南师范大学官网，2017-06-12．
[3] 2018年华南师范大学师范专业招生计划表［EB/OL］．华南师范大学官网，2018-06-12．
[4] 2017年广东省普通类招生计划表［EB/OL］．广州大学官网，2017-06-09．
[5] 2018年广东提前批（师范类）招生计划表、2018年广东教师专项招生计划表［EB/OL］．广州大学官网，2018-06-12．

类课程缺乏渗透，缺少将之整合的综合学科课程和活动课程。就课程类型而言，以教育学、心理学、教材教法、教育实习4门传统课程为主体，课程门类单一。就课程内容而言，脱离基础教育的实际，无法体现基础教育的现状与趋势。就课程结构而言，主要包括公共基础课程、学科专业课程和教育类课程。其结构呈现学科专业课程比重较大，教育类课程比重较小的问题。例如，2017年广东第二师范学院中文系汉语言文学（师范）专业人才培养方案中规定：毕业总学分不低于162学分，其中，公共基础课程学分下限为48学分，学科专业课程学分下限为79学分，教育类课程的学分下限为35学分。其中，学科专业课程的比例占49.00%，教育专业课程占22.00%。而美国各州对教师教育课程设置因专业、本土特色等因素的不同而有所不同，但大体上教育类课程加上教育实践活动的比例，一般要达到学时比例的33.00%①。这种偏学术性的课程体系，不符合地方本科院校向应用型本科院校转变的需要。

（三）实践环节流于形式

美国实践教学形式分为模拟实习、早期实地经验、教学实习等，且实践时间达到75~100天；英国实践教学时间更是达到24周，主要是到实习基地集中实习；法国通过连续性教育实践，时间为486学时（占两年时间的25.70%）②。我国地方本科院校的教师教育较为忽视实践性课程，缺乏实质性内涵，导致教育实践流于形式。其具体表现为：教育见习、实习次数少及时间短，教育实践课程设置与实施不完善，教师指导实践教学缺乏有效性，师范生技能课实施不到位等。例如，2018年3月至4月，广东第二师范学院"新师范"建设调研小组面向全校2014级师范生的问卷调查数据显示：关于"广东第二师范学院开设的下列教师教育（教育类）课程中，您认为最需改革和改善的课程是？"一题，学生答题结果排前3位的选项为"书写技能""教育见习、实习""教师专业发展"。同时，学生在开放题"就最需改革和改善的教师教育（教育类）课程，提出您的具体改进建议"的回答中普遍建议教师教育（教育类）课程增设学时、加强"三笔一话""现代教育技术""微格教学"等课程的实践训练等。

（四）师资队伍较为薄弱

全国100所地方本科院校的调查数据显示：76.00%的人认为地方本科院校教师教育师资数量呈"结构性短缺"状态，82.00%的人认为地方本科院校教师

---

① 李其龙，陈永明．教师教育课程的国际比较［M］．北京：教育科学出版社，2002：6．
② 王绍华．师范院校教育类课程设置研究：基于实践教学理念［J］．河南农业，2017（8）：9．

教育师资质量"一般"。① 究其原因，地方本科院校教师教育学科建设相对薄弱，还不具备合法性。作为师范生公共课的教育类课程师资基本由教育学系或教育学院专任教师充任，等人手不够时，再向外请教师承担。由于这部分教师各自有隶属的专业及主要工作需要完成，属于兼职性质，从事教师教育类课程的教学、科研工作的精力不够，积极性不高，工作质量难以保证。并且，这部分教师缺乏一线基础教育的实践经验，在教育教学中常有理论脱离实践的现象。有些师范院校为强化教师教育工作的专业性，举办教师教育学院，承担全校的教育类公共课，但公共课教师往往课时多，科研弱，教学效果差，出现师生疲于应付的尴尬局面。

（五）课堂教学比较陈旧

地方本科院校教师教育的课堂教学大多还是限于教师运用多媒体组织课堂教学，即"制作—展示"型教学，以课件、图片、视频资源为主要内容，通过投影或电视呈现出来，电子资源仅仅起到课堂辅助教学活动的目的，脱离基础教育的实际，由过去的"人灌"改成"机灌"。学生不善于利用电子资源和信息化手段提升学习效率，学习方式还停留在传统教育阶段。地方本科院校教师教育的信息化水平，甚至赶不上经济发达地区一些中小学的信息化程度。其课堂教学在资源全球化、环境虚拟化、教材多媒体化、教学智能化、任务网络化、学习电子化、管理机器化等方面还处于空白或浅显阶段。这种陈旧的课堂教学，难以实现教师教育现代化的目标，更不要说引领基础教育现代化了。

（六）培养培训相对分离

地方本科院校教师教育存在职前职后教育分离产生隔阂的现象，高校和基础学校壁垒分明，没有形成整体连贯、互通有无、可持续发展的有效机制。具体表现为，实习基地建设、资源配置等方面缺乏沟通与合作，师范生培养的教学目标、内容、方法与评价等方面缺乏指导与联动，科研促进教学、科研指导实践等方面缺乏互利与实效等。这种分离性的培养培训机制，无法发挥师范生协同培养的作用。

二、地方本科院校教师教育改革的对策

（一）以"差异化"明晰培养目标，构建分层分类的师范生培养体系

地方本科院校应主动适应地方经济社会和基础教育发展的需要，结合学校

---

① 朱为鸿，曲中林. 地方本科院校教师教育改革的问题与对策 [J]. 高等教育研究，2015（7）：72.

的办学优势与特色,按照基础教育学段不同层次、不同类型的需求,明晰培养目标,构建分层分类的师范生培养体系,推进教师培养供给侧结构性改革。例如,美国马里兰大学制定了针对性较强的分级分类教师培养模式。在本科层次,针对未来小学教师以综合课程为主,认证后获得不分科的早期儿童教育(学前和1~3年级)、初等教育(1~6年级和中学)教师资格证书;针对未来中学教师以分科课程为主,认证后获得分学科专业的中等教育教师资格证书,如数学、生物、物理、化学、历史等教师资格证书等。同时,还有适合所有年龄段的特殊教育、体育教育和音乐教育教师资格证书[①]。借鉴马里兰大学的做法,地方本科院校可以按照中学教师"一专多能"的培养目标,探索多学科专业教育与教师专业教育并重且互相融合的培养模式;按照小学、幼儿园教师全科型教育的要求,构建全学科专业教育与教师专业教育相融合的综合培养模式。按照基础教育阶段不同学校的层次和类型,理顺教师教育专业及学科体系,建立小学教育、中学教育、学前教育、特殊教育的教师教育专业体系。各地方本科院校在构建分层分类的师范生培养体系的过程中,必须结合区域发展现状和自身办学优势,强化应用型人才培养模式,打造其精品师范专业与教师教育项目,实现师资培养的差异化发展。

(二)以"专业化"统领价值取向,重建实效教师教育课程体系

当前,国际教师教育课程改革呈现从学术取向、专业技能取向发展到专业化取向的趋势[②]。地方本科院校需深入研究《教师教育课程标准(试行)》《普通高等学校师范类专业认证实施办法(暂行)》和教师资格证考试大纲,针对教育类课程相对弱化的问题,采取相应的措施。一是提高教师教育类课程地位,强化其在人才培养方案中的关键位置。二是转化课程逻辑,以学科为逻辑的课程设置转型为以师范生专业和学生发展为逻辑的课程设置[③]。比如,开设"工作坊"课程,聘请院校教学名师、资深专家、基础教育优秀教师进行多视角多维度的师范生培养工作。工作坊可以设立优质公开课、教学学术论坛、教育实习远程指导、科研项目研发等与基础教育发展紧密联系的项目内容。三是丰富课程门类,建立由师德养成模块、教育教学基本理论模块、学科教育模块、学科教学模块、教学技能训练模块、信息素养与信息化教学模块、教育实践模块

---

① 方增泉,李进忠.美国教师教育改革新趋势对中国的启示[J].北京师范大学学报(社会科学版),2010(5):31.

② 王美君.20世纪50年代至90年代美国教师教育课程改革[D].天津:天津师范大学,2012.

③ 朱旭东.论我国教师教育的二次转型[J].教育学报,2014(5):103.

等多个模块组成的教师教育课程群。如学科教学模块可以开设学科课程标准研究、学科教材研究、学科教学设计、学科教学模式研究、学科创新教学研究、教学案例研究、学科课堂教学的诊断与分析、学科校本课程研究、学科学习方式方法研究、学科教育热点问题研究等课程。四是建设教师教育资源库，加强与中国教育现实的联系。如开发中小学教材库、教师资格考试试题库与教师教育案例库，包括示范课堂案例、优秀教学案例、典型问题案例及师范生教育实习案例等。五是优化课程结构，平衡教师教育课程的"学术性"和"师范性"。确保教师教育课程学分和比例，开齐开足教师教育课程，设计小学分、短学时、专题式的教师教育课程。

（三）以"全程化"养成教师素质，形成实践导向的师范生技能培养体系

中共中央、国务院颁布的《关于全面深化新时代教师队伍建设改革的意见》中明确指出："根据基础教育改革发展需要，以实践为导向优化教师教育课程体系，强化'钢笔字、毛笔字、粉笔字和普通话'等教学基本功和教学技能训练，师范生教育实践不少于半年。"据此，地方本科院校应形成四年一贯全程实践的师范技能培养体系，加强师范生教育教学实践能力和教育教学基本功的实操训练，学生以学习者、实践者、研究者的身份不断修炼，养成教师素质。一是严格落实师范生到中小学、幼儿园教育实践不少于一个学期制度，保证教育实践的连续性和充分性。二是建立"教育见习—模拟教学—实地实习—实践反思"的教师教育实践课程体系，采用"县域集中—混合编队—巡回指导—多元评价"的教育实习模式①，加强教育实践课程的实施效果。三是通过遴选、培训、评价和支持教育实践指导教师，保证其指导效果。四是强化全程性的师范生教育实践技能训练与考核。通过教育教学技能实训平台建设，不间断地加强"三笔一话"等教学基本功和教学技能训练，增强学科教学技能，提升信息技术应用水平，培养学科教学与信息技术深度融合的能力。研制师范生教育实践技能考核标准，建立师范生教育实践技能测评体系，设定分层次、分阶段目标评估师范生教育实践技能水平，教育实践技能不达标者不安排参加教育实习。

（四）以"胜任化"强化岗位能力，建设高水平的教师教育师资队伍

要培养素质过关的师范生，必须建设一支胜任其岗位的高水平教师教育师资队伍。一是配足建强教师教育课程教师。按照《普通高等学校师范类专业认证实施办法（暂行）》配足建强教师教育课程教师，专任教师数量结构能够适

---

① 刘益春，李广，高夯."U-G-S"教师教育模式实践探索：以"教师教育创新东北实验区"建设为例[J].教育研究，2014（8）：110.

应本专业教学和发展的需要,生师比不高于18∶1,高级职称教师比例不低于学校平均水平,且为师范生上课。构建由中小学(幼儿园、特殊教育学校)名师、教研员、基础教育专家组成的"三位一体"兼职教师队伍,确保其占教育类课程教学教师人数不少于20.00%的比例,形成高校与中小学(幼儿园、特殊教育学校)教师共同指导师范生的机制。依托省级中小学校长培训中心、省级中小学教师发展中心、省级中小学校长工作室,建立特级教师与校长专家库,实行基础教育特聘教授制度,实现师范生合作培养。依托学校教师教学发展中心,利用校内外优质教师教育资源,与基础教育一线密切合作,持续开展"师范专业青年教师职业能力提升计划",提升青年教师教育教学技能;开展"师范专业名师培养计划",提升骨干教师教学研究水平以及服务基础教育能力;实施"教师信息技术应用能力提升计划",分领域、分板块开展教师信息技术应用能力的全员培训;支持教师多媒体教学资源和在线开放课程的建设以及混合式教学的实施,提升教师信息技术与课堂教学融合的能力;支持教师教育师资国内外访学项目,拓展教师国际化视野。二是强化教师教育课程教师的实践经历。建立教师培训和实践研修制度,探索学校和中小学(幼儿园、特殊教育学校)"协同教研""双向互聘""岗位互换"等共同发展机制,支持教师积极开展中小学教育教学改革试验,确保实现教育类课程教师有至少一年的中小学教育服务经历。三是设立教师教育类教师职称评聘系列,将其教学、科研考核指标单列,将承担师范生的课堂教学、技能训练、教育见习、教学实习、毕业设计、论文写作纳入考核内容,调动其从事教师教育工作的积极性。

(五)以"信息化"驱动教育创新,搭建现代化的教师教育智慧系统

地方本科院校应该依托云计算、大数据、虚拟现实、人工智能等新技术,推进教师教育信息化服务平台建设和应用[1],改变较为陈旧的课堂教学模式。一是大力提升教师的信息素养。推进信息技术和智能技术融入师范生培养全过程,以精品在线开放课程、智能教室、智能实验室等项目为载体,加强大容量智能教学资源建设,增强知识传授、能力培养,提高和强化素质提升的效率和效果。二是开发师范生信息素养提升系列课程和教材。与知名教育信息化企业协作开发信息素养提升系列课程和教材,加强对师范生信息意识、信息伦理的熏陶,强化师范生信息技术知识、技能与应用能力等方面的培养,将信息素养作为师范生综合素质评价的重要指标。通过提升师范生信息技术水平以适应信息时代、

---

[1] 王定华.关于实施教师教育振兴行动计划的政策与思考[J].国际教育行政学院学报,2018(6):6.

智能时代发展以及智慧学习需要。三是构建智慧学习支持环境。开展以学习者为中心的智能化教学支持环境建设，与高水平师范大学、企业等单位深度合作，共同搭建集课堂教学、实践实训、诊断评价、数据服务于一体，记录师范生专业技能成长过程和成果的教师教育智慧系统，打造与基础教育互联互通的未来教育与未来学习体验中心。

（六）以"终身化"助力持续发展，建立共赢的教师培养培训协同机制

中共中央、国务院《关于全面深化新时代教师队伍建设改革的意见》明确指出："开展中小学教师全员培训，促进教师终身学习和专业发展。"构建合作共赢的教师培养培训协同机制，能为教师终身学习提供体制保障，全面助力教师教育持续发展。一是地方本科高校应与地方教育行政部门和中小学（幼儿园、特殊教育学校）建立权责明晰、协调顺畅、合作共赢的"三位一体"（U-G-S）协同培养机制，基本形成教师培养、培训、研究和服务一体化的合作共同体。加强教育实践基地建设，按照每20个实习生不少于1个教育实践基地的标准建设教育实践基地，确保教育实践基地相对稳定，能够提供合适的教育实践环境和实习指导，满足师范生教育实践需求。二是建立"双导师""双向挂职"制度。"双导师"制度即高校教师与中小学（幼儿园、特殊教育学校）教师联合对师范生进行培养。"双向挂职"制度即中小学校教师和院校教师互聘到对方学校参与具体岗位工作。这样有利于高校教师了解基础教育实践样态，用实践反馈于自身的教学科研工作，有利于中小学（幼儿园、特殊教育学校）教师深悟教育教学理论与科研精神，实现教师专业成长。三是建立教师教育一体化改革试验区，搭建基础教育资源服务平台。通过"大中小学课堂相互呈现"的形式，实现地方本科院校与中小学教师同步分享课程教学实况，通过科研资源、精品课程、优秀课例等资源开放的形式，实现地方本科院校与中小学教师共享教育理论与研究成果。通过合作申报科研项目，共同推进科学研究促进实践发展。同时，开展基于大数据的教育决策咨询服务及教师职后专业发展的精准、个性化服务，满足教师职后"智能研修"的精确化、个性化、定制化需求。

总之，教师强，则教育强。在我国这样基础教育学生规模达数以亿计的情况下，没有一流的教师教育，教师队伍的振兴是不可想象的。振兴教师教育，固然有许多工作要做，但尽快补齐作为教师教育主力军的地方本科院校教师教育的"六个短板"，无疑是振兴我国教师教育的一条捷径。

广东基础教育高端人才"三高一低"培养模式探索

朱 旭 周 峰 郭 凯 贺 菲 黎晓君*

为加快广东省教育现代化建设进程，2012年，广东省政府出台了《关于全面实施"强师工程"，建设高素质专业化教师队伍的意见》。作为"强师工程"的核心项目，广东省启动了中小学新一轮"百千万人才培养工程"，旨在培养一批办学思想先进、教育理论扎实、教育管理水平高、富有实践创新精神、具有社会影响力和发挥示范作用的基础教育高层次领军人才。为此，广东第二师范学院先后承担了两轮"广东省小学名校长幼儿园名园长培养项目"，围绕"立德树人"的根本任务，发挥数十年中小学校长培训的经验与优势，形成了广东基础教育高端人才"三高一低"培养模式，搭建了校（园）长培训平台，实现了高标准、高站位、高效能的培训品质。

一、广东基础教育高端人才培养的现状分析

（一）办人民满意教育的新时代强音

办好人民满意的基础教育主要体现在满足人民群众对学前教育资源普惠优质发展的需要和义务教育优质均衡发展的需要两个方面。虽然我国通过学前教育三轮行动计划全面有效实施，增加了学前教育资源的普惠性供给，但是在普惠性优质学前教育资源供给方面，仍然比较薄弱。着眼以名园长为代表的幼儿园高端人才的培养，有利于推进广东省学前教育普惠优质发展，以保障新形势下人民群众"有园上、上好园"的需求。目前，我国义务教育均衡发展，实现了从非均衡到教育普及、从初步均衡到基本均衡两次飞跃，现正迈向优质均衡

---

* 作者简介：朱旭，广东第二师范学院教师教育学院副教授；周峰，广东第二师范学院学前教育学院教授，博士；郭凯，广东第二师范学院学前教育学院教授，博士；贺菲，广东第二师范学院学前教育学院讲师，博士；黎晓君，广东第二师范学院学前教育学院讲师，博士。本文发表于《基础教育论坛》2021年第5期，中国网于2021年5月21日转载。

发展的新征程①。在粤港澳大湾区建设的背景下，广东省义务教育优质均衡发展需要着力推行集团化办学和现代化学校建设，增加优质资源供给共享。"一个好校长就是一所好学校"，义务教育优质均衡发展要得以实现，离不开基础教育高端人才的培养。

（二）建设高素质专业化教师队伍的必然要求

随着我国教育事业的不断改革与发展，教育行政部门对校（园）长在管理学校（幼儿园）的能力与个人专业素养方面提出了新要求。《关于全面深化新时代教师队伍建设改革的意见》明确指出："加强中小学校长队伍建设，努力造就一支政治过硬、品德高尚、业务精湛、治校有方的校长队伍。""加大幼儿园园长的培训力度。"② 聚焦广东基础教育高端人才培养，是落实振兴教师教育决策部署，构建高水平教师队伍的必然要求。校（园）长只有保持不断更新的知识体系、层层升级的管理能力，才能从根本上解决学校（幼儿园）治理与教育教学改革发展的问题。这将有利于促进粤港澳大湾区的"打造教育和人才高地"建设，推动广东基础教育的优质发展。

（三）变革传统教师培训模式的现实需要

目前，我国中小学校长和园长培训存在着培训目标泛化、培训内容学科化、培训模式简单化、培训功能单一化等问题。而今，在建设数字化中国的时代背景下，传统的校（园）长培训模式已经满足不了校（园）长提升自身处理现代教育问题能力的需要。广东基础教育高端人才培养作为教师培训的高级阶段，其自身具有不同于一般培训阶段特质，与此相应的培训模式也应凸显这一特征。传统的培训模式已经不能满足基础教育高端人才在个性化、反思性、经验分享、问题解决、理论提升及实践导向等方面的需求。

二、广东基础教育高端人才"三高一低"培养模式的框架建构

广东第二师范学院经过两批广东省中小学"百千万人才培养工程"小学名校长幼儿园名园长培养项目历时八年的研究与实践，形成了广东基础教育高端人才"三高一低"培养模式，即"高端"的培养目标、"高瞻"的培养课程、"高效"的培训过程、"低重心"的培养方式。具体如图1所示

---

① 朱德全，冯丹. 和而不同：义务教育优质均衡发展的新时代要义与治理逻辑［J］. 教育科学，2021，37（1）：23-30.

② 中共中央 国务院关于全面深化新时代教师队伍建设改革的意见［EB/OL］. 中央政府门户网站，2018-01-31.

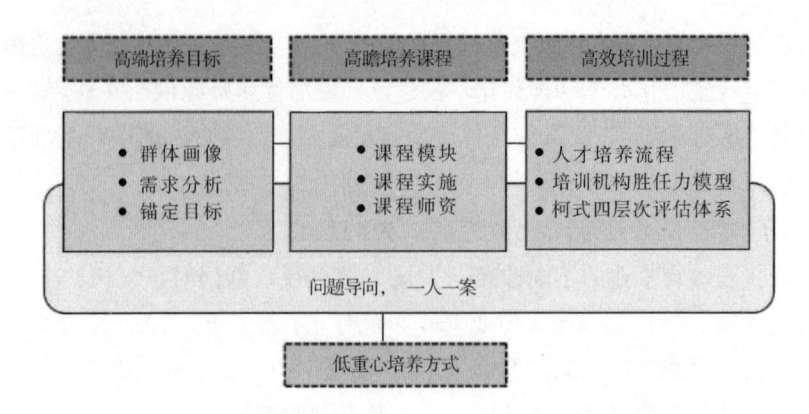

```
┌─────────────┐  ┌─────────────┐  ┌─────────────┐
│ 高端培养目标 │  │ 高瞻培养课程 │  │ 高效培训过程 │
└─────────────┘  └─────────────┘  └─────────────┘
   • 群体画像       • 课程模块       • 人才培养流程
   • 需求分析       • 课程实施       • 培训机构胜任力模型
   • 锚定目标       • 课程师资       • 柯式四层次评估体系

              问题导向，一人一案
              ┌─────────────┐
              │ 低重心培养方式 │
              └─────────────┘
```

图 1　基础教育高端人才"三高一低"培养模式结构

（一）高端的培养目标

结合广东省"百千万人才培养工程"第一批和第二批学员信息资料给受训对象进行群体画像，准确把握项目学员群体特征。通过问卷调查法、访谈法等了解学员个体需求特征。从社会、政府、学校（幼儿园）、个人需求的维度出发，设计总培养目标。目标锚定培养基础教育领域的高端人才。

1. 幼儿园名园长培养目标

"一个核心，三个立足点"，即以"立德树人"为核心，立足时代主题、国际视野、本土实践，培养一批师德修养高尚、专业素养精湛、人文底蕴深厚、教育视野宽阔、教育理念先进、保教与管理风格独特、实践与创新能力强的广东名园长。

2. 小学名校长培养目标

围绕"立德树人"的根本任务，回归教育本真，创新教育实践，培养造就一批办学思想先进、精通教育、善于管理、视野开阔、富有实践创新精神、能够引领学校特色发展和品牌建设，并在国内享有较高美誉度和传播力的小学名校长，实现教育家办学，成为持续提升学校品质和自觉引领教育改革创新的核心力量。

（二）高瞻的培养课程

在美国高瞻课程的"主动学习""在活动中学习""在获取关键经验中学习"等主旨理念的启发下，基础教育高端人才培养结合自身项目特点，在课程模块、课程实施、课程师资等方面进行高瞻远瞩的多元设计和拓展。

1. 课程模块

根据《义务教育学校校长专业标准》和《幼儿园园长专业标准》中的框架规定，将课程模块设计为规划学校（幼儿园）发展、营造育人文化、领导课程教学（领导保育教育）、引领教师成长、优化内部管理、调试外部环境六个板块①，并结合当前教育热点及难点，确定相应主题与课程。幼儿园名园长培训的主题依次是教育改革与优质园所建设、园长领导力与文化制度建设、园所诊断与改进、课题设计与办园实践重难点协同研修、教育思想研究、教育视野与理解拓展、教育传统与文化纪行、教育成果凝练以及名园长风采展示等。小学名校长培训的主题依次为新时代中国特色社会主义教育理论体系、课程改革实践研究、现代学校建设与改进、学校诊断与改进、校长领导与管理方法、学校改进实践研究、名校长工作室培养、名校长办学思想巡讲、学校改进与办学思想积淀等。

2. 课程实施

基础教育高端人才的课程实施应该以学员为中心，在八个向度产生融合，促成实践转化。在线上与线下、国内与国外、学习与实践、行动与研究、个体与群体、导师指导与自我指导、对话与展示、示范与帮扶这八个向度形成基础教育高端人才培养混合式研修模型，如图2所示。

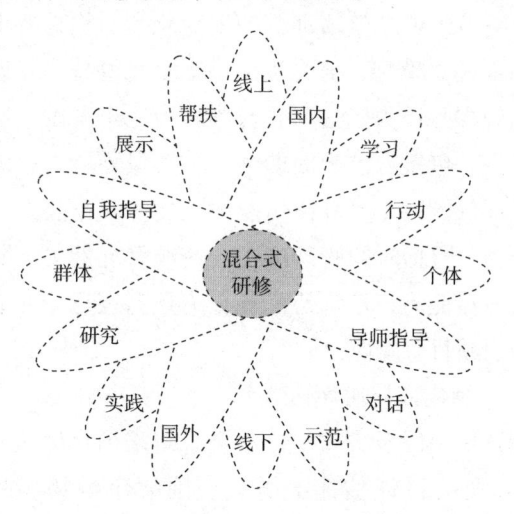

图2 基础教育高端人才培养混合式研修模型

---

① 教育部关于印发《普通高中校长专业标准》《中等职业学校校长专业标准》《幼儿园园长专业标准》的通知 [EB/OL]. 教育部官网，2015-01-12.

67

3. 课程师资

国内外知名教育界学者与优秀实践专家构成一流师资队伍为项目实施提供高水准的智力支持。师资队伍的主要特色为理论与实践相结合、国内与国外相结合、本校与外校相结合，其水准是国际化高水准的"高瞻"天团。

(三) 高效的培训过程

1. 高效培养——基础教育高端人才培养流程

根据校（园）长专业化培训规律，整合过往名校（园）长培养项目的经验，聚焦高效培训，形成基础教育高端人才培训流程。从时间纵轴来看，基础教育高端人才培训流程表的设计遵循以学员为中心，以最近发展区为指引，以不断超越自我为主线，分年度规划个人从定位、发展到实现自我的专业成长轨迹。从培养环节横轴来看，遵循"反思实践、生成理念—践行理念、改进实践—传播理念、引领实践"的培养链，形成理论与实践双循环下螺旋式上升的专业成长阶梯。基于此，将培养环节设计为集中理论研修、岗位行动研究、异地考察交流、示范引领带学、课题合作研究这五个流程。

2. 高效管理——培训机构胜任力模型

培训机构胜任力关乎基础教育高端人才培养项目的运营质量。作为高端培训项目承训机构，应该体现高效培训机构专业化和引领性要求。广东第二师范学院开发培训机构胜任力模型，努力生成高效培训胜任力。该模型分为：培训专业胜任力、培训管理胜任力、培训研究胜任力三个维度。培训专业胜任力即培训项目核心业务力，包括需求诊断能力、方案策划能力、课程开发能力、师资优化能力、学业评价能力、项目评估能力、支持服务能力；培训管理胜任力即项目协调运行能力，包括时间管理能力、资源管理能力、团队建设能力、过程管理能力、项目宣传能力；培训研究胜任力包括理论研究能力、学科研究能力、实践引领能力、项目研发能力。

3. 高效评估——柯氏四层次评估体系

科学而有效的评估手段及方式、方法是了解培训目标达成情况、保证培训质量的重要举措。在项目评估能力方面，围绕唐纳德·L.柯克帕特里克（Donald L. Kirkpatrick）的反应、学习、行为改变、结果四级评估理论，对项目实施效果进行全面评估。反应层重点评估学员对培训条件、饮食住宿、课程质量、学习态度等方面的看法；学习层重点评估学员学习了多少新知识，获得了多少新技能，态度发生了怎样的变化；行为改变层主要评估学员行为上发生了怎样的改变；结果层主要评估培训目标是否达成，以及达成了怎样的效果。

（四）低重心的培养方式

"低重心"强调培养重心回归办学实践，以问题为导向，扎根在教育实践的土壤上，及时发现并解决办学实践中存在的问题，形成对教育问题的独立见解，协助学员整合办学理念与改进经验，形成指导学校（幼儿园）变革的完整体系。

1. 问题导向

"低重心"的培养方式以问题为导向，用"问题链"串联课程脉络，围绕"问题—问题解决"开设核心问题课程、专题课程、实践课程和拓展性选学课程，明确设置各阶段学习任务，激活、强化和维持学员的学习动机。深化行动研究，通过导师协同引导下的课题研究、项目合作、现场诊断、跟岗学习，引导学员在各阶段的培养中聚焦研修重难点，反思办学过程的实践问题。

2. 一人一案

为了进一步促进实践生成，项目还设计了"因校（园）施策的个性化指导"环节，秉持"一人一案，因校（园）施策"的培养理念，开辟一种既全覆盖又差异化的名校（园）长培养方式，项目先后组织"学校诊断活动"和"个性化指导"活动，专家走进学员所在学校和幼儿园，协助学员整合办学理念与改进管理经验，形成指导学校变革的完整体系。

三、广东基础教育高端人才"三高一低"培养模式的显著特色

（一）在培训价值取向上，坚持理论引领与实践优化并重

职后培训不能将其重点单一地放置在研习新理念、新知识、新技术方面，更要重视拉近"理论"与"实践"的距离，改变理论与实践之间的疏离状态，使习得的知识能够被用于更深入地诠释现实矛盾问题，使掌握的技术能够被用于突破那些习以为常的教学模式、管理模式，促进个人教育教学行为的转化，促成个人实践活动质效的提升。基于此种认识，在各类培训中，广东第二师范学院始终坚持理论引领与实践优化并重的价值取向，遵循"知行统一"的培训原则，使"做中学"成为贯穿培训的重要理念，使培训不再是有利于学校（幼儿园）教育教学实践之外的附加任务，而是真正能够帮助教师学以致用、实现个人与学校（幼儿园）共同发展的重要手段。

（二）在培训内容选择上，坚持课程预设与动态生成并重

培训内容与社会和教育发展趋势相呼应、与学员专业发展的需求相契合，这是保证培训质量的基本点。为此，广东第二师范学院不仅重视在项目中引入"首席专家制度"，依托教育专业研究者和教育实践专家的智慧，科学设计、统

筹规划培训的研习主题与具体内容；也不回避参训学员中现实存在的个体差异，着力做好培训需求调研活动，保证"训前"和"训中"能够持续不断地跟踪了解学员需求、保持与项目专家的即时沟通，以保证对培训预设内容做出恰当的、及时的调整，不仅让培训的指向性与针对性更突出，更在相当程度上调动了学员的参训热情。

（三）在培训组织过程中，坚持外在引导与内在修炼并重

校（园）长培训的本质是成人学习，其基本特点是每个学习者都已拥有自身丰富的教育教学经历与经验。同时，其学习目的鲜明，多以寻求优化实践的方法、策略、探索化解矛盾问题的途径为核心。这就决定了简单的知识传授式培训方式成效有限。基于此，广东第二师范学院在组织培训时，坚持贯彻以"参训者为主体"的培训理念，依托"导师引领、多元互动、合作学习"的培训方式，构建"研修共同体"。通过分组交流、集体分享、问题诊断、现场答疑等系列活动，让学习者在发挥自身优势、借助同伴力量、获得导师引领的研修活动中，不断深化自我觉察、提炼内在经验、挖掘潜在能力，切实增强个人持续发展的意向与能力。

（四）在培训资源运用上，坚持境内资源与境外资源并重

广东第二师范学院在组织培训过程中，历来重视培训资源的积累与开发工作，将其作为不断提升培训质量的重要保障。依托京苏粤项目、整合三地培训资源，我们构建校长培训联盟，与北京、天津、上海、江苏、浙江、湖北等地一批优质名校建立了密切的合作关系。除了积极推动境内资源开发与整合之外，伴随着近年教育现代化在广东省的展开，广东第二师范学院还着力增加、拓展与境外教育机构的联系，除了与英国领事馆、英国东部领导力学院、英国伦敦大学教育学院、美国哥伦比亚大学等建立了合作关系。另外，还依托地缘优势，建成了粤港澳合作培训资源网络。

（五）在培训绩效评估上，坚持过程评估与结果评估并重

基于以往的项目实施经验，广东第二师范学院不断调整和改进评估方式，建成"系统化评估模式"。此种模式既要在纵向上坚持训前、训中、训后的全程跟踪式评估，又要在横向上注重采用过程评价与结果评价相结合、学术成果评价与实践表现评价相结合、个体评价与团队评价相结合等多样化方式，从而确保我们能够全面了解和监控学员参训活动过程，实时掌握培训各项活动的实施成效信息，密切联系学员具体表现和需求状况，对整个项目实施进程及相关安排做出及时的、动态的调整。

四、广东基础教育高端人才"三高一低"培养模式的实践效果

2012年10月至2020年12月,广东第二师范学院两批广东省中小学"百千万人才培养工程"小学名校长名园长培训项目通过实施广东基础教育高端人才"三高一低"培养模式,取得了显著培训成效。截至2021年4月,9名学员被评为特级教师,22名学员评为正高级教师,占学员总数的61%;27名学员被评为省级校长(园长)工作室主持人,占学员总数的53%。两批百千万学员共获得国家级、省级教育科研立项项目176项,省级以上个人教育工作奖69余项、省级以上学校业绩奖项100余项。共发表教育类论文211篇,出版教育著作50部,主讲县级以上讲座超过900场次,4年乡村教育活动参与人数达105人次。其培养效果获得《中国教育报》《中国教师报》、美国波士顿地方报纸等多家媒体宣传。学员部分代表性奖项见表1。

表1 第一、二批"百千万人才培养工程"名校长、名园长代表性奖项

年份	获奖人	成果名称
2019	王 翔	广东教育教学成果奖(基础教育)特等奖
2018	余志军	南粤优秀教育工作者
2017	冯家传	中国关心下一代工作委员会先进个人
2017	苏东青	全国五一劳动奖章
2016	刘建强	中国关心下一代工作委员会优秀工作者
2014	陈 蕾	全国教育系统先进工作者
2014	赖晓妍	全国五一巾帼标兵

"一核四翼"模式引领学生工作创新局

叶湛霞[*]

学前教育是基础教育的基础,学前教育本科人才培养在我国整个教育体系中处于非常重要的地位。"十四五"开局之年以来,广东第二师范学院学前教育学院结合人才培养方案特点,以"一核四翼"育人新模式推进学生工作,突出特色,搭建"树人"实践育人平台,推进品牌化建设,课内课外相结合,校内校外相协同,取得了显著成绩。

一、学前教育专业"一核四翼"人才培养模式的提出和内涵

党的十八届五中全会首次提出"创新、协调、绿色、开放、共享"的理念。面对新形势、新特点、新问题,广东第二师范学院学前教育学院响应国家号召,围绕"协同""创新""特色""发展"四个关键词展开了深入探索与试验,提出符合广东学前教育学院人才培养模式的"一核四翼"理念,并在实践中发展成熟。根据艾瑞深第三方公布的我国高校专业排名,2018年,公办高校广东第二师范学院学前教育专业在广东省排第1名,在全国排第15名;2019年,广东第二师范学院学前教育专业正式被确认为"省一流本科专业"建设点。

作为广东省学前教育专业唯一的"省一流本科专业"建设点,广东学前教育学院重视学生发展和社会需求,致力于培养专业知识扎实、实践能力突出、综合素质高、适应能力强,具有创新精神和研究意识的幼教工作者。对于学前教育学院的人才培育理念进行了多年的探索,先后探索过"3+2""4+0""2+4"等多元化的人才培养模式,以高质量应用型复合人才培养为核心,做到本科4年实践不断线,不断改进课程设置,不断探索教学模式创新,最终明确应用型复合人才培养的办学定位,确立了"协同创新,特色发展"的办学理念,首创学前教育专业"一核四翼"应用型复合人才培养模式。

---

[*] 作者简介:叶湛霞,广东第二师范学院学前教育学院辅导员,讲师。本文发表于《基础教育论坛》(下旬刊) 2021年第5期。

"一核四翼"人才培养模式的内涵是：完善理论、活动和实践三类课程，利用课堂、课外和校外三种途径，提供教学、科研和培训三大平台，打造早幼一体、普特融合、差异发展三大特色，彰显学前教育专业人才培养特色的创新模式。

二、重视硬件基础，建设并完善专业型实训设备及场地

2019年1月24日，国务院颁布关于印发《国家职业教育改革实施方案》的通知，方案强调和积极鼓励校企联动，到2022年，将推动建设300个具有辐射引领作用的高水平专业化产教融合实训基地。"一核四翼"人才培养模式要求加强建设三个平台：教学平台（硬件一流的学前教育实训平台）、科研平台（充满活力的学前教育研究中心）、培训平台（广东省幼儿园园长教师培训中心）。

学校大力支持学前教育学院，投入一千多万元建设一批环境舒适、设备先进的学前教育专业功能场室，共有三大类别24间。包括用于师范生综合技能培养的教师通用技能实训平台；用于学前教育专业五大领域（健康、语言、社会、科学、艺术）教师素质培养的专业技能实训平台；针对目前信息化时代的到来，培养学生在教学工作中充分运用现代信息技术，鼓励学生进行相应教学变革的信息化教育实训平台。学院同时申报2个学前教育专业省级教师教育示范实践基地，形成了以珠三角地区为核心并辐射广东省的学前教育专业实践基地群。

硬件场地设备的投入使广东学前教育学院学前教育专业实训条件在广东省高校中保持领先水平。在"一专多能"的高素质学前教育人才培养中发挥着重要作用。目前，学院正在筹建广东学前教育专业协同育人联盟，进一步整合各种资源，共同推进学前教育发展。

三、注重"软件"发展，明确指导思想，搭建育人平台，学生培养成果显著

实践性是广东学前教育学院学前教育一流专业打造的一大特色。在"一核四翼"育人模式中，围绕"立德树人"总目标，促进理论、活动和实践三类课程共同发展。尤其是在实践课程的设计上，立足学生专业能力的提升，开展形式多样的实践培育活动，让学生专业技能不断得到塑造和提高。

在校内，支持学生专业能力培养。学院推进"师范生能力提升计划"，坚持一个核心，两个目标，五个工作平台，如举办"师范生文化节""师范生技能竞技月"，建设"筑梦教育，卓越树人"大学生实践成长工程，开展师范生技能竞技月、学前教育宣传月、手工艺制作大赛、合唱比赛、歌手大赛等赛事，推动

师范生成长进步。

在校外，支持学生实践能力的展现。通过组织学生参加不同类型的竞赛活动，促进学生的竞赛意识和协作能力提升。据统计，近年广东学前教育学院学生参加广东省高校学生各类竞赛成绩有：2019年，李颖薇参加广东省大学生职业规划大赛，荣获本科组二等奖；2019年，杨捷贤参加学前技能大赛，荣获学前教育组二等奖；2020届毕业生戴琼颖、叶玉媚荣获学前教育组二等奖等。

以上成绩充分说明广东学前教育学院学前教育专业学生的实践能力取得了非常显著的成绩。同时，表明学院以高质量应用型人才培养为导向，不断改革和创新学前教育专业的人才培养机制，凸显学前教育的专业特色，引领学生不断提升专业能力这一办学理念的正确性。

四、两手都要抓，开创培养优秀人才新局面

近年，广东学前教育学院开启了"启航·树人"毕业生就业行动计划，成立毕业工作专项组，加强对毕业生就业的工作指导。行动计划通过开展方式多样的就业培训促进行动，强化毕业生就业求职的技能培养，提升毕业生就业的资质能力。通过对毕业生的抽样跟踪反馈获悉，2017—2019年，96.46%的应届毕业生获得教师资格证书，还有相当大比例的毕业生获得了其他证书。

近三年，在广东第二师范学院就业质量报告评价指标中，教学满意度达90.00%，就业现状满意度达85.00%。特别是2020届，在这疫情特殊之年，学前教育专业、公共事业管理、特殊教育专业就业率最终达到100.00%，应用心理专业为96.00%，其中，学前教育专业率先达到100.00%，许多学生提前就进入相对好的单位就业。对此，《羊城晚报》进行了报道。这从侧面证明广东学前教育学院的培养模式是正确的，工作取得的成绩是突出的。

《2017至2019年往届毕业生及就业单位调研报告》显示，用人单位及教师同行和幼儿家长对广东学前教育学院学前教育专业毕业生满意率接近100.00%。通过随机抽取样本进行问卷调查和访谈发现，幼儿家长对广东学前教育学院本专业毕业生满意度高达100.00%，充分反映本专业的毕业生具有良好的工作适应力，表现出了较好的创造性，赢得了用人单位的认可和幼儿家长的肯定与好评。

近年，广东第二师范学院就业质量报告显示，广东学前教育学院毕业生工作与专业相关度达87.00%，对母校的总体满意度高达95.00%。对母校和专业的高度认可和积极情感使他们在工作岗位上认真负责，无论在思想还是业务上，都做到出类拔萃，为母校争得了荣誉，许多学生在各自工作岗位上取得了不凡的成绩。

五、结语

"奋斗百年路，启航新征程。"广东学前教育学院始终着力补齐短板，落实"立德树人"根本任务，聚焦"小儿科"，做出了"大文章"。在今后的发展中广东学前教育学院将继续开拓进取，努力奋斗，为社会培养更多优质人才。

党建引领专业高质量发展新探

——以广东第二师范学院学前教育专业为例

叶湛霞　周　峰　何小勋*

短短十年（2011—2021年），如何把新办的学前教育本科专业打造为国家一流专业？广东学前教育学院实现专业高质量、超常规发展的重要经验，就是强化党建引领专业高质量发展，找准创新高校基层党建工作的着力点，推进高校党建与专业高质量发展深度融合。本文结合学校"新师范"建设，联系广东学前教育学院学前教育专业发展的实际，凝练办学特色，创新育人模式，在专业建设中探索实践、全方位发挥高校党建引领作用的若干经验。

一、构建党建引领学前教育专业高质量发展的机制

将人才培养与党建工作相结合，为中国特色社会主义事业不断输送建设者与接班人是高校党建在新时代要解决的重大课题。正如习近平总书记指出："办好我国高校，办出世界一流大学，必须牢牢抓住全面提高人才培养能力这个核心点，并以此来带动高校其他工作。"[1] 师生党员在教育高质量发展工作中，敢于担当有作为，培养发现问题、解决问题的勇气和能力。通过加强专业学科双带头人建设，让支部建在专业上，让教师党员起示范作用，由此构建"一核四翼"育人模式，并不断完善和深化新育人模式的实践应用。

在"新师范"建设中，广东学前教育学院强化党建引领，提高政治站位，聚焦"小儿科"，争做大文章，努力把广东学前教育的短板，做成广东第二师范学院专业建设的特色和强项[2]。广东第二师范学院学前教育专业在短短十年的时

---

* 作者简介：叶湛霞，广东第二师范学院学前教育学院辅导员，讲师；周峰，广东第二师范学院学前教育学院教授，博士；何小勋，广东第二师范学院学前教育学院党委副书记，讲师。本文发表于《教育导刊》2022年第10期。

① 朱国仁. 学习习近平总书记关于建设教育强国的重要论述［EB/OL］. 中国新闻网，2019-03-11.

② 周峰，苏鸿. 聚焦"小儿科"，争做大文章［J］. 师道，2019（5）：14-15.

间，从一个新办专业，打造成国家一流专业，为新时代我国高校实现高质量发展寻找实践样本。具体而言，通过以党建引领学前教育专业发展的纵向历程为对象，围绕广东学前教育学院首创的个性化、能复制的"一核四翼"育人模式，从顶层设计、资源投入、基地建设、合作办学方面，构建党建引领专业发展的实践路径，从党的建设、专业建设到学科建设层层推进，进而全面形成专业建设工作成果对标清单（立德树人、专业发展、双带头人、人才培养），解决高校党建引领成果的检验问题（宗旨指导、职能服务、支部建设、党建共建）（见图1）。

图1 广东学前教育学院党建引领专业高质量发展结构

构建党建引领专业高质量发展的机制，解决了以高校党建引领专业建设的现实路径、发展机制和效果评价问题，广东学前教育学院学前教育专业发展历程就是实践这一机制的典型案例。广东学前教育学院2011年开设学前教育专业本科之初，师资东拼西凑，设施十分简陋，培养方案也是模仿他校，但是，在时任院长周峰教授带领下，师生提高政治站位，不向困难低头，转"危机"为"契机"，把短板做成特色强项。2014年，获批为省应用型人才培养示范基地；2018年，学前教育专业名列广东省第一；2019年被评为广东省首个学前教育省一流专业，同年还举办广东首届学前教育大型国际学术研讨会——"面向未来的学前教育"国际学术研讨会。2020年，周峰教授领衔的《地方本科院校学前教育专业"一核四翼"应用型复合人才培养模式的研究与实践》荣获广东省教育教学成果奖（高等教育）一等奖，是当年广东省学前教育专业唯一的获奖成果。2021年，党建引领学前教育学科建设取得新发展，学前教育专业不仅高分通过教育部师范类专业认证，而且被教育部确认为国家一流专业。

二、抓好思想政治教育，发挥基层组织导向作用

基层组织承担着贯彻落实党和国家的路线方针政策，强化基层党组织思想政治教育有利于提升基层党组织的战斗力、凝聚力[1]。这就需要牢牢抓住思想教育这一根本，培养师生党员在学前教育专业建设中敢担当善作为。在党组织生活、党员教育、党员发展方面，广东学前教育学院通过抓好党员、教工、学生的理论学习，为大家补足精神之"钙"。学院成立了党史学习教育宣讲团，开展常态化党史学习教育宣讲活动；创新成立"树人党建事务工作室"，进一步推动学院党建工作，协同"党团学"组织师生合力建设发展；开展"一营一班"学习，通过"星之火"党员先锋营、"青马班"等思政品牌建设，让学生干部在学习教育过程中做到学史明理，学史增信，学史崇德，学史力行。

坚持把立德树人作为中心环节，加强思政课程和课程思政平台建设，提高广东学前教育学院大学生思想政治教育工作的精准化、科学化水平。创新发展推进组织生活、党员教育、党员发展的规范化，解决高校党建"如何引领"专业学科高质量发展的问题。例如，落实党支部党员学习教育，召开党史学习教育动员大会，书记、院长带头开展"中共百年史，中华强国路"主题教育讲座和讲授"学习百年党史，培养创新人才"主题党课；每月落实学习指定书籍，设立党员读书角；举办党史学习教育读书分享会；组建"树蕙志愿服务队"，开展党员常态化志愿服务活动。此外，学院还加强党建统筹业务工作的领导，利用党建带团建，持续提高推进广东学前教育学院党组织、团组织和学生会干部协同建设水平，完善树人党建事务工作室的体系建构，做到党团学组织协同运作，携手并进。

全面推进以"立德育人"为根本的一流学前教育专业体系的高质量建设，在丰富党建工作内涵中助推学前教育的学科高质量发展，解决"引领什么"的问题。积极发挥共产党、共青团员的榜样示范作用，发挥"头雁"作用，高标准树立教师先进模范以及优秀学生榜样。结合毕业季，学院党委举办"共忆初心·共话党恩·畅谈未来"毕业生党员座谈会等活动，展现广东党员干部积极作为、以身示范、展示形象，用实际行动回顾学习党的百年奋斗史和伟大的建

---

[1] 张玉奇.夯实基层党建思想教育工作之基[J].人民论坛，2019（24）：200.

党精神，推动党史学习教育系列活动走实、走深。

三、夯实教工党支部"双带头人"建设，激发教师干事立业热情

学前教育专业作为新建专业，既有发展机遇期也面临诸多困难。为加强队伍建设，近年大量引进不同学科领域的新教师，队伍不断壮大。为了夯实教工党支部"双带头人"建设，激发教师干事立业热情，广东学前教育学院率先在学前教育专业开展教工党支部"双带头人"建设，激发全体教师科研教学的工作热情，实现本科招生规模连年翻番，从100名到200名再到300名，仅用3年时间，广东学前教育学院学前教育本科招生规模稳居全省第一，办学条件也得到了明显改善。2019年5月，学院加挂了"广东学前教育学院"这一闪亮的牌子，为广东省幼儿园本科师资培养做出了较大贡献[①]。

专业建设，师资是关键。学前教育专业在发展过程中，创新教师队伍体制机制，开放式招纳贤才，即"外引""内转"，实现学前教育师资优化与扩编。开展重金招聘海内外高层次学前教育专业人才，为学前教育专业教师队伍聚集了一批德才兼备的优秀人才，同时，聘请了30多名省内外一线知名幼儿园园长或名师做学前教育学院的兼职教师。此外，为了进一步扩大本科学前教育专业招生规模，广东学前教育学院还与广东省外语艺术职业学院、珠海城市职业技术学院等院校合作开展"专插本"，使学前师资来源更加多元。广东学前教育学院当前的学前教育专业的师资队伍配备处于广东省本科院校的领先水平。

四、党建创新，助推"树人"实践成长育人工程落地

在全国高校思想政治工作会议上，教育部政治工作司司长魏士强指出"抓好质量发展，深入推进立德树人走深走实"[②]。一直以来，广东学前教育学院学生党建和学前教育专业建设的深度融合，也是落实以党建引领专业高质量发展的一大举措。党建创新助推"树人"事业，形成了"树人实践"系列工作品牌，紧紧围绕着价值塑造、知识习得、情感控制、实践体验四个维度，打造铸魂、文化、温暖、实践、启航五个平台，促进学生成长，如图2所示。广东学

---

① 朱旭，周峰. 面向2035：建设一流学前教育专业[J]. 早期教育（教育科研），2020(9)：28-29.
② 高众，欧媚. 教育部召开发布会，介绍5年来贯彻落实全国高校思政会精神工作成效：格局性变化历史性成就[N]. 中国教育报，2021-12-08（3）.

前教育学院坚持以"全程实践"的理念促进应用型复合人才培养目标的实现。[①]为此,我们加强学生实践基地建设,以育人为导向,搭建成才基地。通过不断拓展办学空间,打造专业实训基地,先后建设了鹤琴纪念幼儿园、STEAM 创客中心,为学生提供更多创新实践平台。同时,成功申报 2 个学前教育专业省级教师教育示范实践基地,扩大高校与一线幼儿园有效合作,逐步形成了以珠三角地区为核心并辐射广东省的学前教育专业实践基地群。显著成效体现在以下四方面:

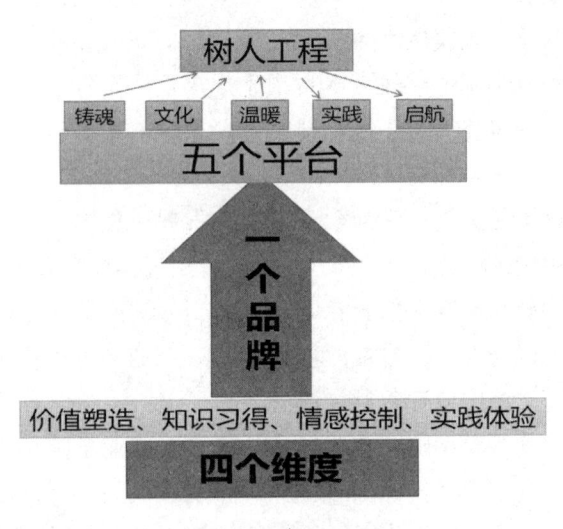

图 2　树人工程结构

第一,以先进思想引领人。这具体涉及:党史学习教育系列活动、树人党建事务工作室、七个一课堂管理、"星之火""青马班"等、理论宣讲项目、宣传文化、形象设计、新媒体建设、选树榜样的力量、运动会、"学习之星"、喜爱的教师、表彰获奖师生。

第二,以博雅文体艺术熏陶人。文化艺术、体育、宿舍文明活动:成立学生艺术团,下设礼仪队、主持人队、合唱团(一等奖、二等奖)、舞蹈队(一等奖)、运动队。文体艺术节等活动策划开展:师范生综合能力大赛、学前教育专业能力大赛、朗诵比赛、手工文化节。

第三,以创新创业实践锻炼人。①创新创业与就业:攀登计划、挑战杯、"互联网+"、课外学术科技竞赛、大创(22 个项目)、讲堂、沙龙。②学风建设

[①] 叶湛霞."一核四翼"模式引领学生工作创新局[J]. 基础教育论坛,2021(15):4-5.

品牌活动：院内学生帮扶等。③各项学科竞赛：演讲、师范生综合技能竞赛等。④假期课外实践：利用教学资源设立大学生课外实践基地（首届创新创业大赛、创客中心、党晓教育融资、鹤琴纪念幼儿园、兴趣小组、卓越班等）。

第四，以高尚精神感染人。①志愿服务活动：品牌活动（树蕙志愿服务队）和志愿者队伍。②心理健康教育：立足院内学科建设与12355平台合作，丰富二级心理工作站工作内容，正念减压训练营、设立心理健康危机预警机制。

五、结合党建特色与专业需求，构建学前教育"一核四翼"人才培养新模式

中共中央《关于学前教育深化改革规范发展的若干意见》要求，加强党对学前教育工作的领导，确保党的教育方针在学前教育领域深入贯彻，确保立德树人根本任务落实到位，确保学前教育始终沿着正确方向发展①。

新时代我国高校建设，专业建设是基础，党的建设是根本。通过聚焦党建引领专业建设，落实中共中央、国务院关于学前教育改革发展的指导意见。广东学前教育学院建设一流学前教育专业，始终积极探索高校党建引领专业建设的现实路径。为此，学校成立了"新师范建设"调研组，在校内外开展全面调研，通过借鉴国内外师范、非师范院校的党建工作经验、专业学科建设工作经验，明确学前教育学院的发展方向。面对学前教育这一广东省基础教育短板，广东第二师范学院以大力发展本科学前教育专业和小学教育专业为突破口，调整工作思路和方向，大力引入学前教育师资力量，建设专业学前教育实训场地、配置设备设施，果断将办学重点从培养中学师资转变为培养学前教育、义务教育师资。

学院明确基层党组织在学前教育一流专业建设中的核心领导作用，提出并建设从决策、执行到反馈的完整机制，并实际指导学院的专业建设发展和人才培养工作。在具体实践中，学前教育专业以"协同、创新、特色、发展"为主要抓手，紧紧围绕着全面提升学前教育专业应用型复合人才素质这一核心，通过完善三类课程，利用三种途径，创设三大平台，打造三大特色，促进"一核四翼"应用型复合人才培养模式的形成，并不断完善，如图3所示。该专业毕业生体现了较好的综合素养，在广东省师范生技能大赛和青年教师教学能力大赛中屡获佳绩，毕业生供不应求，就业率连续三年100.00%，远超同期其他专业，并且通过定期的用人单位回访调研，反馈满意度非常高。

---

① 中共中央 国务院关于学前教育深化改革规范发展的若干意见 [EB/OL]. 中央人民政府门户网站，2018-11-15.

图3 学前教育专业"一核四翼"应用型复合人才培养模式

总之,高校党建引领专业高质量发展这条路子,是新时代我国高校党建的新方向,也是高校专业建设的根本保障。

创新育人模式,打造一流专业

——广东第二师范学院学前教育专业建设侧记

周 峰 翟晋玉[*]

学前教育既是我国教育现代化的奠基工程,又是我国教育发展的"短板"。大力发展学前教育专业是广东第二师范学院实现应用型本科院校转型发展、特色发展的必然选择。为此,广东第二师范学院始终坚持以幼儿教育市场需求为导向,以应用型复合人才培养为核心,持续改进学前教育专业人才培养方案,不断探索育人模式的改革创新,坚持走"协同创新,特色发展"的人才培养新路,逐步形成了广东第二师范学院学前教育专业个性化、可复制的"一核四翼"育人模式。广东学前教育学院学前教育专业办学历史仅有十年,但在"一核四翼"新型育人模式引领下,取得了可喜的成绩,实现了跨越式发展,办学条件达到省内领先水平,教师队伍整体素质优异,学生培养质量获得社会普遍好评,教师培训产生广泛社会影响,学科与专业建设在省内同类院校中名列第一。

一、聚焦"小儿科",主动为广东教育现代化补短板

众所周知,学前教育是基础教育的基础,更是广东省教育现代化建设的奠基工程,但学前教育长期是广东省教育的短板,而高水平、高学历的幼儿教师奇缺又是广东省教育"短板"中的"短板"。高考招生数据显示,处于一个拥有1亿多人口的大省中,2017—2019年,广东学前教育专业本科招生规模1000名左右。"学前教育"这个人人把它当成"小儿科"的专业,高水平大学瞧不上它,那么广东幼儿教师的本科学历师资紧缺问题到底由谁来解决?

广东第二师范学院积极响应国家政策导向,主动转变办学观念,坚持错位发展、特色发展,将办学重点从培养中学师资转变为培养学前教育和小学教育

---

[*] 作者简介:周峰,广东第二师范学院学前教育学院教授,博士;翟晋玉,《中国教师报》新闻部主任,《幼儿教育周刊》主编。本文发表于《基础教育论坛》2021年3月,中国网于2021年4月21日转载。

师资，其中，学前教育专业被确定为广东第二师范学院重点发展的专业。经过近三年的努力，如今广东学前教育学院学前教育专业不仅是广东省最大的学前教育本科人才培养基地，还是广东省高质量的省级幼儿园园长和教师培训基地、高水平的学前教育研究中心、高层次的学前教育咨询与服务机构。

二、"一核四翼"，实现多路径建设一流学前教育专业

坚持聚焦"小儿科"，争做大文章的办学理念，学前教育作为广东第二师范学院重点发展的学科与专业，通过课内课外、校内校外、国内国外，多路径推动学前教育专业超常规发展。

第一，加强顶层设计，及时调整办学重点。学校领导从办学重点调整，在"新师范"建设中，突出重点，强化特色，聚焦义务教育和学前教育学段师资培养，这是广东第二师范学院师范教育发展的战略举措，也为学前教育专业发展提供了最有效的保障。

第二，加大资源投入，加强体制机制建设。广东第二师范学院在资金和场地紧张的情况下，想方设法为学前教育专业发展提供最大支持。2018年，学校将广州市海珠校区一栋6层2500多平方米的美术楼改名为"树人楼"供学前教育学院使用；同时，为改善和升级学前教育专业办学硬件，学校先后投入资金1500万元，建设以"树人楼"为载体的学前教育专业教学与科研平台，目前已经建成了设施设备齐全的学前教育功能场室，学前教育专业的硬件水平在广东省处于领先地位。优良的师资是专业建设的核心，在教育学院学前教育系的基础上，学校通过师资重组，资源优化，扩编，重金招聘海内外高层次学前教育专业人才等一系列手段和机制保障，使得学前教育学院聚集了一批有专业度、有工作热情的优秀人才，师资配备在全省本科院校学前教育专业中处于领先水平。此外，我们还聘请了20多名省内知名幼儿园园长或名师做学前教育学院的兼职教授，他们的加入凸显了学前教育专业应用型人才培养目标的定位。

第三，积极探索合作办学，扩大招生规模。广东第二师范学院积极探索合作办学的培养新路径，扩大学前教育专业本科招生规模。如与珠海城市职业技术学院就学前教育专业开展合作办学、获批广东省"三二分段专升本协同育人试点名单"、与广东省外语艺术职业学院合作培养"专插本"的学前教育专业人才等。

第四，强化实践基地建设，实现大学4年全程实践。广东第二师范学院学前教育学院坚持以"全程实践"的理念来促进应用型复合人才培养目标的实现。为此，我们加强实践基地建设，扩大高校与一线幼儿园的有效合作，成功申报2

个学前教育专业省级教师教育示范实践基地，逐步形成了以珠三角地区为核心并辐射广东省的学前教育专业实践基地群。

第五，坚持协同创新，特色发展，打造新型育人模式。广东学前教育学院围绕全面提升学前教育专业应用型复合人才素质这一核心，完善三类课程，利用三种途径，创设三大平台，打造三大特色。具体而言，三类课程就是构建相互关联、互为补充的学前教育理论课程、活动课程和实践课程；三种途径就是课堂教学、课外活动、校外实践，并做到课内课外协同，本校与外校协同，高校与幼教机构协同；三大平台就是教学平台（硬件一流的学前教育实训平台）、科研平台（充满活力的学前教育研究中心）、培训平台（广东省幼儿园园长教师培训中心）；三大特色包括早幼师资一体化培养特色，普通教育与特殊教育融合特色，以及注重学生个性特长培养的差异发展特色。

三、"一核四翼"，引领一流专业建设显成效

在广东学前教育学院首创的"一核四翼"应用型复合人才培养模式引领下，一流学前教育专业建设取得了不俗的办学业绩。具体表现在五方面：

在办学规模上，广东学前教育学院已成为广东省最大的学前教育专业本科人才培养基地。2019年招生规模达300人以上（占广东省的1/4），目前，在校学前教育本科生超千名。广东第二师范学院成立了广东省首个也是唯一的本科学前教育学院，2019年5月26日，广东学前教育学院正式揭牌。2020年，广东学前教育学院还采用协同育人模式，分别与广东省外语艺术职业学院、珠海城市职业技术学院、茂名幼儿高等师范专科学校合作，联合培养大专起点的本科学前教育专业学生，进一步扩大广东省学前教育本科招生规模。

在学科建设上，广东学前教育学院把"学前教育学"确定为广东省特色重点学科"教育学"的主攻方向，学科建设得到明显倾斜。无论是队伍建设、人才培养、社会服务还是教育科研，都有大幅度提升。尤其是队伍建设，广东学前教育学院打造了一支广东省内数量最多，质量较优的学前教育师资队伍，教师的专业结构、学缘结构更趋合理。

在办学质量上，根据艾瑞深第三方公布的我国高校专业排名，2018年，公办高校广东第二师范学院学前教育专业在广东省排第1名，在全国排第15名；2019年，广东第二师范学院学前教育专业正式被确认为"省一流本科专业"建设点，这也是广东学前教育专业第一个"省一流专业"，现正在向国家一流专业冲刺。在两年一次的广东省教育教学成果奖评选中，广东第二师范学院周峰教授领衔的《地方本科院校学前教育专业"一核四翼"应用型复合人才培养模式

的研究与实践》，荣获2020年广东省高等教育教学成果奖一等奖，这也是本次教学成果奖评选中唯一的学前教育专业获奖成果。

在社会服务上，学前教育学院不仅承担广东省卓越幼儿园园长培训，还承担"百千万人才培养工程"项目"幼儿园名园长"培养任务，这是广东省最高端的幼儿园师资培养项目。广东学前教育学院培养的10名幼儿园名园长，已有6名被评为正高级教师，其中，王翔园长荣获2020年广东省基础教育教学成果奖特等奖。广东学前教育学院培养的学前教育本科毕业生更是供不应求，即使在2020年新冠肺炎疫情给大学生就业带来严峻挑战面前，广东学前教育学院学前教育专业毕业生还是在当年8月实现了100.00%就业，《羊城晚报》对比进行了大幅报道，而且大多数毕业生能到幼儿园一线就业。

在社会影响力上，2019年5月，广东第二师范学院组织召开了"面向未来的学前教育"国际学术研讨会，与会代表500多人，出席专家来自美国哥伦比亚大学、英国牛津大学、西英格兰大学、澳洲西悉尼大学等，这样大型的学前教育国际研讨会的召开在广东学前教育界也尚属首次。在这次会议上，广东第二师范学院还聘请了10位国外专家作为学前教育专业办学顾问。广东学前教育学院还筹建广东学前教育专业协同育人联盟，进一步整合各种资源，共同推进学前教育发展。

近年，广东学前教育学院学前教育一流专业建设业绩已先后在中央电视台发现之旅《聚焦先锋榜》栏目、中国网、《光明日报》《南方日报》《羊城晚报》《广州日报》《新快报》、教育家、广东教育、早期教育、教育导刊、师道等众多新闻或教育媒体宣传报道。

通识教育的文化品性与文化自觉

苏 鸿[*]

一、文化缺失与大学通识教育的危机

破解专业教育、知识教育的偏狭，促进学生心灵的觉醒与人性的教育，这一直是通识教育的根本旨趣。但是，在实践中，通识教育似乎并未超越知识教育的逻辑，也未能实现"人性教育"的美好理想，其突出表现是通识教育被错误理解为"简化版"的专业知识教育，背离了通识的精神与要义。

笔者以为，通识教育实践困境的背后有着深刻的哲学根源，即近代知识论哲学对人类思维的深刻影响。知识论哲学强调主知主义，知识的获得成为哲学思考的焦点，知识教育也成为教育实践的中心。知识论哲学把通识教育简化为知识教育，忽视和遮蔽了通识教育原本具有的文化向度。而通识教育文化向度的缺失，又使通识教育面临着三方面的重大危机。

第一，是通识教育课程性质的迷失。陈向明教授认为，通识教育作为一种教育理想，应该成为专业教育的"灵魂"和"统帅"。[①]但是，知识论哲学狭窄地从知识的立场来理解通识教育与专业教育的关系，由于既有的专业教育强调知识的深度，通识教育似乎就只能强调知识的广度，这就导致通识教育课程设置的肤浅化甚至娱乐化、媚俗化。通识教育不仅不能成为专业教育的灵魂，而且有被边缘化的危险。台湾大学黄俊杰教授就指出，有些通识课程投学生之所好，"例如教师只教通俗武侠小说，却置李白、杜甫、《红楼梦》于不顾。于是，学生喜好《哈利·波特》，却不读莎士比亚"[②]。通识课程娱乐化的背后，正反映出教育界对通识教育课程性质认识的模糊。

---

[*] 作者简介：苏鸿，广东第二师范学院学前教育学院教授，博士。本文发表于《江苏高教》2017年第2期。

① 陈向明. 对通识教育有关概念的辨析[J]. 高等教育研究，2006（3）：64-68.
② 黄俊杰. 21世纪大学通识教育的新方向：生命教育的融入[J]. 高教发展与评估，2014（5）：1-8，100.

第二，是通识教育课程目标的错位。在知识论哲学的视野中，通识教育的目标往往被错误地理解为培养"通才"型"知识人"。然而，在知识不断分化的大背景下，试图通过有限的课程学时来培养"通才"，这几乎是不可能的。更严重的是，"知识人"的目标定位使通识教育深陷在学科主义、专业主义的逻辑之中，远离了其培养"完人"的终极旨趣。对此，著名的《哈佛通识教育红皮书》就曾指出，通识课程不是为训练未来的专家设计的，现有的通识课程没有脱离专业教育的轨道，往往在无形中强化专业意识，结果不仅使理科学生学习文学感到无趣和沮丧，也使文科学生因学习科学而感到畏惧①。

第三，是通识教育课程价值的异化。通识教育的核心价值在于文化陶冶与文化传承。《哈佛通识教育红皮书》就指出，通识教育的"主导思想"应该是文化，通识课程的设计应该揭示："文化的丝线是以什么方式被编织到教育的织物里面的。"② 但是，知识论哲学倡导实体性思维，关注的是那些可以言说、可以传递的显性知识，忽视知识背后所蕴含的人文脉络与精神力量。在近代知识论哲学的影响下，通识教育容易蜕变为简单的知识教育，忽视学生健全人格与精神境界的培育，丧失了大学教育应有的文化之根。

二、知识观的转变与通识教育的文化意蕴

通识教育要实现人性教育的理想追求，就必须超越知识论哲学的窠臼，从狭隘的知识层面上升到文化层面，并从文化哲学的视野来重新审视与建构。

在文化哲学看来，通识教育与专业教育的显著差异在于对待知识的不同态度。文化哲学认为，知识不仅具有逻辑的属性，更具有文化的属性。知识论哲学的缺陷在于剥离知识的文化脉络，片面强化知识的学科逻辑，结果使知识变成冰冷的概念与命题，遮蔽了知识背后蕴含的人类精神力量。对此，文化哲学的代表人物卡西尔（Cassirer）做了深刻论述。他从文化哲学的高度区分了两种对待知识的方式，一种是"事物的感知"，即将知识看作外在于人的"物"，看作要占有的对象；另一种是"表达的感知"，即将知识看作人的文化实践，并重在诠释知识背后的精神力量。在第一种情况下，学习者面对的不过是"事物的世界"，在第二种情况下，学习者面对的是"人格的世界"③。遗憾的是，专业教育往往以技术性思维的方式将知识简化为"事物"，正如卡西尔指出的，"这

---

① 哈佛委员会. 哈佛通识教育红皮书 [M]. 北京：北京大学出版社，2010：44.
② 哈佛委员会. 哈佛通识教育红皮书 [M]. 北京：北京大学出版社，2010：39.
③ 卡西尔. 人文科学的逻辑 [M]. 北京：中国人民大学出版社，2004：91.

个事物的世界根本就没有灵魂"，生命的体验在这种技术性的知识传授中是被压抑、排斥甚至消解的，"结果是，人类文化难以在这种自然图景中找到它自己的容身之地"①。

从文化哲学的知识观出发，通识教育迫切需要恢复和重建其原本具有的文化向度，并主动彰显自身的文化属性与文化追求。通识教育的目的也不是简单的知识占有，而是文化的陶冶。据此出发，笔者认为，大学通识教育的文化品性具体表现在如下三方面：

1. 通识教育与人文底蕴

知识不是抽象的概念和符号，而是凝固着人类巨大的精神力量，体现着人类对真、善、美的无止境的追求。卡西尔就反复强调，我们不能把知识"看作我们在学校所学的那种枯燥乏味的东西"，而应该"看作对活生生的思维和表达形式的探究"②。

以科学为例，科学不仅仅表现为静态的科学知识，更蕴含着科学精神、科学伦理乃至科学世界观。科学社会学家默顿（Merton）就指出，科学知识暗含着现代科学的精神气质，他将这种精神气质概括为普遍主义、共有主义、无私利性、有条理的怀疑主义③。通识教育视野中的科学教育应该着力引导学生体悟科学所蕴含的精神力量。同样，在通识教育中，文学也不能被简化为文学理论知识，而是应该着力体现作品背后蕴含的文学家的境界与追求。正如王国维的《人间词话》指出的，"词以境界为最上。有境界则自成高格，自有名句"。文学作品的高下就反映在作者不同的境界之中。

总之，种种知识与文化的形式，其背后都蕴含着人类的精神力量，因此，通识教育的重要任务不是占有知识，而是精神陶冶。雅斯贝尔斯（Jaspers）对精神陶冶的价值做了深刻论述。他指出，占有知识不等于精神陶冶，占有知识只不过是习得精神内容的代名词，对人而言也只是一种外在的财富。但是，精神陶冶重在改变人，帮助人成为他自己。"决定教育成功的因素，不在于语言的天才、数学的头脑或者实用的本领，而在于具备精神受震撼的内在准备。"④ 通识教育的意义，就在于让学习者"拥有一个精神世界"。

2. 通识教育与思想启蒙

知识作为人类的文化成果，同样也彰显着人类思想的进程，即知识背后蕴

---

① 卡西尔. 人文科学的逻辑[M]. 北京：中国人民大学出版社，2004：142.
② 卡西尔. 符号·神话·文化[M]. 北京：东方出版社，1988：29.
③ 默顿. 社会理论和社会结构[M]. 南京：译林出版社，2006：822.
④ 雅斯贝尔斯. 什么是教育[M]. 北京：生活·读书·新知三联书店，1991：102-109.

含着人类对宇宙及人生根本问题的困惑、思考与求索。知识作为"事实"可能会不断更新，但是知识背后的思想可以跨越时代的阻隔，而且贯穿在不同的知识领域。可以说，知识的思想性才是不同时代、不同地域、不同学科的知识得以融通的核心纽带。正如阿德勒（AdLer）对名著研读课程所做的辩护：名著虽然成书于遥远的古代，但是名著中提出的问题具有时代穿透力。"今天我们所面临的许多基本问题，通常都是人们在思想和行动领域面临的一些老问题"，因此对于理解当前的问题，名著仍然可以发挥巨大的影响力①。

通识教育不是简化版的知识教育，而是肩负着思想启蒙的重要使命的教育。通识教育应该敞亮化知识背后的思想力量，凸显知识蕴含的问题意识，揭示知识背后人类的卓越思考，引导学生主动地与人类思想"对话"，并在此基础上培育学生"求通"的眼光与见识。唯有求通，才能目光远大、融通识见，这也正是通识教育的真正魅力所在。对此，倡导通识教育的思想家都有精辟的论述。例如，纽曼就指出，"大学教育的真正而且充分的目的不是学问或学识，而是建立在知识基础之上的思想或理智"②。列奥·施特劳斯（Leo Strauss）则认为："自由教育在于唤醒一个人的心智与卓越……在于倾听最伟大的心灵之间的交谈。"③

思想启蒙意味着打破专业教育的学科边界，以求通的意识去发现知识之间潜在的思想脉络。赫钦斯（Hutchins）指出，专业主义导致的大学缺陷就是"无序""大杂烩""孤立主义"，现代大学好似一本百科全书，它拥有从艺术到动物学的各类系科；但是学生和教授都不知道系科间的真理究竟有什么关系，或可能是什么关系。专业教育以碎片化的知识钳制了学生的思考，结果反而导致了"反理智主义"④。与此相反，通识教育应该到思想深处去发现知识之间或隐或显的联系，以"求通"的见识来追求万有相通、古今融通⑤，从而提升学生的洞察力与思考力。

3. 通识教育与时代精神

在文化哲学看来，知识作为人类的文化产品，必然凝固着时代精神的烙印，也就是说，知识背后蕴含着时代的崭新课题，体现着时代的价值观念，折射着时代的潮流与走向。陈寅恪先生关于学术研究之"预流"的思想最能反映时代

---

① 赫钦斯. 美国高等教育 [M]. 杭州：浙江教育出版社，2001：160.
② 纽曼. 大学的理想 [M]. 杭州：浙江教育出版社，2001：59.
③ 刘小枫，陈少明. 古典教育与自由教育 [M]. 北京：华夏出版社，2005：2-8.
④ 赫钦斯. 美国高等教育 [M]. 杭州：浙江教育出版社，2001：56.
⑤ 张世英. 进入澄明之境：哲学的新方向 [M]. 北京：商务印书馆，1999：7.

精神的重要意义。他说："一时代之学术，必有其新材料与新问题。取用此材料，以研求问题，则为此时代学术之新潮流。治学之士，得预于此潮流者，谓之预流。其未得预者，谓之未入流。此古今学术史之通义，非彼闭门造车之徒，所能同喻者也。"① 在陈寅恪先生看来，把握时代精神与时代潮流，才是学术研究的"通义"与真谛。同样地，人类不同的知识领域，都可以看成对特定时代精神的能动性回应，因而都反映着时代的精神与潮流。例如，梅尔茨（Merz）在论述19世纪欧洲思想史时指出，19世纪是科学的世纪，科学思想就是19世纪的时代精神，科学思想渗透在19世纪西方文化的各个领域②。

文化哲学对时代精神的重视，意味着通识教育应该引导学习者透过知识的学习去理解人类文明的总体历程，把握人类历史与文化发展背后的时代精神，并在此基础上自觉地形成与现代文明相适应的思维方式与价值观念。可以说，通识教育的终极目的，在于进入时代的潮流、把握时代的精神，使通识教育真正成为追求"智慧与至善"的教育③。

三、通识课程设计的文化自觉

为彰显通识教育的文化品性，通识课程的设计应该超越知识中心课程的设计模式，重在恢复和重建课程知识的文化脉络，使通识课程能够更好地实现文化陶冶与人性教育的理想追求。

1. 课程统整要凸显文化实践

知识论哲学及其对学科专业化的强化，使通识课程丧失了统整的中心，这是因为通识课程所涉及的知识是多元、异质的，不同知识类型之间根本找不到实体性的统一和联系。通识课程在实践中出现的随意化、碎片化倾向正是这种理论缺陷的具体反映。

在文化哲学看来，通识课程统整的中心不是学科与知识的逻辑，而是人类的文化实践与文化追求。通识课程应该回归生活实践，关注人类文化实践中的问题，体现人类文化追求的方向。以历史学为例，历史学不是抽象的知识考古，而是对人类文化生活的深刻洞察。"历史学家并不只是给予我们一系列按一定的编年史次序排列的事件。对他来说，这些事件仅仅是外壳，他在这外壳之下寻

---

① 陈寅恪. 陈寅恪集：金明馆丛稿二编 [M]. 北京：生活·读书·新知三联书店，2001：266.
② 梅尔茨. 十九世纪欧洲思想史：第1卷 [M]. 北京：商务印书馆，1999：89.
③ HUTCHINS R M. Education for Freedom [M]. Louisiana state University Press, 1943：26.

找着一种人类的和文化的生活——一种具有行动与激情、问题与答案、张力与缓解的生活。"①

以文化实践为中心，意味着通识教育的课程形态不应该是封闭的学科课程，而应该是开放式的、主题式的、问题导向式的，并且以关联课程、广域课程、融合课程、核心课程等形态出现，使通识教育更好地切近人类文化发展中的重大课题与时代潮流。如科学与伦理、生命教育等都应该成为通识教育课程设计的重要主题。

2. 课程内容要拓展文化背景

通识课程关注的不是知识的工具价值或实用价值，而是知识蕴含的文化陶冶价值，即知识背后所蕴含的独特思维方式、研究方法、价值观念、精神追求等对学生成长的重要影响。因此，通识课程的内容不是狭隘的知识体系，而是应该囊括多元、复杂而广泛的文化背景，这也是通识课程与专业课程的显著区别。

例如，科学类通识课程不应该像专业教育那样过分强调科学知识的逻辑体系，而是应该更重视科学的历史、科学与社会的关系、科学家的个性特点等文化背景因素。同样，语言类通识课程的重点也不在于语言知识的系统学习，而是对语言展开文化的分析，洞察语言发展背后人类的文化实践活动。

《哈佛通识教育红皮书》也对两种不同的科学教育进行了对比分析。其指出，专业教育视野下的科学教育强调的仅仅是科学知识的逻辑，而忽视对科学之文化背景的批判性考察，"专业主义作为一种教育的力量有其局限性，即它通常并不提供对总体关系的理解"。通识教育则相反，"通识教育中的科学教学应该宽泛而完整，它包括科学思维模式与其他思维模式的比较、各科学分支学科之间的比较与对比、科学与它本身的历史以及与人类通史的关系、科学与人类社会问题的关系"。哈佛委员会认为，"对一般学生来说，只有这种更宽广的视野才能赋予科学的信息和经验以意义和永久的价值"②。

3. 课程组织要聚焦文化演进

历史是人类文化得以展现的重要中介，只有在历史中我们才能看到人类精神演进的历程，才能领悟文化蕴含的生命意义。因此，文化哲学尤其重视历史意识，强调对文化进行历时态分析。"文化现象更为明显地受到生成的制约，它们无论何时都不可能游离于过程的溪流。如果我们离开语言发展史、艺术史和

---

① 卡西尔. 人论［M］. 上海：上海译文出版社，2001：258.
② 哈佛委员会. 哈佛通识教育红皮书［M］. 北京：北京大学出版社，2010：43.

宗教史，就不可能从事语言学、艺术科学和宗教科学的研究。"① 通识课程的设计要树立历史意识，必须从观念到实践发生重大转变。

首先，通识课程的编制要超越以泰勒为代表的传统课程开发模式。泰勒模式的核心是以逻辑分析取代历史分析，知识被按照纯粹逻辑的方式进行组织，知识发展的历史脉络被强行阉割，这种知识教育看不到人类精神的创造历程，因而难以发挥文化陶冶的教育作用。

其次，通识课程的脉络要重视思想史。思想史隐藏在知识背后，是人类精神生命之创造能力的具体展现。但是，思想史不同于编年史，仅仅将知识或事件按照时间顺序排列并不能反映人类思想发展的历史。正如卡西尔所言，历史知识的一般主题和最终目的是理解人类的生命力，然而编年史只不过是一大堆历史事实的堆积，我们从这些事实和材料中不可能看出历史真正的生命力。② 通识教育要重视思想史，就必须尽可能挖掘各种学科知识背后所隐藏的人类思想活动历程，并且以思想史为主线来组织课程内容。通过思想史的重建，增强学生文化创新的历史使命和责任感。

四、通识教学实践的文化追求

文化陶冶不同于知识教育，在知识教育中，学习的任务仅仅是"占有"知识，但是在文化陶冶中，学习的任务是"进入"知识背后的文化世界，因此通识教育的教学实践必须摒弃传统的知识灌输模式，代之以诠释、对话和理解，唯有在理解性教学中，知识背后的意义世界才会变得敞亮。

1. 培育文化的意识

承担通识教育的教师需要有敏锐的文化意识，能够将知识理解为文化现象，自觉地从文化的高度来审视和理解通识课程的内容，认真地去挖掘和梳理知识背后的文化脉络。事实上，文化意识已经成为当代学术研究的时代潮流，通识教育完全可以从这些学术资源中吸取丰富的营养。以数学为例，数学背后的文化意蕴已经受到学术界的高度重视。美国数学教育家克莱因（Kline）在《西方文化中的数学》一书中就指出，在西方文明中，数学一直是一种主要的文化力量，数学思想持续深入地影响着人类的生活和思想。同样，历史学家汤因比（Toynbee）也从文化的视角来理解历史，他将人类历史理解为不同文明的演进过程与相互接触，并且指出，伟大的文明往往源于艰苦环境的刺激，并且都彰

---

① 卡西尔. 人文科学的逻辑［M］. 北京：中国人民大学出版社，2004：172.
② 卡西尔. 人论［M］. 上海：上海译文出版社，2001：258.

显了人类的巨大努力，文明的卓越往往出自人类的艰辛①。

2. 重视意义的诠释

通识教育不是给学习者灌输各种事实性知识或者技巧性知识，而是要引导学习者从文化形式中发现人之生存与发展的使命与意义。这是因为文化哲学所建构的世界不是事实性的世界，而是意义世界。卡西尔指出，文化哲学不仅要分析各种文化形式，更需要思考展示在各种文化形式之"画廊中的图画的意义何在"②？为此，通识教育需要将知识与人类的生存关联，从人类文化价值追求的高度来重新理解和诠释知识。例如，有关伦理学与职业道德的思考，可以使"幸福"作为伦理学思想梳理的核心脉络，引导学习者在学习人类伦理思想史的过程中感悟幸福的真谛。同样地，有关中西哲学的探讨，也应该围绕人的存在境遇与人生境界来梳理，使哲学成为生存的智慧之学。总之，从生命、生存的高度来进行知识意义的诠释，既体现通识教育之融通的意蕴，也能真正促动学习者的生命感悟。

3. 凸显对话的观念

通识教育强调融通、通达，因此通识教育的教学实践要格外重视不同学科、不同知识之间的对话。从文化哲学的视野来看，不同的学科与知识都具有其独特的品性与结构，它们是"不可通约"的，这种差异性意味着学科之间融通的纽带不可能是某种实体性的知识，而只能是创造性的对话。通识教育的教学实践不是知识的陈述与灌输，而应该理解为"召唤""对话"与"敞亮"，即"召唤"不同时代、不同领域的思想家"出场"，让他们的思想从"独白"走向"对话"。可以说，发现不同时代、不同地域、不同文化的思想之间蕴含的隐匿的对话主题与对话机制，是通识教育最引人入胜的亮点。

---

① 汤因比. 历史研究［M］. 上海：上海世纪出版集团，2005：91.
② 卡西尔. 符号·神话·文化［M］. 北京：东方出版社，1988：38.

新师范背景下高师院校学前教育专业课程体系创新

苏 鸿*

新师范教育是地方高师院校改革发展的重要方向。国务院《关于全面深化新时代教师队伍建设改革的意见》以及教育部《教师教育振兴行动计划（2018—2022年）》等相关文件的颁布，掀开了师范教育的新篇章，"新师范"也成为近年来师范教育改革研究的热点。② 与传统师范教育相比，新师范教育更强调应用型、复合型、实践型人才的培养，这对师范院校传统的专业课程体系提出了严峻挑战。以学前教育专业为例，传统的学前教育专业课程体系重视学术性、理论性，与学前教育的实践存在较远的距离，已经严重不适应新师范建设的时代要求，亟须进行深刻变革。

一、转型发展：新师范背景下学前教育专业课程理念的变革

课程改革的起点在于课程理念的变革。国务院《关于全面深化新时代教师队伍建设改革的意见》等相关文件的颁布，为我们准确把握新师范背景下的课程理念提供了政策依据。笔者以为，在学前教育专业课程改革中，新师范之"新"尤其体现在如下三方面的深刻转型。③

1. 从知识性课程向教化性课程转型

传统的学前教育本科课程体系重视专业知识的教与学，知识学习与德行养成不仅没有有机融合，甚至一度出现"学术性"取代"师范性"的倾向。新师范教育强调把立德树人摆在师范教育的首要位置，把社会主义核心价值观贯穿教书育人全过程。可以说，将知识学习与价值观教育深度融合，使传统的知识

---

* 作者简介：苏鸿，广东第二师范学院学前教育学院教授，博士。本文发表于《大学教育》2020年第12期。

② 田晓苗，石连海. 教师培养：从去师范化到新师范教育［J］. 国家教育行政学院学报，2019（3）：53-59.

③ 万明钢. 进入新时代的新师范教育［J］. 西北师大学报（社会科学版），2018（9）：69.

性课程向教化性课程转变，这是新师范背景下高师课程改革的重大课题。教化性课程要求重新理解学习的本质，传统师范教育对学习过程的理解存在偏颇，片面地以为学习过程就是简单的"占有"知识，忽视了学习过程中专业信念与意义建构的复杂维度。美国学者温格（Wenger）指出，学习的过程不仅是知识的习得，还是身份的认同和意义的建构。教化性课程不主张"占有"知识，而是强调引导学生与知识对话，并在此基础上体悟专业学习的价值与意义。

2. 从理论型课程向应用型课程转型

新师范教育高度重视本科生实践能力的培养，与此相应，新师范背景下课程改革的重点是从传统的学术型课程体系转向应用型课程体系。传统学前教育本科课程强调学术性导向，课程内容以理论性知识为主，越是抽象的知识在课程体系中就越占据重要地位，这种理论型课程远离教育实践，难以培养具有实践能力的应用型人才。新师范教育则倡导应用型课程建设，应用型课程不仅仅表现在实践性教学环节的强化，更体现在课程内容与教育实践的紧密对接、理论型教师向"双师型"教师的转型以及课程评价方式的深刻变革。①

3. 从分科性课程向综合性课程转型

新师范教育强调培养师范生的综合素质，注重的是复合型人才的培育，这与传统师范教育强调"专门型"人才培养的取向完全不同。在未来的人工智能时代，简单的问题可以交由计算机来解决，专业人员需要的是复杂问题解决和复杂人际交往的能力。面对日益复杂的教育实践情境，未来的幼儿教师更需要宽广的视野和跨学科的思维。与此相应，高校的课程体系也需要发生深刻的变革。具体而言，就是从传统的分科性课程转向综合性乃至跨学科性、超学科性课程。

二、综合素养：新师范背景下学前教育专业课程目标的拓展

传统师范教育比较重视专业基础知识的学习和专业基本技能的训练，以学前教育专业为例，传统的课程目标比较偏重于幼师生的弹、唱、跳、画等基本艺术技能，以及基本的保教知识的学习。② 在21世纪，学前教育质量提升已经成为新时代的迫切需求，面对新时代的挑战，新师范教育强调培养"高素质""高水平"的幼儿园教师，传统的双基型课程目标已经不能适应新时代的需要，

---

① 温格. 实践共同体：学习、意义和身份［M］. 南昌：江西人民出版社，2018：3.
② 索清辉. 高等教育跨学科复合课程设置实证研究［J］. 中国大学教学，2013（9）：90-92.

取而代之的是对学前师范生"综合素养"的要求,具体表现在如下三方面:

1. 强调师德为先

专业伦理建设是幼儿教师专业化的重要维度,也是提高幼儿教育质量的重要保障。新师范教育尤其重视幼儿教师专业伦理的建设,在国务院《关于全面深化新时代教师队伍建设改革的意见》等一系列政策文件中都明确强调"突出师德",把提高教师思想政治素质和职业道德水平摆在首要位置。然而,传统的师范教育深受技术理性主义的影响,表现在课程目标上就是以"技术人"作为理论前设,重在培养合格的"专业技术人才"。[①] 在师范生培养过程中,不少师范院校以专业知识和专业技能的培养为本位,注重教育学、心理学、学科教学法的教学以及"三字一话"、弹唱跳画等基本技能的训练,而师范生师德的养成则没有受到应有的重视,多数高校的师德养成教育仅仅是通过开设单一的"教师职业道德"课程来实施。与传统师范教育相比,新师范教育更强调将师德教育摆在课程目标的首位,并力图将师德教育渗透到课程实施的全领域、全过程之中。

2. 关注儿童理解

传统师范教育站在"教师中心"的立场来建构师范专业课程体系,课程目标重视"教师如何教"的知识与技能,忽视对儿童的深刻理解。新师范教育要求以"学生为中心",与此相应,师范专业的课程目标和课程内容都应该强化"儿童本位"的观念。[②] 在此背景下,学前教育专业尤其有必要将"理解儿童"作为重要的课程目标,这是因为0~6岁儿童的身心发展特点与成年人具有显著的差异,这种差异是学前教育专业最显著的特点。早在19世纪,思想家卢梭(Rousseau)就尖锐地指出,"我们对儿童是一点也不理解的:对他们的观念错了,所以愈走就愈入歧途。"[③] 由于年龄上的巨大差异,学前教育专业的本科学生往往难以理解0~6岁儿童的身心发展特点,在学习过程中也容易用成年人的生活经验来推演幼儿的身心特点,因此,学前教育专业课程体系的核心应该重在建构"儿童"的观念。

3. 重视复合能力

早期的师范教育比较重视幼师生的专业基本技能,甚至将"弹唱跳画讲"

---

① 蔺红春. 教师教育"技术理性"培养模式的反思与超越 [J]. 当代教育科学, 2016 (5): 17-20.

② 郭晓明. 知识与教化:课程知识观的重建 [J]. 华东师范大学学报(教育科学版), 2003 (6): 11-18.

③ 卢梭. 爱弥儿 [M]. 北京:人民教育出版社, 2001: 2.

视为幼儿教师的教学基本功,这种课程目标观也反映在高校课程设置上,不少高校学前教育专业开设了大量艺术类课程。这种对幼儿教师专业能力偏狭的理解与新师范倡导的综合素养存在显著差异。结合《幼儿园教师专业标准》以及新师范的要求,笔者以为,在新时代,高师院校幼儿教师的培养更需要关注复合能力。这种复合能力包括三个层面,第一个层面是传统的幼儿教师基本功;第二个层面是《幼儿园教师专业标准》界定的七种专业能力;第三个层面则是新时代倡导的创新、创业、创意能力("三创"能力)。① 如何将三个层面的能力要求进行有机整合,是新师范背景下学前教育专业课程改革需要深入探讨的课题。

三、聚焦实践:新师范背景下学前教育专业课程内容的创新

新师范强调从传统的理论型课程转型为应用型课程,应用型课程建设并不是在课程之中简单地增加实践性教学环节,而是课程知识观的深刻变革。具体而言,应用型课程建设要求突破传统理论优位的课程知识观,并基于实践优位的知识观重构专业课程的内容。

1. 重建课程知识的问题情境

过去,师范院校比较重视学术型人才的培养,与此相应,传统高校的课程内容重视抽象的理论知识学习,专业理论和实践情境之间缺乏紧密的联系。这种理论优位的教育观念导致了诸多的积弊:一方面,由于缺乏实践情境的支撑,学生在学习过程中难以真正体会学习的价值;另一方面,由于忽视理论与实践的联系,学生的实践能力普遍弱化。

实践优位的知识观主张重建知识的问题情境,尤其强调将抽象的命题性知识转化为具体的实践性问题。著名思想家伽达默尔(Gadamer)指出,所有知识都应该是与我们在生存实践中面临的问题紧密关联的,都具有"处境关联性",因为知识描述的是我们"具体的存在环境中的知识。"② 也就是说,我们只能从自己面对的、真实的问题情境出发理解知识,一旦知识变得抽象和理论化,这种知识就会蜕变为"无我"的知识,知识的学习也就变得毫无意义。③ 新师范教育的重要使命,是将理论化的课程转化为问题化的课程,通过重建课程内容与专业实践的联系,引导学生从教育实践中的真实问题出发来领悟知识学习对

---

① 张华. 论核心素养的内涵 [J]. 全球教育展望, 2016 (4): 10-23.
② 劳斯. 知识与权力 [M]. 北京: 北京大学出版社, 2004: 88.
③ 伽达默尔. 哲学解释学 [M]. 上海: 上海译文出版社, 1994: 198.

于自己专业发展的意义。

2. 凸显课程知识的实践脉络

传统理论优位的知识观不仅剥离了知识与学生生活经验的关联,也割断了知识背后蕴含的复杂、多元的实践脉络。晚近以来,实践哲学的兴起,要求我们重新审视知识蕴含的复杂的实践脉络。从实践哲学的视角来看,教育实践中每个问题的解决、每个项目的实施乃至每项改革政策的落地都必然涉及复杂的维度与脉络,并非简单地从理念到实践的机械转化。当代科学实践哲学的领军人物劳斯指出,所有的理论都蕴含着特定的情境脉络,他把"理论"理解为"对特殊问题的范例性解答","理论理解的发展是从一个具体的案例转向另一个具体的案例,而不是从理论概括转向特殊的应用"。总之,理论的发展并非简单的逻辑演绎,而是实践脉络的重建。

课程内容的脉络化要求课程设计不能简单地呈现知识或观念,而是应该深入勾画知识背后蕴含的实践脉络。这种扎根于实践脉络的专业学习和专业训练才能真正培养出善于解决复杂问题的专业人员。[①] 传统的专业教育由于忽视了知识背后复杂的实践脉络,其教育质量已经面临深刻的危机。舍恩就分析指出,传统理论优位的专业教育严重低估了实践脉络的复杂性和重要性,不仅无法培养胜任实际工作的实践者,而且使专业本身面临着"合法性危机",因为"去脉络化"的传统专业教育培养的专业人员在复杂的实践情境中越来越靠近"失败感"和"无力感"。

3. 强化课程知识的社会生产

长期以来,高校课程内容的研发主要局限于高校自身封闭的基层教研组织,与相关的产业界和行业界并没有紧密的联系,这种封闭性的知识生产是传统理论型课程得以长期存续的重要制度性根源。

新师范主张站在产教融合的高度来推进高校知识生产的社会化、开放化,具体而言,就是要求高校的知识生产不再局限于高校内部封闭的教研组织,而是勇于打破各种僵化的制度壁垒,积极吸纳教育实践界的优秀园长和教师参与专业课程的建设。高校知识生产社会化的重要理论基础是晚近以来兴起的跨学科知识观。跨学科知识观认为,在信息高度发达的未来社会,大学并不是知识生产的唯一中心,恰恰相反,未来知识的生产日益体现出去中心化、弥散性和社会化的特征。例如,吉本斯(Gibbons)区分了两种知识生产的模式,即旧模

---

① 舍恩. 反映的实践者:专业工作者如何在行动中思考[M]. 北京:教育科学出版社, 2007:33.

式1和新模式2，在旧模式1中，知识生产"主要由一个特定共同体的学术兴趣所主导"，是纯粹的理论导向，而在新模式2中，知识生产则基于"应用的情境"，① 这种知识希望对政府和社会发挥作用，因而知识的生产必然牵涉更多的行业从业者，而不仅仅是高校自身封闭的教研组织。从知识生产的"旧模式1"到"新模式2"的转变，意味着高校必须进行制度创新，并且吸纳更多优秀的教育实践界人士加入课程研发的团队。

四、多元共生：新师范背景下学前教育专业课程结构的优化

传统师范教育的课程结构单一，具体表现为：课程门类多，内在关联少；理论课程多，活动课程少；分科课程多，综合课程少。这种僵化的课程结构难以和教育实践紧密对接，更难以培养高素质、复合型和实践性的卓越教师。与新师范相适应的课程结构应该重视课程形态的多元性，尤其要创生更具实践性、综合性的未来课程形态。

1. 改造学科课程

学科课程是专业学习的重要载体，传统师范教育重视学科课程，但在课程设置上往往采取简单的增量思维，具体表现就是学科课程数量繁多，课程内容大量重叠，科目之间缺乏统整。这种"拼盘式""分科型"的课程结构既不能体现教育实践活动的复杂脉络，也不能让学生形成完整的专业知识结构。新师范教育主张以关联课程的视野来改革传统学科课程，着力转变专业知识的碎片化，积极搭建知识之间的内在联系。

以学前教育专业为例，本专业具有跨学科性特点，课程门类较多，如果缺乏有效的统整，就容易陷入拼盘式的课程误区。学前教育专业课程建设需要梳理和建构不同课程之间的共同关注点，并以此为核心，将传统的分科课程改造为关联课程。笔者以为，对学前儿童的深入理解可以成为所有学前教育专业课程连接的核心。例如，学前卫生学虽然涉及卫生学的知识与视野，但课程的核心是要求学生深刻理解学龄前儿童在生长发育、疾病预防等方面的特殊性。总之，学前教育专业课程建设应该超越菜单式、"拼盘式"课程设置的弊端，以"儿童理解"为中心来有机统整各类学科课程，促进课程结构的最优化。

2. 拓展活动课程

活动课程是与传统的分科课程完全不同的课程形态。活动课程反对从理论到理论的机械学习，主张引导学生透过身边真实问题的探究进入深度学习的历

---

① 吉本斯. 知识生产的新模式［M］. 北京：北京大学出版社，2011：5.

程。杜威（Dewey）就指出，所有知识都应该是问题化的、情境化的知识。正如杜威所说，"知识乃是通过操作把一个有问题的情境改变成为一个解决了问题的情境的结果"。① 与传统学科课程不同，活动课程主张以"问题"为中心重组知识，以"问题"为引领来展开学习。

专业活动课程的建设是职前师范教育对接教育实践需求的重要纽带，是师范生实践能力提升的重要途径。与学科课程重视理论知识的学习不同，专业活动课程更强调自由选择、问题探究和过程评价。具体而言，一是尊重学生的兴趣，引导学生结合自身的专业发展需求自选活动主题，增进学生课程学习的主动性；二是强化问题探究，专业活动课程不强调完整的知识体系，而是更重视在具体问题的探究中点滴积累和领会体悟；三是重视过程评价，学生在活动中的真实成长是专业活动课程关注的焦点。在学前教育专业的课程结构中，专业活动课程应该有多种不同的表现形式，例如，可以是多样化的选修课程，也可以是更具生命力的探究性微课程，等等。

3. 探索跨界课程

复杂问题解决的能力是未来卓越教师的重要素养，复杂问题解决需要师范生具备跨学科的素养，这对传统师范教育仅仅重视学科素养的取向提出了挑战。传统师范教育往往以分科课程为主，这种课程体系虽有利于师范生习得系统化学科知识，但忽视了学生跨学科视野的形成。由此可见，创生跨学科的崭新课程形态是新师范教育的内在诉求。

跨学科课程或者说跨界课程并非指一门独立设置的课程，而是一种课程组织的新样态。笔者以为，跨界课程的实施是对传统学科课程的超越，需要从四方面进行深刻的变革。一是建构跨学科项目，项目是跨界课程实施的重要载体，项目不同于知识，知识往往是学科化的，而项目则蕴含着复杂的问题情境，最有利于学生跨学科视野的培育。二是差异性团队，跨界课程需要多学科教师的共同参与和协作教学，每个教师都携带着自身的学科视野，如何引导教师从不同的学科视野尤其是自己不常用的学科视野来思考，这是跨界课程实施的重大难点。三是合作性学习，在合作性学习中学生能够相互启发，不断超越自身思维的局限，促进跨界思维的形成。四是多维化视野，跨界课程的显著特点在于提供多维学科视野，引导学生从不同的视角探索问题解决的思路。

---

① 杜威. 确定性的寻求［M］. 上海：上海世纪出版集团，2005：188.

产教融合视野下师范院校学前教育专业课程改革的探索

苏 鸿*

近年来，产教融合已经成为高等教育改革与发展的重要趋势，产教融合不仅是一种崭新的制度安排，更是教育观念的深层次革命。从产教融合的时代要求来看，师范院校学前教育专业的课程建设普遍存在着偏狭性、保守性、封闭性的特点，表现在课程目标重视学术型人才培养、课程设置过分强调理论性导向，忽视与产业实践的紧密对接。这种学术型导向的传统专业教育与产教融合倡导的复合型、应用型人才培养相去甚远，亟须进行深度的改革。

一、实践优位：学前教育专业课程改革的理念重建

高校课程改革的核心是课程知识观的重建。传统学术型导向的专业教育之所以积重难返，是因为其秉持的是历史上具有深远影响的学术理性主义知识观。这种知识观认为，高校是知识生产的中心，真正有价值的知识是系统化、抽象化的理论知识，大学要传递的是确定性、标准化的知识。学术理性主义知识观强调理论知识的优先性，忽视乃至限制了专业知识与产业实践的联系，最终导致了高校课程设置的封闭性。

产教融合要求我们自觉超越传统学术理性主义的课程知识观，并且基于新视野重新理解高校知识生产的本质。当代实践哲学的兴起，以及实践哲学对知识实践意蕴的关注，为我们从实践优位的高度重新理解专业知识与产业实践的联系开辟了全新的视野。

1. 重视知识生产的社会性

学术理性主义知识观认为知识的生产主要集中于大学和研究机构，高校是

---

* 作者简介：苏鸿，广东第二师范学院学前教育学院教授，博士。本文发表于《高教学刊》2020年第9期。

知识生产的中心，高校与产业的联系只不过是知识的应用与转化。① 这种知识观在高校办学实践中造成两个严重的弊端，一是片面重视抽象的理论知识的研究和学习，错误地以为越是抽象的理论越重要，这种对抽象理论的膜拜必然导致严重漠视社会产业发展的实际需求；二是误解了当代社会知识生产的内在机制，没有看到当代知识生产已经从传统的"象牙塔"转向更开放的社会网络。

有学者指出，在农业社会、工业社会向信息社会变迁的过程中，知识生产的主体正在悄然发生深刻的变化。概而言之，人类知识生产大体经历了个体化、体制化和社会化三个阶段。个体化阶段的知识生产主体是个人，体制化阶段的知识生产主体是组织，而社会化阶段的知识生产主体则呈现出网络化的特点。在当代社会，知识生产正在从高校逐渐转向高校与产业的协同。当代思想家齐曼（Ziman）称之为从"学院科学"向"后学院科学"的转变。② 吉本斯（Gibbons）则称之为从知识生产的"模式1"向知识生产的"模式2"的转变。吉本斯尤其强调指出，知识生产模式2的显著特点是跨学科性、异质性和组织的多样性。③

2. 强化知识生产的应用性

由于忽视与产业实践的对接，传统的知识学习往往强调理论逻辑、理论推演，即从基本概念的学习逐步推演到抽象的理论体系，这种知识学习忽视了专业知识与复杂的情境脉络的关联，难以形成学生解决复杂问题的能力。当代语境主义知识观告诉我们，知识的生成离不开具体的、复杂的情境脉络。所有知识本质上都是情境性知识、地方性知识。一旦剥离具体的实践情境，不仅知识本身变得难以理解，而且知识的学习会失去效力。

舍恩（Schon）就指出，传统的学术理性主义知识观日益面临着专业知识的信任危机，这是因为传统知识观完全剥离实践情境的复杂性，人为地导致理论与实践的分裂。而事实上，实践情境不可能被简化为某种抽象的理论模式，这是因为实践情境具有不断变化的特质：复杂性、不确定性、不稳定性、独特性和价值冲突性，这些特质才是专业实践界的核心。

3. 凸显知识生产的创意性

学术理性主义的知识观认为知识是静态的、确定性的，与此相应，高校的

---

① 张国昌，胡赤弟. 知识生产方式变迁下的产业-教学-科研-学习连结体的组织特征[J]. 高等教育研究，2012，33（11）：27-31.
② 马来平. 齐曼的后学院科学论[J]. 自然辩证法通讯，2014，36（4）：1-2.
③ 吉本斯，等. 知识生产的新模式[M]. 北京：北京大学出版社，2011：7.

教学也被错误地理解为向学生传递确定性的知识。从产教融合的视野来看，这种陈旧的知识观误解了知识的实践属性。以科学知识为例，思想家拉图尔（Latour）曾经区分了两种不同的科学观：一种是"既成的科学"，即将科学看成条理化、系统化的结论性知识；另一种是"形成中的科学"，即走进科学实践赖以产生的实验室情境。在这里，我们看到的不是冰冷的结论，而是激烈的争论。① 由此可见，真实的科学实践并非简单的逻辑推演，而是充满着不确定性，并且需要科学家的无限创意。思想家伽达默尔（Gadamer）表述了同样的观点，他指出，比学习知识更重要的是学会提问，但是学会提问并没有固定的方法，而是需要学习者有创意的想象力。

知识生产的创意性要求我们在课程改革中着力凸显创意的取向，引导师生为创意而学、为创意而教。反观现有的教育实践，多数高校学前教育专业的课程实施仍然局限于具备确定性的知识传递，并未将专业知识背后蕴含的问题意识与创意想象挖掘出来，这种静态的知识观必然会限制学生创意意识和创新精神的培养。②

二、应用型课程：基于产教融合的学前教育本科课程体系创新

产教融合要求我们基于产业实践的特点和需求来重建课程体系。与传统专业教育重视抽象的知识体系和理论逻辑不同，产业实践更强调复杂情境、问题导向、持续改进以及创新创意。为此，学前教育专业的课程体系必须发生改变，即从传统的学术型课程转变为应用型课程，与此相应，课程体系的核心要素包括课程目标、课程内容、课程实施、课程评价都要发生深刻的变革。③

1. 课程目标：培养儿童工作者

在产教融合的视野下，学前教育专业的人才培养目标亟须从两个方面进行深刻的变革。

一是从"研究者"转向"工作者"。传统的专业教育重在培养学术型人才，与产业实践的要求相去甚远。从产教融合的视野来看，学前教育的培养目标应该定位为培养"儿童教育及儿童文化工作者"。"工作者"是一个比较宽泛的概念，在学前教育领域中，其"工作者"既可以是幼儿园教师，也可以是与学前

---

① 吴彤. 复归科学实践：一种科学哲学的新反思[M]. 北京：清华大学出版社，2010：273.
② 吴彤. 实践与诠释：从科学实践哲学的视角看[J]. 自然辩证法通讯，2019（9）：1-6.
③ 布鲁贝克. 高等教育哲学[M]. 杭州：浙江教育出版社，1998：19.

教育有关的文化产业，如影视、报刊、网络、出版、图书馆等的从业者。"工作者"的定位表明学前教育专业重在培养应用型人才，而不是传统的学术型人才。

二是从"双基训练"转向"能力提升"。传统的学前教育比较重视师范生基础知识和基本技能的学习与训练，但产业实践中最重要的课题是从业者专业能力的提升。例如，对早期儿童的观察和理解就是学前教育专业的重要专业能力。这是因为，0~6岁儿童的身心发展特点与成年人有显著的差异，这种差异是学前教育专业最显著的特点。思想家卢梭就指出，儿童教育的前提是对儿童的深刻理解，"我们对儿童是一点也不理解的：对他们的观念错了，所以愈走就愈入歧途"。① 在产业实践中，许多从业者虽然在职前系统学习了与儿童发展有关的理论知识，但缺乏儿童观察与儿童理解的能力，这种知识与能力的脱节正是传统学术型人才培养模式最大的弊端。

2. 课程内容：强化知识应用

产教融合要求我们重建学科的逻辑、专业的逻辑。传统学术型取向的专业教育重视抽象的专业知识体系，忽视产业实践的实际需求。在传统专业教育看来，知识不仅可以脱离具体的生活实践进行学习，而且越是抽象的知识就越具有教育的价值。晚近以来，语境主义知识观的兴起，启发我们重新认识学科的逻辑。

在语境主义知识观看来，对于知识不可能剥离具体的语境来理解，也不可能脱离具体的问题情境来传播。② 哲学家海德格尔（Heidegger）早就指出，人与世界最本源的关系并不是认知，而是生存，我们是因为生存的需要而去求知，或者说，知识是源于解决生存环境中实际问题的需要。正如海德格尔所言，"认识是在世的一种存在方式"，不能简单地将认识活动理解为抽象知识的学习，而是应该看作一种人类解决周围环境难题的生存方式。当代科学社会学的研究则进一步指出，科学知识的生产不仅源于我们生存的需要，而且知识生产本身就是高度情境化的，所有科学知识都是在特定的社会条件和特定的实验室情境中产生的，知识本身就携带着科学实践情境的鲜明烙印。在语境主义知识观的视野中，学科的逻辑不能简化为纯粹的抽象知识的逻辑，而是应该强调知识的实践脉络和应用属性。

应用型课程建设应该打破理论知识系统传授的传统套路，主动围绕与产业实践密切关联的问题、课题或项目来组织课程与教学活动，通过强化知识的应

---

① 卢梭.爱弥儿[M].北京：人民教育出版社，2001：2.
② 王娜.语境主义知识观：一种新的可能[J].哲学研究，2010（5）：89-95.

用情境，增进专业知识与产业实践的关系。以学前教育专业实践教学为例，过去，实践教学被视为理论知识学习之后的知识应用，理论学习和实践教学被看作两个不同的环节，这种观点严重误解了知识的实践属性。以应用型课程的理念来设计实践教学，实践情境与实践问题就变成理论知识学习的先导，学生在真实的项目或问题情境中，通过主动思考和实践探究，将专业知识与实践问题有机融合，从而不断生成更具行动力的实践智慧。①

3. 课程实施：聚焦创意教学

创新创意是产业实践的显著特点，然而传统的高校教学却局限于系统知识的传授，教学过程呆板机械，缺乏创意设计。应用型课程建设应该强化创意教学，具体而言，可以通过教学流程的重建增强课程实施的创意性。

一是从"知识"到"问题"的转变。在信息时代，简单的知识问题可以通过百度等网络搜索引擎来解决，大学应该传授的是复杂问题解决的思想、方法与能力。从产业实践中面临的真实问题出发来设计课程探究的主题，引导学生将专业知识与产业实践相关联，可以有效地激发学生深度学习的意愿与创意思考的能力。②

二是从"内容"到"项目"的转变。学生学习的对象不是体系化的"内容"，而是有待去探究的"项目"。项目是知识向实践转化的中介，是大学生创新能力与创业意识培养的重要载体。以项目为中心，可以实现不同学科知识的汇聚与交叉，引导学生在跨学科的视野中进行思考和创新。例如，以原创图画书的设计作为项目载体，其中必然牵涉儿童美术、儿童文学、儿童认知等跨学科的视野。实践证明，基于项目的学与教，最有利于学生创新创意素养的培养。③

三是从"作业"到"作品"的转变。创意教学要求强化师生的"作品"意识，而不是像传统知识教学那样，仅仅是完成"作业"。从"作业"向"作品"的转换，其中折射的是师生创意意识的提升。

4. 课程评价：重视持续改进

产业实践的显著特点是不断变化、持续更新，新观点、新业态、新项目往往层出不穷。然而，传统的专业课程重在传授"成熟"的知识体系，与不断变化的产业实践具有较大差距。高校应用型课程建设必须改变传统的、静态的课

---

① 海德格尔. 存在与时间 [M]. 北京：生活·读书·新知三联书店，2006：71.
② 殷杰. 语境主义世界观的特征 [J]. 哲学研究，2006（5）：94-99.
③ 洪汉鼎. 作为想象艺术的诠释学（上）：伽达默尔思想晚年定论 [J]. 河北学刊，2006（1）：17-22.

程观,通过动态的课程评价,促进课程持续改进、不断更新。在产教融合的视野下,课程评价尤其应重视两种取向。

一是重建"转变"的课程愿景。传统的课程愿景是"控制",学校被描述为加工厂,学生被界定为标准件,课程内容被看作标准化的、可传递的知识性商品。这种课程愿景建构的是一种机械化、静态化的课程体系。当代课程理论家多尔对此进行了尖锐批判,他认为,课程的愿景不是"控制"与"规训",而是"转变"与"生成"。① 多尔主张将课程视作"复杂系统",看作开放性的"会话",以体现课程动态的、转变的过程。②

二是重视产业的实践需求。课程评价的目的在于促进课程与产业的对接,为此,课程目标的设计、课程内容的选择、课程结构的调整、课程实施的模式都要持续关注产业实践的变化。尤其是,近十年来,在国家大力发展学前教育的大背景下,学前教育的办学实践已经发生了很大的变化。这些变化如何反映到高师院校学前教育的课程体系中,迄今仍是值得关注的重大课题。

三、创新社区:面向产教融合的高校课程研发机制变革

传统的课程研发机制强调高校既有的专业性学术组织,具体而言就是从学校到院系、教研室的组织构架,这种专业性的学术组织往往表现出内部封闭性的特点,难以融入产业的发展需求。产教融合必然要求高校基层组织形态的变革,即从纵向的、封闭的专业学术组织转向网络化、开放式的协同创新社区。与传统的、封闭的专业学术组织相比,协同创新社区具有如下显著特点:

1. 协同创新社区强调组织边界的开放性

协同创新社区是一种全新的组织形态,强调组织边界的开放性,这种开放性表现在行动者的异质性、多元性和网络化。③ 创新社区是由各类"行动者"(或者说"促进者")构成的,行动者可以来自不同的组织,例如,高校、政府、企业或者教育机构等。评估创新社区的标准不是传统管理学意义上的组织秩序与权力等级,而是行动者的异质性、行动者网络的长度和行动者网络节点的数量。通过模糊组织边界,建构开放性的创新社区,高校的专业建设才能真正与产业界的实际问题发生耦合与交汇,知识才能摆脱抽象、分离的传统形态,

---

① 多尔,高夫.课程愿景[M].北京:教育科学出版社,2004:25.
② 舍恩.反映的实践者:专业工作者如何在行动中思考[M].北京:教育科学出版社,2007:11.
③ 胡赤弟,张国昌.高校协同创新社区及其治理原则分析[J].中国高教研究,2019(3):72-76.

变得更有行动力和生命力。① 吉本斯提出的知识生产的新模式就十分强调组织边界的开放性。他指出，现代社会的知识生产日益体现出社会化、跨学科、网络化的特征，② 简而言之，现代社会真正有价值的知识不是在高校或研究机构中孤立生产的，而是在与产业界的交流碰撞中自然生发的。在弥散性、网络化的知识生产背景下，不同组织、不同业界的交流就显得至关重要。

2. 协同创新社区强调知识生产的应用性

高校传统的教研组织侧重于理论性知识的传授，而不是应用性知识的探究。这种"惯习"源于传统大学职能的界定。传统的大学往往被界定为研究高深学问的"象牙塔"，"象牙塔"的隐喻折射出传统大学与社会产业需求的严重脱离。现代大学的兴起催生了大学的社会服务职能，并由此产生了对大学与社会关系的激烈争论。布鲁贝克（Brubacher）在《高等教育哲学》一书中就指出，现代大学在发展过程中始终面临着"象牙塔"与"服务站"的尖锐争论。产教融合的理念以及现代创业型大学的兴起，要求我们重新理解大学与社会的关系。大学并非先有纯粹的学科研究才有社会服务，恰恰相反，现代创业型大学应该是基于社会服务来重建学科研究。将学科研究建立在社会服务和产业需求上，这就必然要求重视知识生产的应用性。创新社区与传统学术性组织的显著差异就在于知识生产的逻辑不同，创新社区是异质性的行动者联盟，其使命在于解决产业实践中的问题，因此其知识的生产更强调应用性。

3. 协同创新社区强调创新成果的共享性

传统意义上的校企合作虽然有教育界与产业界的交流，但这种交流是建立在清晰的、封闭的组织边界基础上的，双方各有自己不同的利益诉求，难以形成深层次的合作。例如，学前教育专业的学生实习基地建设，高校和幼儿园也有合作与交流，但是局限于各自的组织边界与不同的利益诉求，实习基地的教育质量不是很理想。协同创新社区则主张建立多方参与、知识共享、价值共创的行动者共同体，其中知识共享是共同体得以维系的关键。各类行动者在共享理念的支持下，通过不断的交流与合作、探索与试错，逐渐增进互信，培育合作文化。

---

① 拉图尔. 科学在行动 [M]. 北京：东方出版社，2005：48.
② 吉本斯，等. 知识生产的新模式 [M]. 北京：北京大学出版社，2011：13.

基于OBE理念的师范院校教师教育课程改革研究

苏 鸿*

在师范类专业认证的背景下,"产出导向"(Outcome-Based Education,简称OBE)理念已经成为师范院校教师教育课程改革的重要取向。OBE理念主张根据学生最终的学习成果(Learning Outcomes)来反向设计课程。[②] 以OBE的理念来审视,师范院校现有的教师教育课程还没有脱离传统的学科化、理论化、体系化的课程模式,与OBE理念倡导的"学生为本"的时代诉求相去甚远。随着师范类专业认证的实施,师范院校迫切需要以OBE理念为指引,对教师教育课程进行深刻的变革,具体而言,是从传统的学科导向的课程转向产出导向的课程,与此相应,教师教育课程的目标、内容与教学方式都亟须进行系统的改革与创新。

一、核心素养:师范院校教师教育课程的目标重建

"学习成果"是OBE理念关注的焦点。传统课程设计往往根据课程内容来界定学习成果,与职业岗位的实际需求严重剥离。由于远离行业实践的需求,传统教师教育课程的目标设计往往显得陈旧和偏狭,具体表现为课程目标仅仅关注那些确定性的、简单性的知识与技能,而忽视了未来教师面对的具有复杂性、不确定性的挑战。OBE理念则强调着眼于未来社会的行业需求来确定"学习成果",并据此设计课程体系。面对未来社会的挑战,核心素养教育已经成为基础教育课程改革的时代潮流,教师教育课程的"学习成果"与目标设计也应该放在核心素养背景下来进行全新的建构。

---

* 作者简介:苏鸿,广东第二师范学院学前教育学院教授,博士。本文发表于《黑龙江教育》(高教研究与评估)2020年第7期。
② 李志义. 成果导向的教学设计[J]. 中国大学教学,2015(3):32.

1. 强化专业信念

面对日益复杂的教育实践情境，专业信念在教师的专业成长中将扮演着日益重要的角色。荷兰学者柯斯根（Korthagen）关于教师专业发展的"洋葱模型"告诉我们，教师的专业素养包括由内而外的五个层次，处于最内核的是"专业使命感""身份认同"和"专业信念"，这些内在的信念才是卓越教师的显著特质[1]。同样地，专业信念应该是 OBE 理念关注的"学习结果"的重要维度。

传统教师教育课程的目标设计重视专业知识的学习、轻视专业信念的形成，重视教学技能的训练、轻视师德规范的涵养。造成这一现状的原因不仅仅在于师范生就业压力的增加以及功利主义思想的影响，更深层次的原因是课程设计者忽视了专业信念在未来教师职业生涯中的重要作用。关于教师职业生涯的研究表明，在漫长的职业生涯中由于巨大职业压力的持续影响以及职业晋升机会的渐次减少，教师专业发展会呈现出"高原现象"，导致教师职业信念动摇、职业情感萎缩、职业发展停滞[2]。面对职业发展中"高原现象"的挑战，能够支撑教师持续开展教学改进和终身学习的重要动力正是教师自身的专业信念。总之，从教师终身学习和终身成长的大视野来审视，教师教育课程尤其应该将专业信念作为重要的课程目标，并将其渗透到师范生专业学习的全过程。

2. 凸显关键能力

OBE 理念关注的"学习成果"并非简单的知识与技能，而是更强调专业能力的提升，"能力本位"的理念是未来教师教育改革的重要方向[3]。然而，传统的教师教育课程局限于技术理性主义的思维模式，并将教师专业能力简化为教育教学技能，例如，板书技能、提问技能、课堂导入技能等。这种将教师专业能力简单化的理解，不仅低估了教育实践情境的复杂性，而且忽视了未来社会与未来教育的变化对教师专业能力提出的新要求。面对未来的挑战，教师专业能力的内涵必然会处于不断的变化中。事实上，近年来，关于教师能力结构的研究已经成为当前教师教育研究的热点话题[4]。

---

[1] KORTHAGEN F A. In search of the essence of a good teacher: towards a more holistic approach in teacher education [J]. Teaching and Teacher Education, 2004 (20): 77-81.

[2] 寇冬泉, 张大均. 教师职业生涯"高原现象"的心理学阐释 [J]. 中国教育学刊, 2006 (4): 43-45.

[3] 杨洁. 能力本位: 当代教师专业标准建设的基石 [J]. 教育研究, 2014 (10): 80.

[4] 王光明, 张楠, 李健. 教师核心素养和能力的结构体系及发展建议 [J]. 中国教育学刊, 2019 (3): 59.

有鉴于此，基于能力本位的未来教师教育改革应该强调师范生关键能力的培养，所谓关键能力，是指面对未来不确定性的挑战，教师职业最重要的能力素养。在未来的人工智能时代，教师专业素养的内涵将会发生深刻的转变，教师作为专业人员，其面对的将是更复杂、更具不确定性的教育实践环境，因而更需要复杂问题解决和复杂人际交往的能力。① 与此相应，未来的教师教育课程不应该仅仅关注那些简单的、确定性的专业技能，而应该是聚焦未来教师的关键能力。从教师职业核心素养的视野来看，未来教师职业最重要的关键能力是理解学生的能力、教育学生的能力和沟通合作的能力，这三种能力素养可以成为未来教师教育课程建设的着力点。

3. 重视自主发展

在信息化迅速改变我们的工作、生活甚至思维的时代，学校课程尤其应该着力培养学生应对未来社会挑战的能力，可以预言，未来的基础教育课程将更具开放性、不确定性和变革性。与此相应，未来教师也必将面对更多全新的问题与挑战，因而也必然需要不断地更新教育教学观念、不断地创新教育教学模式，总之，时代的变革强化了未来教师作为终身学习者的身份。2018年，经合组织（OECD）关于教师教学国际调查（TALIS）的数据表明，教师参与专业发展活动已经成为所有国家的共识。② 在此背景下，师范生自主发展的意愿与能力也是OBE理念关注的焦点。

过去，无论是职前还是职后的教师教育，都没有看到教师作为终身学习者、自主发展者的重要意义。例如，职前的教师教育课程目标大多比较重视教师的"教"，忽视学生的"学"；重视知识的识记，忽视问题的探究；重视外在的说理教育，忽视内在的专业认同；等等。同样地，职后的教师教育往往由外在的行政命令推动，包括各种强制性的继续教育、各种统一性的教研活动等。这种由行政部门推动的教师成长计划虽然有利于教师的专业发展，但是难以契合教师的实际需要，这些培训往往缺乏针对性和实效性，也难以引起教师内在的认同。将"自主发展"作为重要的课程目标，意味着教师教育课程的系统重建，传统的灌输式、封闭式的课程实践必将被打破，取而代之的是更具实践性和开放性的课程新样态。

---

① 张华. 论核心素养的内涵［J］. 全球教育展望，2016（4）：19.
② 朱小虎，张民选. 教师作为终身学习的专业：上海教师教学国际调查（TALIS）结果及启示［J］. 教育研究，2019（7）：144-145.

二、实践整合：师范院校教师教育课程的内容重构

OBE 理念主张超越传统的知识本位课程，建构全新的能力本位课程，反映在课程内容方面，就是从传统的学术性、理论性课程转变为实践型、应用型课程，因为专业能力的获得唯有在实践应用中才能真正形成。在传统的学术型课程中，学科知识被置于课程设计的中心地位，而实践应用则被严重忽视。与传统学术型课程不同，OBE 理念则主张将知识的实践应用作为课程设计的中心。与此相应，实践不是处于课程的边缘地位，而是成为课程内容整合的重要节点。

1. 突出实践性问题的引领

知识学习是传统学术型课程关注的焦点，越是抽象的知识，越被认为是最重要的知识，并且在课程体系中被赋予更重要的位置，这种重知识学习轻实践应用的课程观反映了传统理论哲学的深刻影响。晚近以来，随着实践哲学的兴起，实践开始成为知识论研究的中心课题，与此相应，知识的应用也开始成为课程设计的中心。

知识学习向知识应用的转变，是当代科学研究的重要趋势。例如，思想家齐曼就指出，当代科学研究正在从"学院科学"时代向"后学院科学"时代转变。在"后学院科学"时代，大学的使命不是研究抽象的高深知识，而是更关注科学研究的实际效用，更重视问题导向的研究。[①] 同样地，在"后学院科学"时代，教育学研究不能将自身禁锢于学术的"象牙塔"之中，而是应该关注教育实践的改革，并自觉地从传统学术导向的研究转向问题导向的研究。与此相应，师范院校教师教育课程建设也应该以教育场域的实践性问题为核心来重构教学内容体系，引导师范生基于实践性问题来理解专业理论，并在此过程中不断积累和创生有行动力的知识。

2. 重视实践性体验的积累

传统的教师教育重视外在的、抽象的理论性知识的学习，忽视师范生个体的实践体验。这种重理论学习轻实践体验的教育模式导致师范生的学习成果仅仅停留于记忆一些普适性、教条式的理论话语，难以将其转化为个人化的实践性知识。波兰尼（Polanyi）表明，在教育实践中，教师往往需要借助个人内在的缄默知识来处理复杂的教育情境，这些缄默知识是教师在大量实践体验中渐

[①] 李志峰，高慧. 后学院科学时代大学科学研究的政策选择［J］. 中国高教研究，2014（8）：61-66.

次生成的。① 可以说，专业实践体验在教师实践性知识生成的过程中扮演着十分重要的角色。

实践体验还是师范生专业认同的重要基础。教师作为专业人员，其专业角色一直是被外界赋予的，正如日本学者佐藤学所言，教育学关于教师的话语一直聚焦于"教师应当如何？"的规范性描述，而忽视了"教师是怎样一种角色？""为什么我是教师？"的存在论。② 在规范性话语的宰制之下，教师自身作为独特生命个体的存在体验是被严重忽视的，这种"应当"的规范性话语不利于教师真正的专业认同。唯有尊重教师的实践体验，引导教师积极地进行自我诠释，这样才能不断形成教师个人的专业信念与专业认同。同样地，师范类专业认证强调"践行师德"，师德的涵养更需要充实师范生的专业实践体验。作为职前教育的师范生，他们如何在专业学习中建构更加积极的专业认同，这些都需要大量专业实践的体验，因此，强化教师教育课程的实践体验是丰富师范生师德涵养的重要中介。

3. 创新实践性资源的建设

实践取向是教师教育课程改革的重要方向，在此背景下，实践性课程资源的建设无疑是教师教育课程改革的重大课题。传统的教师教育也重视实践性课程资源建设，例如，建设师范生实践基地等。但是由于受到封闭式办学思想的影响，这些实践性课程的建设效果不甚理想，例如，"双导师制"流于形式、实习安排主观随意、实习效果缺乏评估等③。总之，由于办学体制僵化，忽视师范生培养过程中利益相关方的积极介入，实践性课程资源的建设并未形成真正的合力。

OBE 教育理念主张基于利益相关方的需求来审视学习结果、建构课程资源，为实践性课程资源的建设开辟了全新的视野。过去，由于封闭式办学的限制，利益相关方并未真正参与师范生人才培养方案和专业课程的制定，高校与地方政府、基地学校也并未形成实质性的合作关系，各个利益相关方难以形成共同的利益诉求，这是实践性课程建设乏力的根本原因。OBE 理念要求师范院校自觉超越封闭式办学的陈旧模式，不断淡化组织边界，积极吸纳各类利益相关方

---

① 石中英. 波兰尼的知识理论及其教育意义 [J]. 华东师范大学学报（教育科学版），2001（6）：36-45.
② 宋萑，张文霄. 教师专业认同：从专业角色走向身份认同 [J]. 全球教育展望，2012（3）：56.
③ 丁炜. 师范生教育实习课程改革：问题归因与实践对策 [J]. 课程·教材·教法，2012（3）：113.

参与人才培养和专业建设，并通过制度创新形成协同育人的行动者网络。行动者网络不同于传统的科层组织，它是一个利益共享、共同进化和价值共创的开放空间①。基于行动者网络来建设实践性课程，就是要让不同行动者（例如，高校、中小学、地方政府、儿童文化产业机构等）深度嵌入师范生人才培养，并在师范生培养中积极扮演"促进者"的角色。

三、深度学习：师范院校教师教育课程的教学创新

OBE 理念关注的是学生最终的学习结果，尤其是专业核心素养的形成，而不是浅层次的知识记忆。与此相应，OBE 理念下的课程实施更强调深度学习，更重视学生的参与度，更倡导教学的个性化。教师教育课程的实施需要基于深度学习的取向来重构教学的组织形式、学习环境与学习策略。

1. 从个体学习转向合作学习

过去，教师专业发展被视为教师个人的事情，与此相应，师范院校的教学方式强调学习者个体的自主学习，忽视合作学习在师范生职业核心素养培养中的重要意义。晚近以来，共同体理论成为教师专业发展的主流范式，基于教师共同体来推动教师专业发展也成为教师教育改革的新方向。② 师范类专业认证标准将"沟通合作"作为师范生培养的基本要求。在此背景下，师范院校的课程改革应该着力凸显教学方式的变革，即从传统的个体性学习转向合作性学习。

合作学习不仅意味着学习者之间互动的增强，更意味着学习观念的深刻变革，具体表现在三方面。一是团队理念的融入，合作学习的目标不仅在于掌握知识，更在于增进团队成员的互信与互赖、培育团队成员的沟通与合作能力；二是学习任务的重建，简单的基础知识与基本技能的教学并不适用于合作学习，只有那些开放式的、挑战性的学习任务才能激发学生合作学习的意愿，这必然要求教师教育课程的内容发生相应的变革，即从传统的"概念中心"转向"问题中心"，从陈旧的"知识学习"转向"问题探究"；三是团队智慧的生成，合作学习并非简单地将书本知识转化为学习者个体的意义认知，而是更强调在合作交流中生成全新的团队智慧。

---

① 胡赤弟，张国昌. 高校协同创新社区及其治理原则分析 [J]. 中国高教研究，2019 (3)：72-76.
② 薛小明，刘庆厚. 教师共同体：教师专业发展的新视角 [J]. 职业教育研究，2008 (2)：55-56.

2. 从知识识记转向行动学习

长期以来，教师教育课程的实施一直深陷于非此即彼的思维误区，由于受到传统学术型人才培养模式的影响，课程实施比较重视理论知识的教学。2011年，《教师教育课程标准》的颁布强化了实践导向，由此又带来对理论教学的忽视。[①] 教师教育课程的实施迫切需要摆脱非此即彼的思维模式，创生能够贯通理论与实践的全新教学策略，而行动学习则是最值得重视的改革方向。

行动学习既反对从理论到理论的机械学习，也反对脱离理论的盲目实践，主张引导学习者将结构化的专业理论知识和身边真实的实践案例结合起来，通过反思性探寻进入深度学习的历程，从而创生有行动力的知识。行动学习也不完全等同于案例教学，案例教学虽然强调案例分析，但是案例教学中的案例往往根据理论教学的需要进行了人为裁剪，从而使案例本身远离了真实的实践情境；行动学习则主张结合行动者自身行动过程中的真实实践来展开学习，而不是像案例教学那样从自身行动之外机械地移植外来的案例。

行动学习强调用辩证的思维来处理理论与实践的关系，既不轻视理论的价值，也反对脱离理论性知识进行盲目的实践探究。瑞文斯（Revans）最早阐述了行动学习的结构，他认为行动学习包括程序化的知识和有洞察力的提问两个要素，由此可见，行动学习并不反对理论化知识，而是强调在实践活动中借助"有洞察力的提问"将理论知识转化为实践智慧。

3. 从传统教学转向智慧学习

适应不同学生的个性化需求是未来教师职业的显著特征，师范院校教师教育课程需要在课程实践中不断强化师范生的个性化学习与个性化教育意识，以便更好地适应未来教师职业岗位的需求。教师职业的这一特点与 OBE 理念高度吻合，OBE 理念强调对每个学习者学习结果的个性化关注。以 OBE 理念来审视，传统的大班教学、统一授课、统一进度、统一考试的工业化教学模式已经不能适应未来时代的需要。在信息技术迅猛发展的背景下，基于互联网和大数据的智慧学习与智慧教育正在成为 21 世纪教育的显著特征。[②]

智慧学习本质上是个性化学习，它强调以学习者为中心，基于学习者的个体差异（如能力、风格、偏好、需求）提供个性化的学习诊断、学习建议和学

---

① 叶波. 关于教师教育课程实践转向的反思 [J]. 课程·教材·教法, 2015（10）: 109-114.

② 孔晶, 郭玉翠, 郭光武. 技术支持的个性化学习: 促进学生发展的新趋势 [J]. 中国电化教育, 2016（4）: 88-94.

习服务。① 智慧学习不同于传统的大班教学，更强调学习者的个体差异，更关注个性化的教学指导。在学习环境上，智慧学习倡导从传统教室（黑板+粉笔）转向智慧教室（移动终端、云服务等），通过提供泛在的学习环境，支持学生随时随地学习。在学习目标上，智慧学习通过建立个人化的学习档案，形成差异性学习目标，打破传统教学目标"一刀切"的弊端。在学习过程上，智慧学习通过各种知识建构工具和学习分析技术，适时了解学生的学习偏好，制定个性化的学习进程与学习内容。在学习评价上，智慧学习倡导表现性评价、过程性评价、诊断性评价，强调评价学生解决复杂问题的能力以及学习改进的过程，从而真正落实"以学生为中心"的教育理念。② 总之，智慧学习反映了 OBE 理念的价值追求，是未来高校教学改革的重要方向。

---

① 祝智庭，沈德梅. 学习分析学：智慧教育的科学力量 [J]. 电化教育研究，2013（5）：5-11.
② 谢雅萍，梁素蓉. 行动学习：研究现状与未来展望 [J]. 技术经济，2016（1）：61-70.

基于行动学习的"学前卫生学"在线课程设计

苏 鸿[*]

"学前卫生学"是高等师范院校学前教育专业的专业基础课程,在学前教育专业课程体系中具有基础性地位,本课程内容涉及学前儿童的生理结构特点和保育要点、学前儿童的营养、学前儿童常见病和传染病的预防、学前儿童日常护理技术和急救术等。随着在线课程建设、能力培养取向等新理念的勃兴,"学前卫生学"课程亟须进行深度的变革。

一、"学前卫生学"课程的问题与反思

过去,由于受到教学资源的限制,"学前卫生学"课程与教学实践比较单一,学习对象是单一的教材读本,学习方式是单一的课堂讲授,师生双向互动少,教学效果不够理想。具体而言,表现在如下方面:一是课程资源贫乏。"学前卫生学"涉大量卫生学的知识,课程的知识容量大,但是学生只有教材作为唯一的学习资源,很多抽象的知识没有办法让学生通过更生动的形象来呈现。本课程设计尝试基于"超星平台"来补充网络学习资源,尤其是充实大量的科普微视频资源,引导学生透过具象的视频课程资源来加深对抽象知识的理解。

二是知识应用欠缺。过去,由于受到传统的学术型人才培养的影响,本课程的设计和实施尤其重视知识的学习和记忆,师范生虽然识记了大量的知识,但是在处理幼儿常见的保育问题上显得力不从心,不能将课程知识有效地转化为教育实践,换句话说,这些知识只不过是僵死的知识,不能产生行动的力量。晚近以来,应用型人才的培养已经成为师范院校课程改革的重要取向,"学前卫生学"课程也迫切地需要从传统的知识型课程转向应用型课程。笔者以行动学习的理论为基础,试图透过行动学习这种全新的教育理念,引导学生在学习中创生有行动力的知识,激发学生对课程学习的浓厚兴趣。

---

[*] 作者简介:苏鸿,广东第二师范学院学前教育学院教授,博士。本论文获得2020年广东省本科高校在线教学优秀案例二等奖。

三是教学互动缺失。传统的课堂讲授比较单一、片面，学生参与少，学习的积极性较差，尤其是在大班教学的背景下，教师凭借肉眼的观察很难对学生的学习情况进行全面把握，更难以照顾到学生的个体差异。本研究借助"超星学习"平台，尝试基于学习的大数据，适时了解学生的学习进度，及时进行学生的学习反馈。

二、"学前卫生学"课程的改革思路

基于行动学习的在线课程设计，本课程的改革力图凸显如下三个重要的教育理念：

1. 行动学习

行动学习的理念，强调"行动"与"学习"的融合，倡导学生在真实的任务情境中去发现问题，并积极建构问题解决的策略与思路，从而有利于学生专业能力的形成。行动学习的概念最早由英国管理学家雷格·瑞文斯提出并发展。他指出，专业学习不是靠信息呈现和讲解，而是在工作场地创造一种学习环境，使参与者能够在他人的帮助下理解自己，寻求相关问题的答案。

迄今为止，行动学习并未形成统一的定义，不过瑞文斯和马奎特等用方程式的方式来表达对行动学习的理解，在学术界更具代表性。瑞文斯将行动学习用方程式表示为：L（学习）$=P$（程序性知识）$+C$（洞察性提问）。其中，L是指 Learning，意为学习；P是指 Programmed Knowledge，意为程序性知识；Q是指 Questioning Insight，意为洞察性提问。由此可见，行动学习非常重视学习者在任务情境中，能够将结构化的、程序化的理论知识和具体的任务情境进行有机结合，从而发现真实的、有价值的问题，并据此设计解决策略。马奎特等将行动学习的方程式进一步改造为：$L=P+C+R$，即在瑞文斯行动学习方程式的基础上添加了批判性反思（Reflection）流程。

2. 在线平台

传统的教学仅仅重视纸质课程资源的建设，这些纸质课程资源不仅移动性弱，而且形式单一，与未来智慧教育的时代潮流具有显著的差异。在未来，智慧教育倡导从传统教室（黑板+粉笔）转向智慧教室（移动终端、云服务等），通过提供泛在的学习环境，支持学生随时随地学习。与传统的纸笔测验、纸质教材相比，在线平台的建设深刻地改变了我们对课程资源的理解。从云学习的视野来看，课程资源不仅仅包括纸质教材和纸质参考资源，更包括多样的网络资源。在线平台的建设，也极大地改变了教育教学的方式。在学习目标上，在线平台通过建立个人化的学习档案，可以形成差异性的学习目标，打破传统教学目标一刀切的弊端。在学习过程上，在线平台可以通过各种知识建构工具和学习分析技术，适时了解学生的学习偏好，制定个性化的学习进程与学习内容。在学习评价上，在线平台建设倡导表现性评价、过程性评价、诊断性评价，强调评价学生解决复杂问题的能力以及学习改进的过程，从而真正落实"以学生为中心"的教育理念。

3. 双向互动

传统教学往往是教师讲、学生听的单向过程，学生始终处于被动的学习状态，学习的积极性、主动性较差。"学而不思则罔，思而不学则殆"，学习与思考应该是交互的，这就必须要求教师及时地与学生进行双向互动，通过多元化的教学设计，让学生真正成为学习的主体。本课程的改革围绕双向互动展开探究，例如，体现教学中的互动生成性。

三、"学前卫生学"课程的改革策略

基于行动学习的理念和在线平台建设，"学前卫生学"课程从知识体系、学习方式、课程资源、课程评价四方面进行了改革尝试，取得了良好的效果。

（一）知识体系的重建

过去，师范院校比较重视学术型人才培养，与此相应，传统高校的课程内容重视抽象的理论知识的学习，专业理论和实践情境之间缺乏紧密的联系。这种理论优位的教育观念导致了诸多的积弊：一方面，由于缺乏实践情境的支撑，学生在学习过程中难以真正体会学习的价值；另一方面，由于忽视理论与实践的联系，学生的实践能力普遍弱化。

行动学习主张重建知识的问题情境，尤其强调将抽象的命题性知识转化为具体的实践性问题。著名思想家伽达默尔就指出，所有知识都应该是与我们在生存实践中面临的问题紧密关联的，都具有"处境关联性"，因为知识描述的是我们"具体的存在环境中的知识"。① 也就是说，我们只能从自己面对的真实问题情境出发来理解知识，一旦知识变得抽象和理论化，这种知识就蜕变为"无我"的知识，知识的学习也就变得毫无意义。

传统的专业教育由于忽视了知识背后复杂的问题情境，其教育质量已经面临着深刻的危机。舍恩就分析指出，传统理论优位的专业教育严重低估了实践脉络的复杂性和重要性，不仅无法培养胜任实际工作的实践者，而且使专业本身面临着"合法性危机"，因为"去脉络化"的传统专业教育培养的专业人员

---

① 伽达默尔. 哲学解释学［M］. 上海：上海译文出版社，1994：198.

在复杂的实践情境中越来越靠近"失败感"和"无力感"。① 可以说，新师范教育的重要使命，就是将理论化的课程转化为问题化的课程，通过重建课程内容与专业实践问题的联系，引导学生从教育实践中的真实问题出发来领悟知识学习对于自己专业发展的意义。

以"学前卫生学"课程为例，笔者将课程的主要知识模块转化为问题设计，引导学生通过问题探究来主动思考与研讨（如表1所示）。

表1 "学前卫生学"主要知识模块转化为问题设计

理论化知识体系（旧）	问题化课程设计（新）
学前儿童生理特点	幼儿生理发育特点与成人有何不同
学前儿童营养	幼儿园膳食该如何设计
学前儿童健康评价	如何捕捉幼儿的成长足迹

（二）学习方式的变革

行动学习要求学生的学习更具主动性和创造性，为此，笔者基于情境设计与问题探究这一主线，设计了多元化的学习模式，具体而言，包括自主学习、直播精讲、项目探究、在线研讨、在线合作学习。

1. 自主学习

自主学习主要是充实在线视频教学资源，每周发布学习任务，同时进行课堂学习自测，让学生随时随地都可以学习，并可以及时地了解自己的学习成效。应该说，在线课程的建设，为学生更主动地学习奠定了坚实的基础，其教学效果远远超过传统的课堂讲授。"学前卫生学"在线课程资源建设情况及课堂作业设计情况如图1所示。

2. 直播精讲

本课程的直播精讲重在"精"，即教师的直播不是简单的传递基础知识，而是在知识的应用中深化核心知识的理解。"温故"之所以能"知新"，并非简单的重复讲授所能奏效，更重要的是依靠教师对知识的深度理解。

---

① 舍恩. 反映的实践者：专业工作者如何在行动中思考[M]. 北京：教育科学出版社，2007：33.

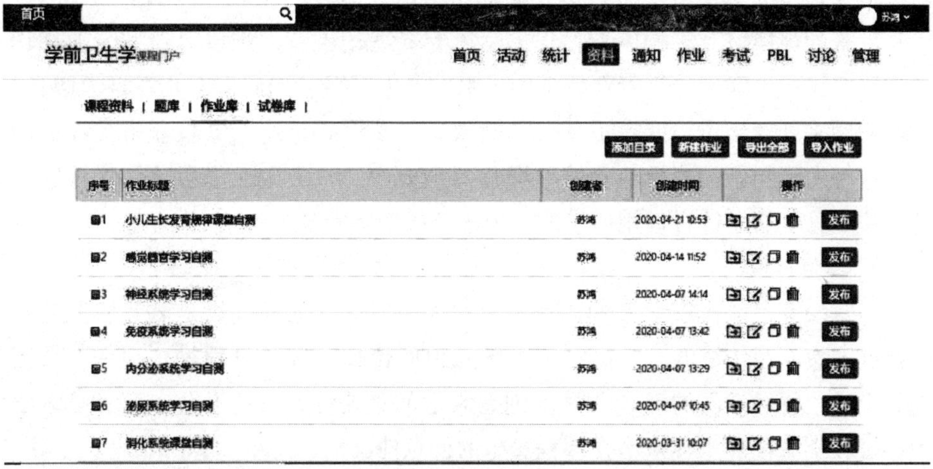

图1 "学前卫生学"在线课程资源建设情况及课堂作业设计情况

"学前卫生学"课程的直播精讲，重在凸显知识的应用。在传统专业教育看来，知识不仅可以脱离具体的生活实践进行学习，而且越是抽象的知识就越具有教育的价值。但是，晚近以来，语境主义知识观的兴起，启发我们重新认识学科的逻辑。[①]

在语境主义知识观看来，知识不可能剥离具体的语境来理解，也不可能脱离具体的问题情境来传播。哲学家海德格尔早就指出，人与世界最本源的关系不是认知，而是生存，我们是因为生存的需要而去求知，或者说，知识是源于解决生存环境中实际问题的需要。正如海德格尔所言，"认识是在世的一种存在方式"，认识活动不能简单地理解为抽象知识的学习，而是应该看作人类解决周围环境难题的一种生存方式[②]。当代科学社会学的研究则进一步指出，科学知识的生产不仅源于我们生存的需要，而且知识生产本身就是高度情境化的，所有科学知识都是在特定的社会条件和特定的实验室情境中产生的，知识本身就携带着科学实践情境的鲜明烙印[③]。在语境主义知识观的视野中，学科逻辑不能简化为纯粹的抽象知识逻辑，而是应该更强调知识的实践脉络和应用属性。

"学前卫生学"课程的直播精讲，力图打破理论知识系统传授的传统套路，尝试围绕与学前保育实践密切关联的问题、课题或项目来组织课程与教学活动，

---

① 王娜. 语境主义知识观：一种新的可能 [J]. 哲学研究，2010（5）：89-95.
② 海德格尔. 存在与时间 [M]. 北京：生活·读书·新知三联书店，2006：71.
③ 吴彤. 复归科学实践：一种科学哲学的新反思 [M]. 北京：清华大学出版社，2010：273.

通过强化知识的应用情境，增进专业知识与产业实践的关联。例如，关于幼儿生长发育的规律以及影响因素，很多学生容易死记硬背，难以对这些专业知识的实际应用产生联结。笔者在教学中，引导学生围绕"如何帮助儿童科学增高"这个问题来展开精讲，取得了良好的效果。科学增高是幼儿家长非常关注的问题，这一实际问题的背后蕴含着本课程的重要知识，学生在思考这一实践问题的过程中，学会了综合运用所学的知识来解决实际问题。

3. 项目探究

项目探究最能体现学习的创意性。在未来时代，创新创意是教育实践的显著特点，然而，传统的教学局限于系统知识的传授，教学过程呆板机械，缺乏创意设计。行动学习的理念凸显了创意教学的重要性，具体而言，笔者在教学中通过教学流程的重建来增强课程实施的创意性。

一是从"知识"到"问题"的转变。在信息时代，简单的知识问题可以通过百度等网络搜索引擎来解决，大学应该传授的是复杂问题解决的思想、方法与能力。从学前教育保育实践中面临的真实问题出发来设计"学前卫生学"课程探究的主题，引导学生将专业知识与教育实践相关联，可以有效地激发学生深度学习的意愿与创意思考的能力。

二是从"内容"到"项目"的转变。学生学习的对象不是体系化的"内容"，而是有待探究的"项目"。项目是知识向实践转化的中介，是学前师范生创新能力培养的重要载体。以项目为中心，可以实现不同学科、不同章节知识的汇聚与交叉，引导学生在跨学科的视野中进行思考和创新。例如，以"一杯水的旅程"为探究项目，引导学生将人体的消化系统、循环系统、内分泌系统、泌尿系统等不同章节的知识进行综合性思考。又如，在第一章生理基础的学习部分，还设计了"身体的秘密"这一创意项目，要求学生围绕这个项目开展合作探究，并且以生动形象的方式呈现对课程知识的深度理解，取得了良好的效果。

作业要求有以下方面：

（1）1~4人为一组，每组最多不超过4人。小组必须固定，后面的作业分组不变。

（2）×月××日之前完成并进行班内网络共享，全体同学投票评定作业等级，具体由班委组织。未上交的记为零分。

（3）全部以微视频形式完成。微视频作业要求：标题必须生动、有吸引力，不可用"学前卫生学作业"等机械字眼表述；视频中要呈现作品人名字；时长控制在180秒以内，不低于60秒即可；可以引用网络资源，但必须重新配音；

可以是动画、PPT、漫画等多种形式；建议配背景音乐。

（4）内容要求：可以小到某种细胞（例如，红细胞等），也可以是某种组织、某个器官、某个系统（例如，淋巴系统等）；要求生动有趣；最好能够在演示中适当结合3~6岁儿童的特点。

（5）软件工具：网络视频下载工具、WPS自带的录屏功能、专门的录屏小程序等。

作业评价标准为以下内容（如表2所示）。

表2 作业评价标准

项目	分数
规范性：标题生动有吸引力；视频时长合理；有作者信息	10分
科学性：内容能够反映正确的科学观念	20分
趣味性：视频内容通俗易懂、生动有趣	40分
原创性：视频制作具有一定的原创性	30分

三是从“作业”到“作品”的转变。创意教学要求强化师生的“作品”意识，而不是像传统知识教学那样，仅仅是完成“作业”。从“作业”向“作品”的转换，其中折射的是师生创意意识的提升以及学生主动性的增强（如图2所示）。

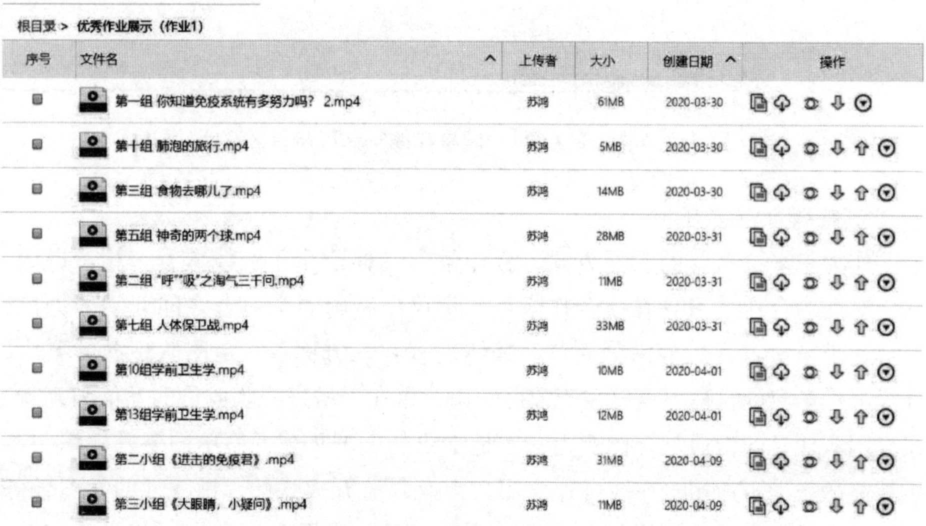

根目录 > 优秀作业展示（作业1）

序号	文件名	上传者	大小	创建日期	操作
	第一组 你知道免疫系统有多努力吗？ 2.mp4	苏鸿	61MB	2020-03-30	
	第十组 肺泡的旅行.mp4	苏鸿	5MB	2020-03-30	
	第三组 食物去哪儿了.mp4	苏鸿	14MB	2020-03-30	
	第五组 神奇的两个球.mp4	苏鸿	28MB	2020-03-31	
	第二组 “呼”“吸”之淘气三千问.mp4	苏鸿	11MB	2020-03-31	
	第七组 人体保卫战.mp4	苏鸿	33MB	2020-03-31	
	第10组学前卫生学.mp4	苏鸿	10MB	2020-04-01	
	第13组学前卫生学.mp4	苏鸿	12MB	2020-04-01	
	第二小组《进击的免疫君》.mp4	苏鸿	31MB	2020-04-09	
	第三小组《大眼睛，小疑问》.mp4	苏鸿	11MB	2020-04-09	

图2 项目探究案例：“身体的秘密”

4. 在线研讨

在线研讨有利于增进师生互动，激发学生质疑问难的主动性，在"学前卫生学"课程教学中，笔者利用"超星群聊"功能（手机版）和"超星在线"课程讨论区（网页版）引导学生参与及时研讨。手机版研讨具有开放性，学生将学习中发现的问题或困惑及时呈现，有利于教师更及时、更有针对性地进行引导和点拨，相比传统的课堂讲授，手机在线研讨提供了更具吸引力和互动性的教学方式。"超星在线"课程讨论区则重在集中专题研讨，由教师设计研讨主题，每周的学习都有置顶的研讨主题提供给学生参与讨论，这些研讨主题的设计重在强化学生的问题意识，深化学生对知识学的综合理解。图3为"学前卫生学""超星在线"课程研讨区设计。

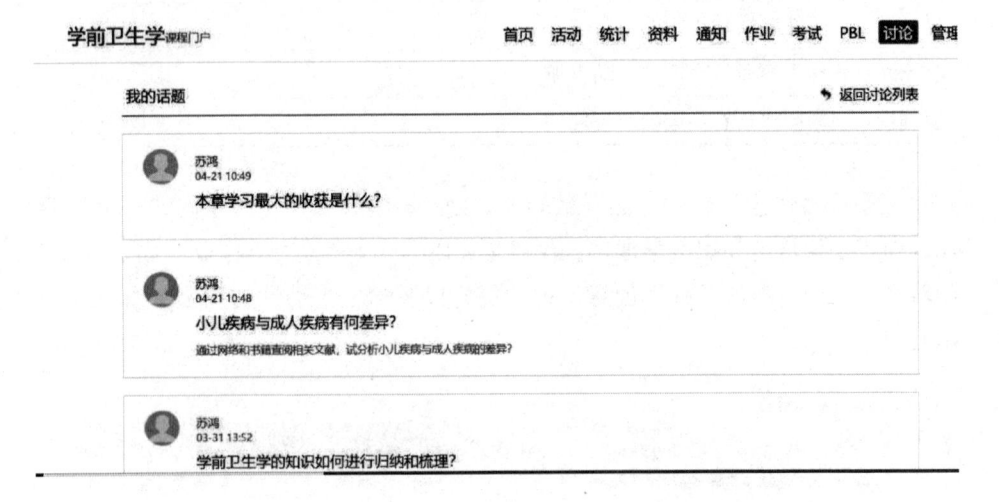

图3　"学前卫生学""超星在线"课程研讨区设计

5. 在线合作学习

作为未来最重要的学习方式，合作学习同样适用于在线课程。笔者以为，从面对面的合作学习到在线合作学习，不仅没有削弱学习者之间互动的强度，还可能带来学习观念的深刻变革，具体表现在三方面。一是团队理念的融入，在线合作学习的目标不仅仅在于掌握知识，更在于增进团队成员的互信与互赖、培育团队成员的沟通与合作能力；二是学习任务的重建，简单的基础知识与基本技能的教学不适用于在线合作学习，只有那些开放式的、挑战性的学习任务才能激发学生在线合作学习的意愿，这也必然要求课程内容发生相应的变革，即从传统的"概念中心"转向"问题中心"，从陈旧的"知识学习"转向"问题探究"；三是团队智慧的生成，在线合作学习并非简单地将书本知识转化为学习者个体的意义认知，而是更强调在合作交流中生成全新的团队智慧。

（三）课程资源的建设

在线学习打破了传统的、单一的教材观，学生学习的对象不再局限于单薄的教材，而是更丰富、更多元的课程资源，可以说，在线学习的兴起使学术界一直推动的"课程资源建设"的理念得以真正落地。

"学前卫生学"由于知识点较多，尤其是涉及很多不可见的人体结构和抽象的理论概念，在传统的课堂教学实践中往往难以产生理想的教学效果。利用在线课程平台，"学前卫生学"课程可以充分发挥现代信息技术的可视化优势，引导学生运用多种方式来展开个性化的学习。本课程设计了大量的、多元化的课程资源供学生选择，包括科普微视频资源（5分钟以内）（如图4所示）、教学视频录播、科普性博文、教师讲义（如图5所示）等。

以科普微视频为例，"学前卫生学"的大量知识比较抽象，需要学生有具体的感性材料，尤其是可视化的学习材料来进行支撑。例如，人体循环系统的结构和机制，这些知识比较抽象，过去只能利用图画或漫画进行解释。在线课程的建设，则可以大量地充实一些3D科普微视频资源，让学生在课后自主学习，极大地加深了学生对课程知识的理解。

图4 "学前卫生学"课程资源之科普微视频

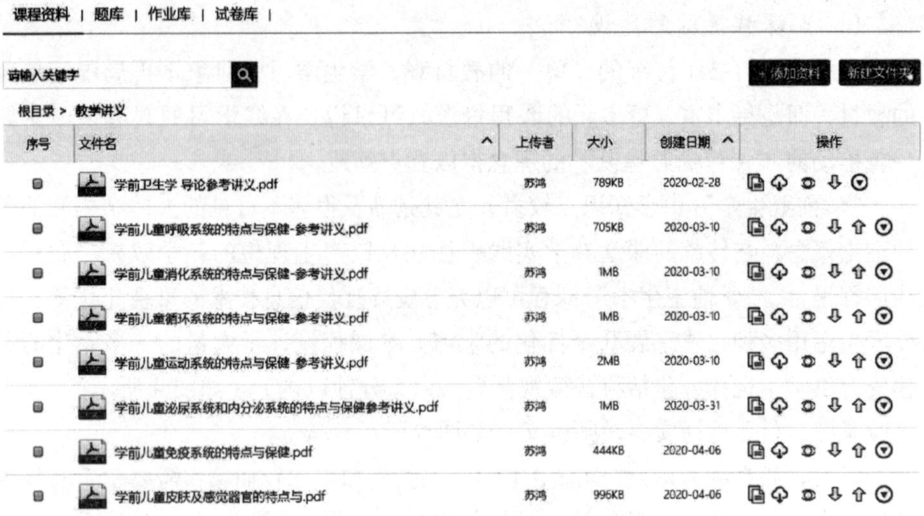

序号	文件名	上传者	大小	创建日期	操作
	学前卫生学 导论参考讲义.pdf	苏鸿	789KB	2020-02-28	
	学前儿童呼吸系统的特点与保健-参考讲义.pdf	苏鸿	705KB	2020-03-10	
	学前儿童消化系统的特点与保健-参考讲义.pdf	苏鸿	1MB	2020-03-10	
	学前儿童循环系统的特点与保健-参考讲义.pdf	苏鸿	1MB	2020-03-10	
	学前儿童运动系统的特点与保健-参考讲义.pdf	苏鸿	2MB	2020-03-10	
	学前儿童泌尿系统和内分泌系统的特点与保健参考讲义.pdf	苏鸿	1MB	2020-03-31	
	学前儿童免疫系统的特点与保健.pdf	苏鸿	444KB	2020-04-06	
	学前儿童皮肤及感觉器官的特点与.pdf	苏鸿	996KB	2020-04-06	

图 5 “学前卫生学”课程资源之教师参考讲义（教师自主设计）

（四）课程评价的改革

行动学习强调培养学生运用知识解决实际问题的行动能力，这种能力取向的学习理念反对单一的、僵化的评价体制，主张透过多元的、综合的、弹性的评价，增进学生的高阶认知的思考力，增强学生运用知识的行动力。为此，课程评价必须进行深刻改革。具体而言，本课程主要做了如下改进：

1. 从终结性评价转向过程性评价

实践情境的显著特点是不断变化、持续更新，新观点、新业态、新项目往往层出不穷。然而，传统的专业课程重在传授“成熟”的知识体系，与不断变化的实践还具有较大差距。高校应用型课程建设必须改变传统的、静态的课程观，通过动态的课程评价，促进课程持续改进、不断更新。在行动学习的理念之下，“学前卫生学”的课程评价尤其重视形成“转变”的课程愿景。

传统的课程愿景是“控制”，学校被描述为加工厂，学生被界定为标准件，课程内容被看作标准化的、可传递的知识性商品。这种课程愿景建构的是一种机械化、静态化的课程体系。当代课程理论家多尔对此进行了尖锐批判，他认为，课程的愿景不是“控制”与“规训”，而是“转变”与“生成”。多尔主张将课程视作“复杂系统”，看作开放性的“会话”，以体现课程之动态的、转变的过程。①"转变"的课程愿景反映在"学前卫生学"的课程评价中，即不主张终结性评价，而是更强调形成性评价、过程性评价。在"学前卫生学"课程实践中，借助大数据平台，学生的学习评价是及时的、不断生成的。

例如，透过学生笔记热词，教师可以及时了解学生的关注点，掌握学生学习与课程目标达成度之间的关系。以"学前卫生学"第一章为例，这一章的核心课程目标是要引导学生领会儿童的生长发育与成年人的显著差异，从而树立"儿童本位"的观念，从学生笔记热词可以得知，学生的学习达到了比较理想的效果。

2. 从知识性测试转向表现性评价

行动学习重视学生应用知识的能力与态度的培养，传统的知识性测试只能反映学生对基本知识的识记情况，不能很好地反映学生能力培养的质量。表现性评价则重视学生的创意表现，要求学生自主设计作业，自主展开探究，并且以学生作业的创意性作为课程评价的重要标准，这种评价模式能够有效地促进学生专业能力的培养。与此同时，在线课程则为学生表现性评价提供了大量机会和更多元的空间。因为学生的作品可以上传到网络云平台长期保存和广泛分享，这极大地激发了学生创意表达的热情，提升了学生学习的积极性。

3. 从单一性评价转向综合性评价

行动学习更强调学习的品质，而不是简单的学习时间和考勤次数，这就在客观上要求课程评价必须考虑学生学习的多个维度和侧面，从而能够全面反映学生的学习质量。然而，传统的课堂教学由于学生人数多、教师精力有限，始终不能很好地贯彻落实综合性评价的诉求。在线平台的建设以及大数据的运用，为综合性评价提供了便捷的方式。

例如，本课程的学生成绩评价包括视频观看时长、直播学习、课堂互动、讨论留言、章节测试、项目探究、问卷调查等，能够全面反映学生在线学习的质量，这比传统的课堂考勤点名加期末考试更能全面反映学生的学习表现。图6为本书课程的各项评价指标及其权重设置。

---

① 多尔，高夫. 课程愿景 [M]. 北京：教育科学出版社，2004：25.

序号	学生姓名	学号/工号	课程视频(25%)	章节测验(20%)	访问次数(5%)	讨论(5%)	作业(15%)	阅读(5%)	综合成绩
1	陈泳池	19550119259	25.0	20.0	3.22	0.35	14.77	0.0	65.87
2	王婧妍	19550119288	25.0	20.0	2.53	0.65	14.2	0.0	64.88
3	陈璐欣	19550119256	25.0	20.0	2.95	0.6	13.58	0.0	64.66
4	蔡文珊	19550119250	25.0	20.0	2.35	0.45	14.2	0.0	64.53
5	林涟恒	19550119272	25.0	20.0	2.42	0.5	14.11	0.0	64.53
6	林怡涵	19550119273	25.0	20.0	2.38	0.85	13.67	0.0	64.43
7	曾一鑫	19550119252	25.0	20.0	2.55	0.5	13.17	0.0	63.75

图6 课程各项评价指标及其权重设置

四、"学前卫生学"课程改革的效果分析

基于行动学习的理念，积极建设在线学习平台，有效地促进了"学前卫生学"课程实施的深度变革，具体表现在如下三方面：

一是学生参与意识的提升。学生是学习的主体，有质量的教学应该以学生的深度参与作为教学效果衡量的重要标准。本课程坚持理论联系实践，通过凸显问题意识、紧密联系生活实践，在教学中强调课程的生活化、趣味化，引导学生深度思考，不断加深学生对课程核心概念的理解，提升学生对课程学习的主动性。从学生参与研讨、课堂签到、作业质量等方面综合衡量，本课程改革取得了理想的教学效果。

二是学生学习方式的转变。过去，由于课程资源有限，学习仅仅局限于教科书，学生不仅学习被动，更重要的是大多局限于简单的知识识记，没有意识到知识应用和问题探究在学习中的重要性。本课程坚持行动学习的理念，强调学生要结合具体的问题和复杂的实践情境来综合理解课程知识，倡导学生在综合运用知识的过程中能够温故知新，这些教学改革举措极大地改变了学生传统被动的学习方式。

三是教师指导能力的增强。对学生的学习指导是教师教学工作的重要方面，过去的课堂教学由于没有有效采用信息技术，教师和学生之间的交流很少，教

师也不能及时有效地掌握学生的学习状态，在线平台和在线学习则可以帮助教师及时了解每个班级、每个学生在每个章节学习中的问题与疑难，从而有效地做到及时反馈和有针对性的指导。

构建师范类高校双创教育体系的实践探索

——以广东第二师范学院"互联网+"大赛项目培养为例

何小勋*

一、第七届"互联网+"大赛广东省省赛部分获奖项目概况

中国国际"互联网+"大学生创新创业大赛（以下简称"'互联网+'大赛"）由教育部和各级教育行政主管部门将大赛成绩纳入"双一流"建设和各种选考考核指标体系，目前是国内标准最高、影响力最大、覆盖范围最广、参与人数最多的创新创业比赛之一。根据中国高等教育学会发布的全国一般大学学科竞赛排行榜，中国"互联网+"大学生创新创业竞赛位列第一，属于 A 类学科竞赛。

（一）第七届广东省"互联网+"大赛省赛获奖的部分项目种类整理与比较

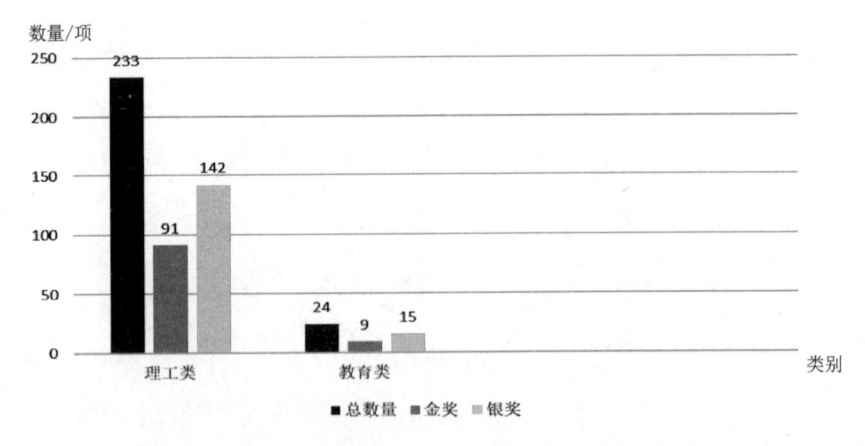

图 1　理工科项目与教育类项目总数以及获奖情况

资料来源：第七届中国国际"互联网+"大学生创新创业大赛广东省分赛决赛成绩表。

＊作者简介：何小勋，广东第二师范学院学前教育学院党委副书记，讲师。

获奖项目的统计中，理工类项目获奖总数 233 项，其中，金奖 91 项，银奖 142 项；教育类项目获奖总数 24 项，金奖 9 项，银奖 15 项（如图 1 所示）。由此可见，理工类项目的总获奖数量占比较大，项目的获奖质量遥遥领先。

（二）广东省部分师范类高校的项目获奖情况分析

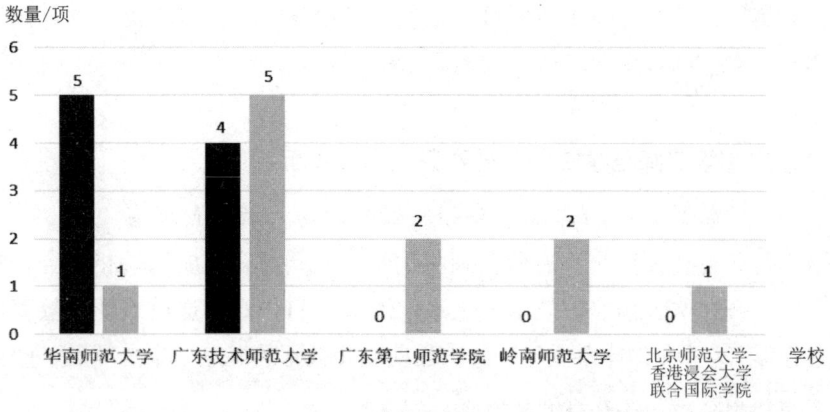

图 2　师范类高校项目数量

资料来源：第七届中国国际"互联网+"大学生创新创业大赛广东省分赛决赛成绩表。

华南师范大学	捷创科技——miRNA高效检测的癌症早筛专家	金奖
华南师范大学	寅时科技——中小企业数字化转型赋能转型专家	金奖
华南师范大学	青领研学——青少年研学生态系统建设领航人	金奖
华南师范大学	华谱药检——手性药物高效检测专家	金奖
华南师范大学	果潮计划——引领地标果品，打造 IP 品牌新潮流	金奖
华南师范大学	乡村智慧学习中心——知了同行打造服务乡村教育振兴的新模式	金奖
广东技术师范大学	诗性乐教—中国古诗词合唱美育 430	金奖
广东技术师范大学	云腾科技——开创低成本高智能的机器视觉应用新时代	银奖
广东技术师范大学	星溪智能——工业互联网时代智能互联的引领者！	金奖
广东技术师范大学	磁流变液及磁流变减振器的产业化——嘉斯孚用科技创造舒适生活	金奖
广东技术师范大学	风电机组超大部件智能检测装备系统	金奖
广东技术师范大学	髹漆与共—做中国非遗漆艺时尚品牌的奔流者	银奖
广东技术师范大学	慧农之光——精准光谱配方护航农户增产增收	银奖
广东技术师范大学	扶瑶直上——传承非遗记忆，共促乡村振兴	银奖
广东技术师范大学	智能互联——引领乡村健康新时代	银奖
广东第二师范学院	童萌鼓韵：面向未来多领域融合的幼儿教育创新者	银奖
广东第二师范学院	觉晓教育——本土化乡镇教育产业振兴的优秀补充者	银奖
岭南师范学院	怡仁——健康功能性口香糖开创者	银奖
岭南师范学院	可用于山区坡地的高植株植保新型无人机	银奖
北京师范大学-香港浸会大学联合国际学院	植人一生	银奖

图 3　师范类高校获奖情况

资料来源：第七届中国国际"互联网+"大学生创新创业大赛广东省分赛决赛成绩表。

131

根据以上统计数据可知，广东技术师范大学获奖项目最多，项目总数达9项，其中，金奖项目4项，但获奖质量不如华南师范大学。华南师范大学的参赛项目质量较高，一共有6项项目获奖，其中，5项项目获得了金奖。广东第二师范学院和岭南师范学院情况相同，只有2项银奖项目。但与岭南师范学院相比，广东第二师范学院的2项项目都是教育类项目，项目与学校办学定位和人才培养模式专业吻合程度较高（如图2、图3所示）。

二、广东第二师范学院本轮省赛获奖项目浅析

（一）童萌鼓韵：面向未来多领域融合的幼儿教育创新者

童萌教育科技（广州）有限公司将大学科研端与客户应用端相结合，建立了原创的"奥尔夫音乐非洲鼓本土化课程体系"和"螺旋递进式幼儿教育衔接课程体系"。这些课程体系立足于解决当前幼儿教育的痛点、难点问题，面向未来，着重探索融合幼儿教育的新模式。

团队产品输出包括原版教材、两大课程体系及在线课程产品，服务输出包括教师资源、学生培训、网站服务、家庭幼儿教育等购置课后增值服务，还包括幼儿成长全方位数字化评估体系。客户群体为幼儿园、幼教机构、各类学校等。这是广东第二师范学院重点发展的低学段幼儿教育领域的教学科研实践项目。

（二）觉晓教育：本土化乡镇教育产业振兴的优秀补充者

觉晓教育致力于乡村教育振兴，重点发展县、乡中小学教育服务，不仅为教育落后地区提供优质的教师资源和学习资源，也通过关注乡镇学生生理和心理状况等综合健康成长，在专业教师的指导下，组织大量回乡优秀大学生对当地中小学生开展素质教育。该项目组织心理专业和医学专业大学生开展科学普及心理学和日常医学安全知识教育活动，持续帮助欠发达地区的教育发展。

坚持品牌战略发展，通过培养和整合优秀教师资源，进行特色课程开发和普遍性公益活动，使觉晓教育成为茂名地区的知名品牌。觉晓教育通过优质课程和优质教师的综合运输模式，以实体阵地为载体平台，以新媒体矩阵为手段，构建"高品质"的品牌形象。以广东省西部地区为根据地，该项目继续开拓粤东、粤北市场，成为广东省下沉市场地区教育指导行业的领导机构，继续进军全国市场，打造成为国内欠发达地区教育教师行业指导的标准。项目负责人麦晓杰是广东第二师范学院教育学院2021届应用心理专业毕业生，经过多年在校持续创业探索，毕业后继续通过经营这个项目带动毕业大学生进一步推动就业工作。这个项目也是广东第二师范学院大学生助力乡村教育振兴,培养师范生教育情怀精神,利用所学技能扎根基层教育中的生动体现。

(三)似幻而真科技有限公司

2020年,传统教育模式暴露出诸多弊端。例如,时间性和空间性太过局限,教师的传统教育方式过于单一。同时,线上和新型教育模式逐渐崭露头角,为新形势下的教育模式开辟了另一条可行之路。项目从目前的教育现状出发,根据市场需求,着力开发新型虚拟教育产品和模式,从而促进我国教育事业的发展。目前项目开发的项目产品包括3D(全息投影)动画课程、AR实践教育、AR辅助教育、AR科学普及游戏、AR教育语言和行为评价系统。后续根据市场需求,该项目将结合实际情况开发更多相关教育事业的产品,致力于将信息技术革新手段应用于教育教学改革当中。

三、广东第二师范学院本轮参赛项目的不足之处

(一)以教育类学科培育为主的项目,模式比较单一,在新师范建设的背景下师范生双创教育改革的执行力度还不够

首先,项目发展模式相对单一,缺乏核心竞争力。比较"觉晓"和"童萌"两个项目,可以发现它们的发展方向大多包括课外培训活动。从"觉晓"项目来看,它们致力于乡镇中小学教育服务的发展,为教育欠发达地区提供优质的教师和学习资源。它们致力于展现"乡村教育振兴"的主题,但是无法脱离课外补习培训的核心。从"童萌"项目来看,它们致力于构建融合多种模式的幼儿教育课程,包括入园授课的模式,但本质上是围绕"培训"运营的教育类项目。教育类项目无法摆脱"补习""授课"等字眼,发展模式容易受限制,难以实现多元化突破,缺乏创新成果。另外,关注社会热点、解决社会问题的教育专利产品、高端课程体系、模式产品还缺乏核心竞争力。

其次,项目团队成员的学科背景构成比较单一,很难形成强大的团队战斗力。比较两支队伍,他们大部分成员来自广东第二师范学院教育学院,有个别成员来自校内其他学院,也有部分成员来自其他高校。但是,由于团队成员整体的学科背景和内部沟通协调机制的滞后,未能形成强大的团队合作能力。项目团队成员的学科背景绝大部分仍然围绕在教育大类,包括应用心理、学前教育、视觉媒体等其他专业,但财经财务、信息技术专业背景的团队人才储备不足。随着"互联网+"大赛的发展,项目成员构成的要求也逐渐多元化,高水平的项目团队成员需要注入新鲜血液,补充多元养分,对项目的打磨需要听到更

多不同的声音。只有团队成员的构成实现互补多元化，才能实现多方面取长补短、力求项目模式多方面发展，实现更大的创新突破。师范类的教育培训项目也要集中人才，在创建新模式等方面下功夫，摆脱旧模式的制约，如果不大胆地创新提高，就很难得到意外的收获。

（二）高水平的理工科类项目培育转化压力大，多学科融合的双创教育效果尚不明显

首先，在"互联网+"大赛中，参加比赛的项目多，竞争激烈。半数以上的参赛项目都拥有高水平的理工类项目背景，以突破科学技术革新为主。相比"互联网+"大赛关注度高，竞争激烈，项目审查要求高。对比理工类项目，师范类高校参加项目多，获奖名额少，难度较大。

其次，理工类项目资金需求大，科研费用支出大。高水平理工科转化后的项目需要的研究经费比其他类型的项目要高很多，由于各种原因在项目经费方面难以全部满足，即使项目具备了一定的创新性，资金、硬件等不足，也制约了理工类项目的培育落地与发展。

最后，技术壁垒的解读难度高，制约高水平项目的培养过程。师范类高校在综合发展过程中，由于学科各方面的发展制约，高水平理工学科的发展比其他高校提供转化支持的项目难度更高，在"互联网+"大赛上获奖的高水平项目，大多追求突破创新技术项目研究过程中的技术瓶颈，对项目团队成员的能力、处理问题的方法都是影响项目能否顺利开展的重要因素。如2020年国赛金奖获奖者的"星网测通"项目那样，需要过硬的技术支持。

（三）以产业融合为焦点，挖掘具有"互联网+"新业态特征的项目还不够

在发挥产学研的优势，聚焦社会热点、解决社会问题上，还有待提高，尤其是在教育产业职前职后联结等紧密发展中运用"互联网+模式创新"项目还需要加强。企业是市场的主体，高等学校、科学研究机构在科学研究、成果、育人、信息等资源整合方面具有明显的优势。近年来，产学研部门间相互资源整合的创新模式是"互联网+"比赛中的重要得分点。但是，由于教育科研与实践合作不足等多种因素的制约，师范类高校在推进产学研资源方面仍然存在着短板，往往很多项目都发现了社会热点问题，但由于对产业市场现状和发展了解得不够透彻，极大地制约了高水平项目的发展。同时，和校外联系还不够紧密，需要加强合作。现有的创新创业项目的成员大多是在校大学生，创意点想法很多。但由于缺乏社会实践经验，缺乏在项目可行性研究、落实执行、项目推广等方面拓宽合作渠道，转变发展方式的意识。如此一来，"互联网+新业态"的

项目特征不明显，创新点不突出。

如上所述，今年广东第二师范学院参加"互联网+"大赛的获奖成绩有了历史性突破。但是，比赛组织经验的积累、项目研磨过程的科学程度、双创教育中教师和学生队伍的建设、资金保障和制度激励措施的不足等也是制约冲击更高水平奖项的重要因素。基于现状，为了推进更高水平的创新创业项目的培养，需要结合师范类高校的实际做进一步机制探讨。

四、提高参加项目质量水平，推进三个优化的实践探索

（一）围绕新师范建设，在教师教育模式改革中优化双创育人体系

围绕新时代人才培养质量培养体系的构建，推进教师教育育人模式的新实践。立足于高水平应用型师范大学人才培养的新探索，将创新创业融入教育改革的全过程。在探索科学教育方法、课程体系创新实践中，将高质量双创教育体系融入师范生课程和培养模式。① 明确以参加"互联网+"大赛为目标，通过比赛促进学习，促进教育，促进创造，全面验证人才培养的质量。从长期来看，这将有助于广东基础教育的发展，实现教育的优质均衡。

1. 将创新创业融入师范生教育的全过程，根据大赛内容优化创新创业的课程设置，高度重视多学科间培养联合模式

在教育教学的整个过程中，必须为学生提供更具开拓性的思考模式。教师在培养学生过程中自己也应更具有创新创业的思维意识和技巧，建立双创教育的方法，努力突破内容和环境的创设。鼓励学生大胆想象，突破常规。同时，加强学生对教育行业动态的深入了解和社会教育事业发展的关注。通过开设选修课、学术讲座，组织实践活动，重视学生的校外见习、实习效果。通过开展丰富多彩的学科竞赛和实践类技能竞赛，激发学生的学习内生动力。

教育学生加强跨学科学习，即加强跨领域学习，通过正式课程和非正式课程，结合线上慕课和线下面对面融合授课，覆盖不同场所场景、不同学科跨境学习，引导学生跨越传统学习、生活和工作的界限，在更丰富的外部环境中寻求多个因素的混合学习方式。教育中跨学科学习打破不同学科教育和技术应用的界限，能有效提高学习资源的利用率，充分发挥信息技术对自主学习的促进

---

① 陈皓滢，简国明，李德志．地方高校创新创业教育改革与激励机制探索［J］．赣南师范大学学报，2020，41（5）：131-134.

作用，使理论与实践多元融合。① 将学习拓展到学校以外，扩展到家庭教育，在更广泛的社会公共教育服务、社交平台和企业机构中，构建充分利用各界学习资源的全方位学习空间解决社会热点、难点问题。

2. 大力提高师范类高校教师队伍的双创教育能力

首先，在双创教育中，促进教师熟练掌握各技能和学科教育十分重要，只有不断学习、回顾、巩固，才能培养出更高质量的教师。要大力推进"双创型"师资队伍建设，构建高素质师资队伍，巩固师范类高校办学特色，全面推进创新创业教育，加强师资自身创新实践能力，对专职教师定期开展创新创业训练、创新创业实践周等活动。

其次，教师要加强利用信息化开展双创教育的意识。"互联网+教育"拥有大量的信息资源，教师的信息意识决定了这些技术和资源能否有效运用到教育中。信息技能是一种实际操作能力，教师可以将各种信息技术运用到教育实践中，不仅实施信息化教育，还可以有效利用资源共享进行学习，促进自身专业发展。通过学习分析技术、大数据的取得，了解学习者的兴趣、情绪、互动特征、参加学习活动的时间、次数等各种学习行为数据价值。② 及时发现教育问题，调整教育方式，优化教育过程，教师可以根据数据结果进行差别化教育。教师必须将互联网技术融入专业发展，有机地结合信息化技术和专业发展，适应时代发展的需要，利用信息化来培养和提高创新创业教育的能力。

（二）结合教育信息化战略，产教融合优化核心竞争力产品

组建"互联网+"大赛的高水平的参赛项目，关键还是要具有核心竞争力产品。因此，要着重发挥师范类高校教育领域优势学科、重点实验室、优秀教师团队和已获得各种科学技术、教学研究奖励的科研成果作用并进行转化、孵化。进一步改善核心竞争力产品，连接市场，积极争取获得产学研合作或意向订单和投资或投资意向合同。通过研究和分析大赛各规则的分解、周期、奖的设置等，结合比赛章程，逐条对照打磨、不断改进参加竞赛项目的培养方案。聚焦"互联网+教育"等新兴领域核心产品的构建，立足于师范类高校教育学科的特色特点。在这个过程中，通过特色教育课程体系和模式的创新，培养具有国家著作权认证的知识产权产品（也包括教育技术装备产业产品）。例如，广东二师的"童萌鼓韵：面向未来多领域融合的幼儿教育创新者"项目就结合该校省一

---

① 郭烨婕. "互联网+教育"背景下教师教学的创新与发展：评《互联网+教育：教师发展》[J]. 职业教育（下旬刊），2020，19（2）：74-77.
② 张雁鸿. 高校大学生创新创业激励机制[J]. 教育与职业，2020（1）：64-68.

流学科学前教育的办学特色和亮点进行重点打造，该项目拥有30多项师生自主研发的幼儿教育课程体系。

首先，核心产品要与"互联网+教育"相结合。其本质在于互联网与教育之间的联系，体现了今后跨越时空盘的连接。"+"的本质是教育与互联网之间的相互作用、融通与渗透，是建立在"化学反应"中的革新、重组与融合。① 我们要想尽可能地把教育变成可持续利用，更高效、更方便的线下学习资源，需要我们巧妙地运用信息化技术。例如，学前教育专业通过数字化进行儿童影像，设定各指标来评价幼儿的德育、智育、体育、动手能力等多方面发展水平，并记录结果，阶段性总结和分析，制定最适合幼儿的个性化成长方案，提高幼儿尚未成熟的能力，这是市场必须尽快解决的难题。

其次，重视学生社会实践等志愿者活动公益项目的积累和凝聚，师范类高校大学生对志愿者活动的关心度较高，课余时间积极参加社会实践活动，围绕国家政策、基础教育、农村教育产业振兴等开展了很多实践活动。一方面，这是师范类高校师范生师范技能的实践锻炼；另一方面，体现了师范类高校大学生积极关心社会、关心民生，也体现了高尚的家国情怀和社会责任感。

再次，师范类高校在综合发展的过程中，要重视高水平理工科产品的研发和应用，通过"技术革新+教育"的研发申请国家专利认证，销售高精锐的核心竞争力产品。要重点培育各类大学生创新创业项目的研究和获奖项目，重点关注在校生或已创业学生（包括毕业生）的项目，必须进一步提高其项目核心产品的科技含量，积极申请获得专利，勇于开拓市场获得订单和投资。而且，通过实践应用和商业运作的项目成果参加比赛，更具有竞争力。

最后，需要更加紧密的产教融合，努力推进双创资源平台的建设。发挥师范类高校教师教育训练平台，推进职前职后资源的衔接，加强与教育产业化部门的合作关系，在产业专家的指导下，调整现有双创项目的研究，为大学生创新创业提供更广阔的平台。

（三）加强师范类高校的顶层设计，优化参加比赛的制度激励保障

从激励机制的角度来看，大学生创新创业机制的研究可以分为政策激励的优化、平台激励的优化两个层次。

1. 政策激励的优化

一方面，物质激励。①科学认定创新创业学分。目前，广东第二师范学院

---

① 潘宇."互联网+教育"背景下教师专业发展路径研究［J］.重庆电子工程职业学院学报，2019，28（4）：72-74.

确定的每个本科生需要修完5个创新创业学分，但校内创新创业线下的课程数量远远低于在线课程，学习效果和预期还有差距。同时，各专业需要积极调整和完善人才培养方案，使专业知识的学习、实践教育、课程考核与创新创业活动更有效地结合在一起。另外，积极探索跨学科的专业学分相互认定。例如，广东技术师范大学公布的《创新创业和技能竞赛单位认定和管理方法》中，将创新创业教育课程模块设为10个学分，在校学生参加创新创业和技能竞赛等实践活动可以申请学分认定，认定学分可以累积，多余的学分可以替换相应选修科目的学分。②完善创新创业奖学金制度。将学生在创业活动中的表现直接联系到学分和奖学金的评定，是大学创新创业激励机制的关键环节。大学在确保实施创新创业项目支持资金的前提下，还须根据实际情况不断增加资金投入，大力保障参赛团队在创新创业过程中得到最优的保障。华南师范大学发布的《"中国国际互联网+"大学生创新创业大赛激励方法（试行）》通知中，获得"互联网+"的大赛国家比赛金奖项目学生队每项奖金2万元，国家比赛银奖奖金1.2万元，国家比赛铜奖奖金0.8万元，省赛金奖奖金0.5万元，省赛银奖奖金0.3万元，省赛铜奖奖金0.2万元。广州大学给予获奖团队最高1.5万元奖金，硕士研究生免试资格，第二课堂学分，SCI/SCI论文发表认定等奖励。③鼓励创新创业指导教师成果转化，加大指导教师的激励机制建设。在"双创"的大背景下，增加项目指导教师团队的认可认定，是推进大学生创新创业教育高质量发展的必修科目。对成果优秀的创新创业指导教师，要最大限度地给予物质、精神激励，增加指导教师的物质和职称获得感，激励指导教师安心创新工作方法，进一步提高大学生的创新创业能力。根据广州大学发布的《广东省中国"互联网+"大学生创新创业大会激励措施》通知，指导教师可以获得最高10万元的奖金、业绩积分和教学工作量的分配、职称提升认定、增加研究生招生指标等奖励。国赛金银奖项目参照省教育成果的一、二等奖同等对待，指导教师申报创新创业教育改革教育成果不受学校推荐指标的限制。

另一方面，精神激励。建立和完善大学生创新创业奖励体系。在以往的评价体系中增设创新创业先进个人奖，积极选出创新、创业的模范，使表彰和奖励系统化、规范化。培养适应新时代勇敢挑战、符合双创要求的青年大学生。例如，暨南大学发布的《"中国国际互联网+"大学生创新创业大赛参加奖励方法（试行）》通知中，针对在大赛上获得国家比赛金奖项目的学生团队核心成员，提出了本年度"暨南大学创新创业之星"在同等条件下优先获得硕士研究生推荐资格，指导教师被授予"暨南大学创新创业优秀指导教师"荣誉称号；对组织比赛突出的学院，学校授予"暨南大学学生创新创业教育先进单位"荣誉称号。

2. 平台激励的优化

首先，优化实践阵地建设。充分结合产学研建立大学生创新创业激励平台，激发大学生就业创业意识，积极投身就业创业。在校园中多组织一些相关政策宣传活动，让在校生了解国家和地方提出的扶持政策。借助政府政策对创新创业活动的帮助和支持，可以指导学生利用优惠政策完善自己的创业项目，申请创业资金。重点实行工商登记、税收减免、创业贷款等优惠政策和资金支持，为大学生创新创业开辟"绿色通道"。

通过产学研合作和校友资源，定期邀请创业成功者和有创业经验的专家举办专场讲座，让在校生和创新创业成功者展开交流，提高青年大学生对创新创业的期望值。让大学生在创新创业过程中获得更多接触创业实践的机会，让企业对在校生进行专业化指导，解决学生在创业设计上的许多问题，大大提高学生创业成功的概率。另外，重视就业创业成果转化激励机制，让共享创新发展成果成为大学生创新创业发展的强大助力，构建易于操作的成果转化新平台。[1] 同时，大力推进创新创业孵化基地的建设。孵化基地的优化，有利于完善学校的人才培养模式，提高人才培养质量，促进大学生更好地就业。

其次，优化实践团队建设。做好高品质创新创业先锋营等培训项目，以点带面更广领域地推进双创活动。创新创业先锋营的成员应由着重选拔的真正热爱创新创业活动、创新创业意识强、学习成绩优秀的学生组成。[2] 实施"第二校园"计划，派出创新创业的先锋、创新创业项目的负责人和精英骨干，开展师范类高校和其他类型高校的合作创新，积极向竞赛成绩突出的兄弟高校派遣创新创业先锋营的学生，通过学习交流，带动全校大学生创新创业活动的开展。

最后，优化实践活动建设。推动丰富的第二课堂建设，设立开展创新创业活动相关的学生社团组织。例如，创新创业协会、KAB 创业俱乐部等，通过举办校内的学科竞赛活动，同学之间相互教学，老选手带新选手的方式有计划地开展大学生学科竞赛活动，推动创新创业普及性工作和参加选手的初级训练，高质量地组织开展校级"互联网+"大赛。发挥大学生创新创业训练项目、"挑战杯""攀登计划"以及各类科技创新活动的桥梁和生力军作用，整合资源积极

---

[1] 张彦通，张妍. "互联网+教育"的本质与内涵[J]. 国家教育行政学院学报，2018 (1)：62-68.

[2] 冀宏，费志勇，张根华，等. 地方应用型高校创新创业教育实践与思考[J]. 实验室研究与探索，2016，35 (8)：185-189.

开展创新创业项目打磨。同时，鼓励在校生积极参加各类别的创新创业竞赛，不断打磨积累经验，切实提高师范类高校大学生创新创业项目的研发和创新技术应用等能力。

筑梦教育，卓越树人

——广东第二师范学院教育学院大学生实践成长工程

何小勋*

一、项目基础和优势

1. 以国家级和省级一流本科专业建设点——学前教育专业为支撑

教育学院是学校首个二级学院，具有深厚的办学历史积淀，特色鲜明，各项办学实力强，主要成绩有：学前教育专业在2021年获批国家一流专业建设点，是全校两个国家级一流专业建设点之一；2019年，获批广东省一流本科专业建设项目；2020年，本专业"一核四翼"应用型复合人才培养模式获广东省教育教学成果奖一等奖；2021年，本专业职后"三高一低"培养模式获广东省高等教育教学成果奖一等奖；2021年9月，学前教育专业迎接教育部专家入校进行师范专业二级认证，获得较高评价。所以，丰富的人才培养模式和办学条件等条件支撑，有较强的师资力量作为后盾，为项目开展的专业性及合理性奠定了基础。

2. 以专业扎实，勇于创新的学生工作团队为支撑

教育学院现有专兼职辅导员7名，其中博士2名，硕士4名。辅导员职业化、专业化程度高，各尽其职，按照自身的特点负责不同的工作，团队氛围和谐、充满活力、战斗力强，为学生工作的纵深开展打下了坚实基础。

项目负责人从事一线学生工作十余年，曾任辅导员、校团委副书记，长期从事大学生教育与管理工作，具有大学生思政教育和创新创业教育专长，并承担相关教学研究工作。组织指导的创新创业项目曾获得"互联网+"和"挑战杯"等赛事的国赛、省赛多个奖项，为学校实现了多个突破。现为中国青少年研究会会员，大学生创业教育项目（KAB）创业课程讲师，并两次获得省优秀共青团干部、省三下乡社会实践先进个人和优秀共产党员等荣誉称号。

此外，学院学工团队成员学科背景丰富，既有教育学、哲学学科，又有文

---

* 作者简介：何小勋，广东第二师范学院学前教育学院党委副书记，讲师。

化艺术等背景学科，在组织学生开展文体活动上展现出自身的特色，如大学生参加书法特色班以及文体艺术团等，均在省、校相关比赛中取得出色的成绩。

3. 前期育人工作取得了"三个显著"的成效

第一，学生各项竞赛成绩显著。广东学前教育学院学生项目"童萌鼓韵——面向未来多领域融合的幼儿教育创新者"在第七届中国国际"互联网+"大学生创新创业大赛中获得国赛铜奖、省赛银奖，"觉晓公益"项目获得省赛银奖，均代表学校实现了新的突破。广东学前教育学院学生在"第十六届广东大学生校园文体艺术季"活动中崭露头角，取得优异成绩，广东学前教育学院学生简颖娜在"第十一届广东大学生书画艺术作品大赛"中荣获非专业组书法类二等奖；同时，舞蹈队在"第十六届广东大学生舞蹈大赛"中表演的舞蹈作品《活着1937》荣获非专业组二等奖。

第二，师范生人才培养成效显著。学院党建创新助推"树人工程"落地落实，人才培养效果凸显。通过举办手工艺术节、百年党史润童心、环保时装秀、书画比赛、五四合唱、朗诵比赛等丰富学生日常学习教育的内涵。2021年，广东学前教育学院学前教育专业顺利通过教育部师范专业二级认证，专家对师范生能力素养给予了高度评价。通过举办首届广东学前教育学院学前教育专业能力大赛，进一步锻炼师范生的能力素质，在2021年广东省学前师范生竞赛中，学生分别获得一、二、三等奖，一等奖获得学生总分排名第一。

第三，学生就业工作成绩显著。在疫情防控常态化下推动就业帮扶，广东学前教育学院回应毕业生急难愁盼的问题，通过举办广东学前教育学院毕业生招聘会为毕业生搭建高质量就业平台，招聘活动被广东卫视、广东新闻和广州电视台播报，《人民日报》等媒体转载报道。广东学前教育学院2020届、2021届本科毕业生在2021年度9月前，全部落实就业单位，努力实现高质量就业。为此，广东学前教育学院获得广东省教育厅"2020届广东省普通高校毕业生就业工作集体典型经验"三等奖。

二、项目开展的各项支持条件

1. 硬件设施设备充分

依托教育学院在"树人楼"办学的良好条件，学生活动的开展有充足的硬件设施。"树人楼"有足够的教室以及多媒体设备供学生使用，为学生工作的展开打下坚实的基础。

2. 学生综合素质高

近年来，学院学生在各项学生活动中均取得不错的成绩，学生综合素质和综合表现均得到广泛的认可,全校各类学生组织中均可看到教育学院学生参与服务贡献。其中,在创业创新竞赛等人才培养成果上取得了优异的成绩,获得了广泛认可。如 2021 年,组织学生参加第七届中国国际"互联网+"大学生创新创业大赛,获省赛银奖 2 项、国赛铜奖 1 项;学生参加师范生技能大赛荣获一、二、三等奖各 1 名;参加社会实践类荣获国家级优秀之类荣誉有 6 人,个人技能比赛(书法)荣获一等奖 1 人,二等奖 2 人,发表论文于《教师》《广东基础教育研究》等杂志的学生也逐年增加;等等。以上看出,学生在各领域的成绩相当显著,第一课堂和第二课堂融合育人略有成效。

3. 学院专任教师的支持和深度参与

学前教育学院有强大的师资力量,高学历和名校教育背景教师占比高,他们为学生提供专业上的指引,树立知识上的正确标准,同时为学生工作的开展提供理论指引。

4. 学院党政班子高度重视

本项目的申报,得到教育学院(学前教育学院)全体领导和师生的高度重视。为了让课题的研究和建设得以进行,其将在资金以及资源整合上给予充分支持,这为项目的研究打下了坚实基础。

三、项目内容及模式

本项目内容包括三部分,分别为"一个品牌""四个维度""五个平台"。

1. "一个品牌"坚持立德树人——"树人工程"

结合学生全面发展和人才培养质量的提升,教育学院在树人楼办学推出了"筑梦教育,卓越树人——教育学院大学生实践成长工程"(以下简称"树人工程")。本科生刚完成高考,心智各方面还不是十分成熟,但具有无限的可能性,树人楼的办学为"树苗"四年的大学学习生活种下希望的种子。所以,我们希望把呵护"树苗"的爱心和细致的态度,用于学生工作中,全方位,全链条发力。

2. "四个维度"目标达成:价值、知识、情感、实践

坚持立德树人的办学要求,贯彻落实为党育人,为国育才。在"新师范"的建设背景要求下,对标"卓越师范生"的培养要求,深刻剖析结合新时代大学生成长成才的需要,围绕"卓越树人"中的"卓越",我们推出"四个维度"去塑造卓越。"树人工程"旨在从价值、知识、情感以及实践四个维度全方位提升学生的素养。

第一,价值塑造。价值是人们判断对象好坏的尺度。学生的价值观极大地

影响着他们的行为。如果学生没有符合社会需求的价值观，那么，即使他在知识层次上再丰富也没有意义，因为不能为国家的发展带来正面效果，就好比一个人掌握了丰富的化学知识，但他没能很好地使用知识为国家和社会做贡献。

第二，知识习得。学生有正确的价值观是培养计划的第一步，这只是最基本的要求。一个爱党爱国的学生未必具有相应的专业技能去为社会建设做出贡献，知识凝聚前人研究的成果，向我们描述了关于世界的真理以及相应的行为规范。知识的习得在培养过程中十分重要。

第三，情感控制。有了价值和知识，学生未必能很好地运用它们，人除了具有理性以外，也具有感性因素。我们具有情感，会感到快乐或者痛苦，当情感处于低谷时，人的理性功能就很难发挥作用，可以设想一个同学长期处于消极状态的话，即使他在知识和价值上都比较完善，也不能发挥出其专长，因为他的注意力被限制在引起他消极的意向对象之上，无心放眼周围的世界。所以，培养学生情感控制的能力也是工作的重点。

第四，实践体验。价值、知识与情感为学生能恰当地行动搭建了一个基本的心智框架。此时，这个框架还是抽象的，它没有经过实践的洗礼和考验。结合本专业的特点，我们关注的实践领域是学前教育，希望将学生培养为一名出色的学前教育工作者或研究者。这个目标要求学生不只具有之前谈及的心智框架，还需要有相应的实践技能和经验。

3. "五个平台"融合发展：铸魂、文化、温暖、实践、启航

学生工作的基本模式可以做如下概括：教育主体，主要指学院全体教师，特别是学工队伍全员参与，全体专任教师深度参与等；教育手段，有课堂授课及开展第二课堂活动等；受教育的主体，即全体大学生。这里谈及的"平台"针对的是教育方法落实的项目平台，它概括了我们所采用教育手段的类型。不同的平台有各自的特点，其侧重的内容也有不同。

第一，"铸魂·树人"平台。"铸魂"一词突出了该部分工作着重塑造学生的价值观，坚持思想政治教育主渠道、主方向。我们并不是在空泛的意义上去使用"铸魂"这个概念。通过铸魂的活动，使学生的价值观呈现出符合意识形态要求的特征。该部分工作与"四个理念"中的"价值"对应。

第二，"文化·树人"平台。"文化"凸显了该部分工作通过丰富的文体艺术活动的开展，着重培育学生全面的专业知识，集合学前教育专业的文化要求相对应等，其与学生习得的专业知识形成互补。它与"四个理念"中的"知识"对应。

第三，"温暖·树人"平台。"温暖"一词说明了该部分工作旨在从情感的

角度对学生进行关怀,帮助大学生排忧解难,提升其情感控制力,开展心理健康教育。这里的工作与"四个理念"中的"情感"对应。

第四,"实践·树人"平台。"实践"强调该部分工作旨在让学生有运用师范生所学专业技能的机会,能够在实际的环境中去锻炼所习得的知识。在这个平台上,我们会着重为学生提供与学前教育专业师范生相关的实践条件平台,让他们获得与专业相关的实践体验。

第五,"启航·树人"平台。"启航"强调了该部分工作旨在促进学生的就业和升学,为学生踏入社会进行实践做准备。在这个平台上,我们会着重关注学生的就业、创业工作,师范生从事教育工作价值观念培养。推动系列大学生就业促进行动,利用一切可用的资源去解决学生的就业问题,并扶持有能力的学生参加创业比赛。同时,做好毕业校友的跟踪服务,建立校友联系。

第四个平台和第五个平台与"四个理念"中的"实践"对应。

四、项目建设基本思路

坚持立德树人,围绕学院党政中心工作和人才培养质量提升,持续推进"新师范"建设,牢牢抓住大学生思想政治教育主线,不断提高学生的思想政治素质;同时,用树人工程推动学生成长成才的发展,即打造一个品牌——树人工程,以四个维度目标达成,即价值塑造、知识习得、情感控制、实践体验,推进五个平台融合发展的工作落实,"铸魂·树人""文化·树人""温暖·树人""实践·树人""启航·树人",着重拓宽思想教育和第二课堂实践育人阵地,丰富思想教育的形式、内容和载体,促进学生的全面发展(见图1)。

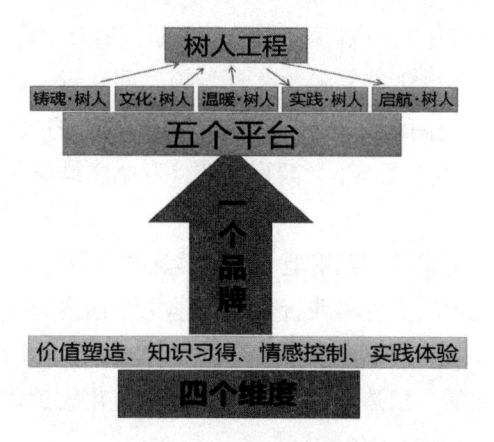

图1 "树人工程"项目建设基本思路

五、项目建设总体规划

1. 坚持把立德树人作为中心环节，把思想政治工作贯穿教育各项活动全过程，实现全员、全程、全方位育人

加强思政课程和课程思政平台建设，不断提升疫情防控期间学生日常服务管理质量，提高广东学前教育学院大学生思想政治教育工作精准化、科学化水平。比如，结合建党一百周年，通过"星之火""青马班"等思政品牌建设，在师生群体中近距离推进"闪亮工程"，积极弘扬先进榜样的力量，开展典型学生人物"选树"工作。

2. 加强学生党团学等学生组织建设，提高学生工作队伍建设水平

广东学前教育学院学生组织有院团委、学生会、树人党建事务工作室、"熙心苑"心理健康工坊（学校二级心理健康工作站）、青年创新与媒体中心（易班工作站）、树蕙志愿服务队、文体艺术团等，现有的学生组织矩阵完整科学并特色鲜明。在学生管理上，引导学生成长成才过程中深化团学改革，利用学生党支部建设推进党建带团建等，持续提高教育学院党团学生干部建设水平，构建完善的"专兼职辅导员—班主任—年级长—班级—宿舍"网格化工作体系。成立教育学院学生创新与媒体发展中心，统一整合管理学院现有新媒体平台，在此基础上，推进学院学生网络思政文化产品输出，扩大宣传范围、强化宣传效果。

3. 加强学生日常服务管理及风险把控，增强应对学生危机事件管理的针对性、实效性

探索建立学院学生心理危机预警与干预机制，结合学院应用心理专业建设，推动联合省"12355青少年综合服务平台"等共同建设，加强校内外合作，扎实推进"熙心苑"心理健康工坊建设，统筹推进学院学生心理健康教育工作。

4. 加强学生课外实践育人平台建设，结合专业建设高起点打造"树人"系列实践育人项目

整合资源设立学生课外实践基地，通过学院"卓越班"、课外文化体育实践活动、志愿服务、见习实习等实践行动促进学生全面发展。加强美育教育，通过组建学院学生文体艺术团、读书会、运动队等，提升学生课后专业实践水平，丰富学生课外学习生活，营造学院良好学生校园文化氛围，展现当代大学生朝气蓬勃的精神面貌。

5. 强化创新创业教育等各项学生课外学术科技竞赛工作建设，助推学生"志""智"双优，服务人才培养质量提升

建立教育学院学生人才库，并出台学院教师指导学生参与"互联网+""攀登计划"、大创项目、挑战杯赛事、师范生综合技能竞赛、学前教育专业能力大赛等创新实践类活动的工作机制，推行教师专业教学方向与学生课后实践需求精准匹配，加强教师与学生相互联动。

六、具体建设举措

1. 把学生日常管理与风险把控作为第一责任

举办学工办周例会、班委月例会、班主任两月例会，在这些会议中集中研判学生管理与安全稳定，会涉及如下内容：思想言论、意识形态、新媒体公众号管理、班级外出活动管理、家教、志愿者服务、场地使用等；把控请销假考勤、休复学、恋爱等心理健康危机预警，加强对重点人群、外出见习重点人群的关注；联合教务口做好极端学习状况学业预警、假期安全教育等；开展健康文明安全教育，组织班主任集中检查学生宿舍，开展防诈骗等校外活动预警。

2. 结合学科建设，把推动人才培养质量提升为第一要务

第一，以先进的思想引领人。这具体涉及：开展党史学习教育系列活动、树人党建事务工作室、七个一课堂管理、"星之火""青马班"等，组织大学生理论宣讲项目，做好宣传文化、形象设计、新媒体建设、选树榜样的力量、"学习之星"、喜爱的教师等，表彰获奖师生项目。

第二，以博雅的文体艺术熏陶人。如开展文化艺术、体育、宿舍文明活动，成立学生文体艺术团，下设礼仪队、主持人队、合唱团、舞蹈队、运动队等。组织开展文体艺术节等活动：推动学前教育专业能力大赛、师范生综合能力大赛、朗诵比赛、手工文化节等项目。

第三，以创新创业实践锻炼人。①开展创新创业与就业教育，组织参加课外学术科技竞赛、大创、攀登计划、挑战杯、"互联网+"等竞赛；②开展学风建设品牌活动，院内学生帮扶等；③组织各项学科竞赛，演讲、师范生综合技能竞赛等；④开展寒暑假课外实践活动，利用教学资源设立大学生课外实践基地，举办和打造树创大学生课外学术沙龙、首届创新创业大赛、创客中心、鹤琴纪念幼儿园、卓越班等。

第四，以高尚的精神激励感染人。通过树蕙志愿服务队载体开展志愿者队伍和品牌相关活动。立足院内学科建设与心理健康教育合作，从而丰富二级心理工作站工作内容，开展正念减压训练营、音乐疗法设立心理健康危机预警

机制。

3. 加强学生干部队伍组织建设，加强党团学工作联动

对学生干部队伍的组织建设进行规范化组织建设，包括：启动学生组织换届、学生干部培训等项目；策划具有教育学院特色的"思政园"思想政治项目；指导学生社团建设，同时，加强学生干部、班团、年级长、班主任工作协同。

4. 持续打造职业化、专业化的辅导员工作队伍

对辅导员队伍进行尽职责、明目标、强特色打造。推进科研凝练，推动全体辅导员积极申报党建和学工课题，并参加各项比赛、竞赛，以赛促成长。

方案篇

第三编

学前教育学院专业建设与教育教学改革项目成果介绍

高慎英*

自 2012 年新增学前教育四年制本科专业以来,注重专业建设工作,依托省级教学质量与教学改革工程专业建设项目,本专业培养目标定位越来越清晰,专业建设思路越来越明确,不断探索人才培养模式,完善课程体系建设,实践教学基地建设和实践教学模式也越来越完善。

一、高等学校"专业综合改革试点"项目

2012 年 12 月,广东省"教学质量与教学改革工程"建设项目、高等学校"专业综合改革试点"项目:"学前教育学"成功立项。2016 年 12 月验收通过。

该项目的专业建设基础、建设目标思路与主要内容、建设成效及反思如下:

(一) 专业建设已有基础

2012 年,学前教育四年制本科专业作为广东第二师范学院重点发展的专业之一,受到学校的多方支持和重视。学前教育四年制本科专业努力形成"培养培训一体化"优势,加强学前教育理论与实践研究,引领幼儿园教师专业发展。

2009 年,开始创办学前教育专业三年制专科。学前教育专业创办之初,我们就注重发挥教育系院校(园)合作优势,教师都有长期深入基础教育实践经历,长期从事各类型、各层次的校长园长和教师培训,拥有一支集"教学、科研、培训、管理"于一体的教师队伍。

1. 注重专兼职教师队伍建设

学前教育专业聚拢全系优势,专兼职相结合,组建了一支高学历、高素质、结构合理的专业教师队伍,聘请了一批在省内外学前教育领域有影响力的兼职教授及一批办园规范、有良好社会声誉的幼儿园园长做兼职导师。教师学科背

---

* 作者简介:高慎英,广东第二师范学院学前教育学院教授,博士。

景多元，研究领域多样，逐步形成多元化研究特色。如在蒙氏教学、园本课程与园本教研、幼儿英语教学、早期亲子教育、幼儿家庭教育、儿童心理与行为矫正、幼儿营养与保健等领域有较系统深入研究。

2. 课程设置和人才培养体系日趋完善，实践教学资源网建立

2009级第一届学前教育专业全日制专科学生在教育实习、顶岗兼职中普遍受到用人单位欢迎，不少学生被邀请留任。2011年，招收应用心理学专业（学前教育方向）四年制本科生。2011—2014年，学前教育专业不断完善全日制专科和本科的人才培养方案与课程设置。学前教育专业已招收3届学前教育专业全日制专科学生和1届学前教育专业全日制本科学生，在人才培养方案制定、课程建设、教学管理、班级管理和实践教学指导方面，积累了较丰富的经验。

课程建设注重实践教学和专业技能训练，完善专业场室建设。开设团体健康辅导课程、专业性活动课程、幼儿教师礼仪、教育见习、教学实习、教师专业技能训练、才艺类课程等，注重提升学生的综合素质。同时，加强教育见习、教育实习等实践环节，建立学前教育专业实践基地网。与幼儿园保持长期稳定的合作关系，加强与大型幼儿教育集团合作，与多类型、多层次的早教机构合作，让学前教育专业学生熟悉0~6岁婴幼儿教育服务体系。

3. 注重学术研究和学术交流活动

2010年底至2011年初，就广东学前教育现状、问题及发展趋势进行广泛调研，梳理新中国成立以来广东学前教育发展概况和广东学前教育大事记，由高慎英教授和周峰教授主编，撰写成书《广东学前教育发展报告（1950—2010）》（江苏人民出版社2011年版），作为省域学前教育发展研究，在省内外有一定影响力。

丁静教授潜心钻研蒙氏数学教学，并亲自面对3~6岁幼儿现场指导学前教育专业学生进行蒙氏教学，"蒙氏数学课堂"成为广东省早教品牌之一。以科研促教研，主持广东省哲学社会科学规划课题"高等师范院校的专业性活动课程研究——以学前教育为例"，开创并丰富了学前教育专业的实践性课程建设。

苏鸿副教授主持广东省课题"基于专业学习共同体的教师校本研修"。

高慎英教授与郑向荣副教授多次应邀在广东省各地做幼儿家长家庭教育专场讲座，并受到好评。

积极举办多元化学术交流活动，邀请英国伦敦大学教育研究院学者到校，成功举办"中英学前教育学术交流座谈会"和学生专场学术讲座；邀请中国台湾学前教育专家开展学前教育学术交流研讨；成功举办"广东第二师范学院学前教育专业特聘兼职教师暨《广东学前教育·回顾与展望》"座谈会，"中国

学前教育政策走向与幼儿园课程建设"园长高级论坛等。

(二) 专业建设目标思路与主要内容

学前教育专业建设的总体目标是：立足学生的终身学习和可持续发展，面向未来社会变化发展的需要，以学前教育专业特色和专业品味建设为核心，创新人才培养模式，深化课程与教学改革，建设高水平的教学团队和教学实践基地，提升教学整体水平，全面提高人才培养质量，把本专业建设成为特色鲜明、优势突出、内涵丰富的省内一流本科专业，在广东第二师范学院其他专业和省内高校相关专业的改革发展中发挥示范引领作用。

1. 专业定位清晰准确，注重应用型人才培养

明确学前教育专业特色建设与专业定位，融教育性、艺术性、综合性、实践性于一体，以此为主线，完善修订学前教育的人才培养模式与课程设置，加强教材建设，完善课程教学大纲等课程文件。实施"1+2+1"课程设置模式，完善艺术教育课程设置，强化艺术文化素养和实用技能培养。加大选修课程比例，鼓励教师以项目研究驱动课程建设，注重培养学生实践能力和创新创业能力。应用型人才培养要注重实践能力和专业能力培养，学生实践能力培养需要多方协同创新和通力合作。

2. 注重人才培养方案及课程体系建设

完善了学前教育专业人才培养模式与课程设置模式，完善各大板块课程设置，强化综合素养和实践技能培养。鼓励教师以项目研究驱动课程建设，完善课程教学大纲等课程文件。研制配套专业建设文件，包括学前教育专业人才培养标准、实践教学标准、师范生教学技能课外训练实施方案等。课程设置要有整合意识，凸显核心课程，注重多样化课程资源的开发与利用，以研究的心态对待教学，尝试变革教学方式。

3. 注重教师团队建设

引进与在职培养相结合，努力建设学科背景多元，研究领域多样的教师团队。教师团队建设期间，引进幼儿音乐和幼儿美术等专业教师各1名，均为海外留学归国人员，引进北京师范大学和华南师范大学学前教育博士各1名，外派教师参加蒙氏教学法培训、育婴师培训、亲子沟通技巧训练及0~3岁婴幼儿保育与教育培训等，完善"教—学—研"的互动共赢机制。开拓具有多元文化环境的幼儿园或早教中心为实践基地，招聘具有海外求学经历的专业教师，丰富学前教育专业学生的国际视野和国际理解。注重学术研究和学术交流，以研究心态对待本科生课程教学，依托所教课程领域促进教师研究风格和研究专长的形成，以提升教师团队专业优势，逐步形成了有一定影响力的教学科研团队，

研究成果比较丰富多样。

4. 完善实践教学模式，强化实践教学

以"全程实践"理念强化实践教学，贯穿本科四年的全部课程，实施"现场教学+教育见习+专业性活动课程+教育实习"实践教学模式。注重教育见习和实习制度建设，完善专业功能场室，建立教学实践基地网。同时，注重学生创新实践能力培养与指导，鼓励学生参与大学生创新创业项目研究和创新实践大赛，鼓励公开发表论文。

学前教育专业教师指导大学生创新创业项目共8项，其中，国家级2项，省级1项，校级5项，公开发表论文7篇；第二届广东省大学生科学影像大赛DV组获三等奖2项。

（三）专业建设成效与反思

广东第二师范学院学前教育专业四年制本科培养模式趋于成熟，注重引领学生适应多元化的幼儿园教育实践需求，提升学生专业认同感和职业竞争力。

1. 激发了学生的专业学习热情

2013年，广东省教育厅组织的大学生"行业—专业—就业"人才需求分析大赛，学前教育专业四年制本科学生积极组队参加，组建了3支独立的学生团队参与大赛。学生在行业分析、专业分析和就业前景分析的过程中把握学前教育专业的价值与未来发展趋势，并对专业学习和就业前景充满期待。从2012级学生情况看来，学前教育专业学生喜欢看教育理论书籍、珍惜幼儿园现场观摩学习机会，尝试做小课题研究，积极参与大学生创新创业训练项目、尝试撰写论文发表和在广东省大学生科学影像大赛中获奖。

加拿大国际幼儿园教育集团、孙瑞雪学前教育机构、番禺莱特幼儿园、东莞台商子弟学校幼儿园等成为教育实践基地后，让学生感受到不同风格的幼儿园实践特色；邀请"喜羊羊与灰太狼"和"宝贝超人"的创作者为本科学生做专题讲座，让学生了解儿童动漫产业和儿童文化产业的运作方式，开阔学生视野。丁静老师开发的"专业性活动"课程注重培养学生在真实场景中的实践能力。这些都提升了学前教育专业学生的专业精神和专业能力，首次就业率达90.00%。

2. 提升了学前教育教师的实践服务能力

项目团队成员高慎英、丁静、苏鸿、郑向荣等被邀请参与幼儿园园本研修、课题研究指导或家长讲座咨询等。

3. 扩大了专业影响力

学前教育系成为广东省学前教育专业委员会常务理事单位，项目主持人高慎英为学术委员,任期5年;2012年,获得"国培计划"示范性集中培训项目(幼儿园教师)培训机构资质,成为省级幼儿园园长培训基地和省级幼儿园教师培训基地。2014年,广东省"教学质量与教学改革工程"建设项目成功立项:学前教育专业应用型人才培养示范基地。

项目申报时未设定的,超出预期完成的建设成果有以下几项:

第一,研制广东第二师范学院学前教育专业师范生教学技能课外训练实施方案。学前教育专业师范生教学技能课外训练是指在教育学院师范生教学技能课外训练专业指导小组的指导安排下,师范生进行专业技能、职业技能、综合实践技能等教学技能方面的课外训练。

第二,艺术类教师构成相对合理。近3年,引进有海外留学经历的艺术设计学和音乐学硕士各1名,引进有幼儿舞蹈创编教学经验的学前教育博士1名,加上音乐系教师资源共享,艺术类课程设置板块趋于完善,并开发出了一系列幼儿歌唱、儿歌伴奏、奥尔夫音乐教学、儿童绘本欣赏与创编、动画制作等技能类选修课程。

第三,师生科研立项与科研成果数量超预期完成。按项目建设预期要求,力争申报成功省部级以上项目2项,经费2万~4万元。现已经申报成功4项省部级教科研项目,经费近70万元。公开发表论文11篇。

项目建设书中并未预期学生科研立项与论文发表任务,教师鼓励学生积极参与大学生创新创业项目研究与大学生科学影像大赛,指导学生尝试撰写论文并力争发表,成绩斐然。大学生创新创业项目共8项,其中,国家级2项,省级1项,校级5项,公开发表论文7篇,第二届广东省大学生科学影像大赛DV组获三等奖2项。

学前教育专业建设尚需进一步完善的有以下几项:

第一,继续完善实践教学体系和实践基地建设,充分发挥协同共育作用。探索以学生为本的应用型人才培养有效途径,大力支持和鼓励学生参与实践创新活动,切实增强学生运用知识解决实践问题的专业能力,以能力导向、项目式学习为主,变革教学模式,培养学生实践能力和自主研究能力,以提升学生的社会适应性和职业竞争力。

第二,进一步加强精品资源共享课程建设和学术研究,以研究促专业建设。培育研究团队,注重人才梯队建设,整合研究资源,协同创新。强化学科建设,尤其是重点学科建设,以学科建设带动专业建设,组织教师积极开展课程建设,以建设精品课程为抓手,深化课程与教学改革。同时,鼓励教师指导学生研究或与学生合作研究,提升学生的综合素养和教育研究能力。

二、学前教育专业"应用型人才"培养示范基地项目

2014年7月，广东省"教学质量与教学改革工程"建设项目"学前教育专业'应用型人才'培养示范基地"成功立项。2017年10月验收通过。

该建设项目的意义、举措与主要内容、成效与反思如下；

（一）建设项目的意义

1. 项目选题意义大，定位清晰，具有示范引领作用

学前教育专业本科生培养应定位于"应用型人才"培养。根据幼教人才市场需要，学生应有较强的适应性，既可以当幼儿教师，又可以从事幼教领域的相关工作；可以是社区儿童中心、早教中心、少儿培训、少年宫的儿童教育研究者，也可以是与学前教育专业有关的文化产业，如童书设计、网络设计、动漫产业、少儿出版社、教玩具设计等，学前教育专业应立足幼儿教师培养，兼顾学前教育领域多元化需求，更有利于吸引优秀学生走进学前教育。

2. 项目目标明确，内容丰富，建设方案具体可行

全方位构建学前教育专业"应用型人才"培养基地，探索多元化的人才培养模式。具体包括五个方面：幼儿园教育实习基地建设、社区服务合作基地建设、早期阅读基地建设、儿童文化产业合作基地建设、学前教育"教・学・研"中心建设。

3. 项目研究特色突出，预期成果明确

围绕多样化"应用型人才"培养示范基地建设这个核心，力求打破资源配置及工作壁垒，促进高校人才培养机制的协同创新，健全资源共享协同育人平台，逐步形成有特色的"应用型人才"培养体系，以扩展学生就业空间，提升学生职业认同感和专业实践能力。

（二）建设项目的举措与主要内容

1. 实现基地建设服务于"应用型人才"培养目标

"应用型人才"致力于提升学生实践能力和社会适应性，"应用型人才"培养基地建设，聚焦多样化学前教育服务体系，适应幼教人才市场多元化需要，开阔学生视野，扩展学生就业空间。建立沙园社区合作基地，学生定期走进社区，提供社区婴幼儿早期教育服务。定期邀请广州市少儿图书馆等专业人士为学生讲课，并走进现场观摩学习，让学生体验早期阅读推广的意义与价值，提升学生组织策划活动能力。

2. 完善实践教学模式，强化实践教学

以"全程实践"理念为指导，贯穿本科四年的全部学程，探索形成了"现场教学+教育见习+专业性活动课程+教育实习"实践教学模式。注重教育见习和实习制度建设，研制《学前教育专业实践教学标准（讨论稿）》与《学前教育专业教师教育专业实践教学标准与教学技能课外训练实施方案》，完善专业功能场室，建立教学实践基地网。

3. 开拓多样化基地建设思路，提升学生对多元文化及托幼服务市场的适应能力

开拓具有多元文化环境的幼儿园或早教中心作为实践基地，除公办幼儿园外，与孙瑞雪学前教育机构、加拿大国际幼儿园教育集团、东莞台商子弟学校幼儿园等建立了长期稳定的合作关系；社区服务基地、早期阅读基地和儿童文化产业合作基地建设，作为合作育人的实践基地，互惠共赢，定期提供实践场所，获得更多专业支持。

4. 加强学前教育"教·学·研"中心建设

完善了校内专业场室建设，确保相关专业课程开展教学实践与研究研讨。建立绘本研究工作坊、蒙氏研究工作坊、奥尔夫音乐训练室、创意美术工作坊、感统训练工作坊、儿童游戏与综合训练室。依托学前教育"教·学·研"中心建设，教师自主设计开发多样化的选修课程，以提升学生的专业技能和实践能力。

5. "专业性活动课程"周末实践平台的建立与运作

"专业性活动课程"由我系教师自主设计开发，以专业兴趣小组形式展开，以周末免费幼儿兴趣班的形式现场教学，锻炼学生实践能力，提升职业认同感和综合素养。

（三）建设项目的成效与反思

1. 聚焦"应用型人才"培养示范基地建设，促进了"应用型人才"培养

学前教育专业融教育性、艺术性、综合性、实践性于一体，学前教育专业"应用型人才"培养要注重实践能力和专业能力培养，学生实践能力培养需要多方协同育人与合作共育平台建设。多元化实践基地建设，融校内外、课内外学习于一体，注重多样化课程资源的开发与利用，可以确保专业实践课程的有效落实。

2. 多元化实践基地建设新颖，拓宽了学前教育专业人才培养渠道，提升了专业适应性和专业吸引力

更好地与0~6岁学前教育服务体系相适应，满足实践基地建设的多样化需

求，反过来也促使学前教育专业课程设置更趋于合理，为学生开拓更广阔的就业空间。

多样化实践基地建设既让学生感受不同风格的幼儿园实践、社区学前教育机构及儿童文化产业运作，又促进学生实践能力培养，开阔学生视野，拓宽就业思路。毕业生首次就业率连续几届达90.00%以上。

3. 促进了实践教学模式与文本建设，强化了实践教学

以"全程实践"理念强化实践教学。贯穿本科四年的全部学程，实施"现场教学+教育见习+专业性活动课程+教育实习"实践教学模式。注重教育见习和实习制度建设，完善专业功能场室，建立教学实践基地网。注重学生创新实践能力培养与指导，鼓励教师以项目研究驱动课程建设，完善实践教学文本的研制工作，形成了系列，主要有学前教育专业人才培养标准、实践教学标准、师范生教学技能课外训练实施方案等。

多样化实践基地建设丰富了实践课程资源，让教师的课程资源意识更明确，实践课程教学设计能力更强，融现场教学、观摩学习、实践体验与实践服务于一体。如"儿童创意美术"课程走进幼儿园开展双师教学，效果良好；"绘本阅读与欣赏"走进社区和幼儿园，推动亲子阅读计划等。

丁静自主设计开发的《专业性活动课程周末实践平台》以及撰写的专著《幼儿蒙氏数学教学方案集》都是具有开创性的教学研究成果。

苏鸿主持的广东省创新强校工程特色创新项目——"基于儿童文化产业发展需求的学前教育（本科）课程改革研究"为儿童文化产业合作基地建设的进一步深化研究提供了理论支持和实践路径。

建设项目尚需进一步完善的地方有以下两方面：

第一，"应用型人才"培养示范基地建设要进一步凸显其"示范性"，注重实现协同育人的长效机制探索。继续完善实践教学体系和各类实践基地建设，注重"教·学·研"相结合，以学生发展为本、以能力导向、项目式学习为主，鼓励并支持学生参与实践创新活动，做到知行统一，切实增强学生运用知识解决实践问题的专业能力，以提升学生的社会适应性和职业竞争力。

第二，"应用型人才"培养示范基地建设思路进一步拓展，加大对多样化幼教机构与儿童文化产业的合作研究力度。接下来，将进一步聚焦儿童文化产业合作基地，结合社区服务和早期亲子阅读促进计划，提升学前教育专业学生对早教市场多元化需求的适应性，开拓更为广阔的多样化就业渠道。接下来，拟建设校内儿童剧场、儿童早教标准课室、早期阅读与戏剧表演室、儿童玩具科学与工程实验室等，并开发系列选修课程，引导学生开展公益性的教育与咨

服务、亲子阅读活动及儿童文化产业活动等。

三、学前教育（师范）教学团队项目

2018年12月，广东省"教学质量与教学改革工程"建设项目："学前教育（师范）教学团队"成功立项。2021年12月验收通过。

团队建设主要内容、建设特色、创新点、团队建设保障如下：

（一）团队建设主要内容

1. 团队梯队建设

①由系改院，扩大规模的同时注重内涵品质提升。2018年12月，成立学前教育学院；2019年5月，"广东学前教育学院"正式挂牌。组建学院级学科教师团队，包括学前儿童发展教师团队、学前教育理论教师团队、学前艺术教育教师团队，围绕教育学、心理学、艺术学三大学科，教师结合自己研究特长讲授课程。其中，教授每学期给本科生至少讲授一门课程。

②以引进为主，内部调整为辅，充实学前教育教师团队，保持适当的数量及科学合理的队伍结构。支持中青年教师赴国内外访学交流，引进专任教师必须具备硕士及以上学位，具有境外研修经历者和有幼儿园工作经验者优先，鼓励专任教师到幼儿园挂职锻炼。

③团队成员的学科背景多元，有不可替代性和互补性。学前教育专业涉及学科门类众多，囊括心理学、艺术学、卫生学、营养学等不同学科领域，团队建设体现了学前教育专业特点。

团队成员扩充至27名，引进了4名博士学位专任教师，5名硕士学位专任教师，1名实验员，内部调整了4名骨干教师充实学前教育团队，涉及多个专业领域，团队年龄结构、学缘结构、专业结构合理，呈年轻化趋势，具有很强的发展潜力。专任教师全部具有博士学位或硕士学位，具有半年以上境外研修经历的教师7人。具有幼儿园挂职锻炼经验或工作经验的教师14人，比例达50.00%以上。

2. 团队教学与课程建设

①注重学前教育专业育人模式探索和多元办学模式探索。注重专业建设和课程建设，提升内涵品质。2018年，学前教育专业开始准备迎接师范专业认证，以评促建，以评促改；2020年，进入迎评工作的关键期，聚焦专业认证理念，以学生为中心，强化产出导向和持续改进，进一步完善改进人才培养方案、课程体系和教学改革工作。随着专业认证工作推进，团队教学与课程建设更加科

学规范。

②完善以"树人楼"为中心的学前教育专业"实验实训平台",完善功能场室和设备设施配备。扩充和完善校内实训基地建设,完善学前教育专业功能场室。

③注重完善实践教学体系,与基地幼儿园深度合作,构建学前教育实践基地联盟。每年聘请2~3名具有一定实践经验的幼儿园园长、学前教育专业人员参与专业建设,承担部分课程教学,协助专业课教师完成实践性强的课程内容。

3. 团队科研与教学相结合

①注重扩大学术影响力。积极举办学前教育国际学术研讨会,邀请境内外学前教育专家开展学术交流。多位教师成为省级学前教育指导专家和培训专家。定期举办"树人讲堂",开拓学生的学术视野,营造学术氛围。成功举办"面向未来的学前教育"国际学术研讨会。来自美国、英国、澳大利亚等国家的学前教育专家与中国500多名幼教工作者,在广东省学前教育领域首次举办的大型国际学术研讨会欢聚一堂,《人民日报》《中国教育报》《南方日报》《广州日报》、广东电视台等新闻媒体进行报道。

②教师科研意识强,团队科研成果丰富。团队成员积极参与学术交流和项目研究,以科研促教学改革,以科研促团队建设,在很大程度上提升了教师的专业化水平。团队成员主持省部级及以上科研项目11项,主持省级教学质量与教学改革工程项目5项,包括省级重点学科建设、省级课程思政示范课程1门、省级在线开放课程2门、省级教学团队建设。校级教学质量与教学改革工程项目12项。团队成员公开发表论文30余篇,指导大学生创新创业项目20项,艺术类教师各类获奖8项。

③成立了学前教育学院和校级学前教育研究中心,融课程建设、教学与科研于一体。学前教育研究中心,包括玩具与游戏研究中心、儿童发展与教育研究中心、特殊儿童早期教育干预中心、学前课程研究中心、儿童绘本与戏剧研究中心、蒙氏教育研究中心、儿童艺术教育研究中心等分支研究机构。

(二)团队建设特色

1. 团队设置特色

学前教育教学团队根据本科教学与学科建设需要,不断完善教师队伍,逐步形成比较显著的特色,具体表现在以下几方面:

①跨学科性。学前教育专业涉及学科门类众多,囊括了心理学、艺术学、卫生学、营养学等不同学科领域,为促进学科发展与团队建设,学前教育教学团队不断完善师资队伍,建立起跨学科的复合型教师队伍。

②跨时空性。学前教育专业是一个实践性很强的领域，学前教育教学团队建设旨在跨越传统学校界限，重视吸收幼儿教育一线的优秀园长和儿童教育工作者加盟，目前已邀请10余位省内名园长、名教师作为兼职课程导师。

③团队成员之间的不可替代性和互补性。在团队带头人的核心引领下，形成知识结构与技能互补、年龄结构与职称结构合理的团队。每个人在团队中的角色都是独特和明确的，既有在教育理论层面具有创新意识的教师，也有具有丰富实践教学经验的教师，以及在学前教育专业技能层面的艺术专业领域教师，教学团队建设致力于在理论课程、实践课程、技能课程的设计上整合资源，推动学生创新与实践能力的发展，促进学前教育专业发展，深化课程教学改革。

④开放性。重视与学前教育专业领域的交流沟通，积极开展对外交流，进一步加强与香港大学教育学院、华南师范大学学前教育系、深圳大学教育学院、浙江师范大学学前教育学院、重庆第二师范学院学前教育学院、江苏第二师范学院、湖北第二师范学院等高校的交流互访。同时，鼓励教师积极参加学术交流，培育浓厚的学术研究文化与氛围。

2. 实验教学特色

学前教育专业重视实践教学和教学资源建设，主要的做法和特色如下：

①重视"全程实践"，强调"教学做合一"。学前教育专业的人才培养以"全程实践"理念为指导原则，坚持"教学做合一"，突出实践教学与专业能力训练。让学生用多种不同的方式接触幼儿教育理论，把理论学习、深度体验、同伴互助与实践训练结合起来。

②构建教育实践基地网。我们已经在广州、深圳等地建立了一批学前教育专业的实践基地，建立了完善的教育实践教学领导与组织机构，并系统构建了学前教育专业学生见习和实习方案。未来，我们将继续拓展教育实践资源，逐步形成以珠三角地区为核心、辐射全省的学前教育专业实践基地网。

③完善专业场室建设。学前教育专业在学校和学院的大力支持下，逐步建设和完善各类专业功能场室，主要包括：数码钢琴室、练琴房、声乐训练室、舞蹈室、奥尔夫音乐教学法训练室、美术室、手工室、蒙氏教具室、游戏活动与辅导室、电脑多功能室、绘本教学室、儿童观察室等。

重视实践教学指导团队建设。倡导"全程实践"教学，强调"教学做合一"。吸收幼儿园一线优秀园长、教师和儿童教育工作者加盟，聘请了14位具有一定实践经验的幼儿园一线优秀园长和教师组成兼职教师团队，遴选了25个实践基地幼儿园，基地幼儿园均为广东省省级或市级优质园，建立了长期稳定的协同育人合作关系。构建了长期稳定的兼职教师团队和教育实践基地网。

3. 课程与专业特色

为提升专业培养质量，我们不断深化课程改革，注重人才培养模式探索、完善人才培养方案，构建以应用型人才培养为导向的课程体系。

①注重人才培养模式探索。探索出学前教育专业"一核四翼"应用型复合人才培养育人模式，2019年获广东省教育教学成果奖（高等教育）一等奖。与广东省外语艺术职业学院和珠海城市职业技术学院开展"3+2"协同育人模式研究。

②以专业认证为契机，以专业认证理念为指导，完善人才培养方案、课程体系及教学资源建设，进一步厘清了人才培养目标、毕业要求与课程目标之间的支撑关系，完善了课程设置、课程大纲及课程思想政治的要求，丰富了幼儿园各领域教育活动数字化教学资源库和案例库资源。已上传700多个课例到超星平台供师生使用。教学案例资源库的建设目标定位于丰富幼儿园教育教学的课程资源，以满足学前教育专业本科生自主学习和个性化学习的需要，并为教师课程教学和幼儿园教师专业发展及职后培训服务。

资源库精选国内外优质幼儿园教育教学活动案例，覆盖学前教育五大领域及教师专业发展领域，资源库集优质教案、课件、活动视频、优秀学前论文及讲座等多种形式，发挥多种资源优势，按照五大领域及小中大班进行分类整理，优中选优。

③构建以应用型人才培养为导向的课程体系，精炼基础理论课程、更新专业选修课程、创新专业技能课程、聚焦专业活动课程。

精炼基础理论课程，主要包括"学前教育原理""儿童发展Ⅰ""儿童发展Ⅱ""学前卫生学"以及各领域教育活动指导等，这些课程是学生未来从事幼儿教育相关工作最为核心的课程，也是观念导向性课程。广东学前教育学院学前教育专业对这一模块课程设置不断优化整合，选择既能反映本学科理论精华，又能凝聚科学的儿童观、教育观的课程内容，帮助学生获得基本的理论素养和专业知识技能。

更新专业选修课程。课程设置以微型课程讲授的方式引入专业领域最新研究成果。我们已经开设"蒙台梭利教学法""奥尔夫音乐教学法"等课程，同时，选修课程模块不断完善更新，增加更有时代气息、更为实用的课程内容，如"玩具设计与开发""儿童绘本阅读与欣赏""幼儿问题行为矫正"等，未来会将儿童创意戏剧类活动教学、儿童绘本教学、中外学前教育热点透视以及世界前沿的学前儿童教育研究新成果纳入课程体系，以拓宽学生专业视野，提升学生专业能力。

创新专业技能课程。已经设置的专业技能类课程有"幼儿园教育评价""教育研究方法""儿童观察""多媒体课件制作""儿童影视编剧""儿童视听传媒""儿童影视后期制作""教玩具设计与开发""音乐技能Ⅰ""音乐技能Ⅱ""舞蹈技能Ⅰ""舞蹈技能Ⅱ"等。对应本专业人才培养目标，这类课程拟增加家长服务与咨询沟通、儿童活动中心课程研发、儿童读物设计、儿童戏剧表演等，以帮助学生拓宽就业渠道，培养复合应用型人才。

聚焦专业活动课程。学前教育系在实践教学和专业性活动课程建设方面已经取得了丰富的改革经验。例如，丁静教授主持的广东省哲学社会科学规划课题"高等师范院校的专业性活动课程研究——以学前教育为例"，依托课题研究，面向社会开设学前教育领域的公益性专业活动课程，产生了较好的社会影响。

（三）团队建设创新点

学前教育专业不断积极改革创新，围绕"综合改革、服务需求、特色发展"的学科建设思路，逐步推动教学团队建设，并在以下几方面进行了创新与探索：

1. 聚焦"双师型"教学团队建设

基于应用型高校的发展定位和应用型人才培养需要，以"双师型"教学团队的理念来创新团队建设的新思路，学前教育学院教师团队中，行业教师占专任教师的比例力争达到20.00%以上；有幼儿园一线挂职锻炼经验或工作经验的教师比例达到50.00%以上。

为了推进学前教育专业"双师型"教师队伍建设，采用如下培养机制：

第一，建立"双师型"教师实践基地。实践基地除了是学生实践技能学习的场所，也是教师学习实践技能的场所。通过实践学习，教师可以了解幼儿园教育实践对幼儿教育工作者的需求、幼儿园课程改革实施的动态与走向，及时调整专业课程内容，在此基础上反思自己的课堂教学方式，对教学中的理论与技能结构进行有针对性的调整，不断提升自己的教学水平。

第二，制订"双师型"教师培养计划。通过"内部培养、外部聘请""专业进修与实践技能培训"相结合的培养计划，不断优化教师队伍结构。充分利用校内外资源培养青年教师，提供多种培训途径提升教师的专业技能。鼓励教师积极考取与本专业实践技能相关的国家职业（执业）资格、职业能力认证及职业技能鉴定考评员等。以项目研究为依托，鼓励教师与幼儿园合作开展理论与实践研究。

2. 建构"研究型"学术共同体

"研究型"学术共同体是教学团队成长的重要平台，也是学前教育教学团队建设的另一个重要的创新点。"研究型"学术共同体的重要特点是草根性、多元性，据此，我们将基于"研究型"学术共同体的理念来设计学术团队结构，尤其重视多元的、跨学科的、复合性的微型"研究型"学术共同体培育。学前教育"研究型"学术共同体建设强调"跨专业、跨学科、跨年龄、跨学历层次、兼容不同素质的人才"的学术团队特点。学前教育团队鼓励教师结合自身教学与研究课题创设工作坊，自主申报建立微型项目研究中心。

具体改革举措包括：努力营造良好的学术环境，定期举办小型学术沙龙活动，对学术问题进行交流讨论，整合学科、课程、项目等资源，在科研活动中开展多学科联合、多形式协作攻关的方式，促进具有不同学科背景的教师联合申报科研项目，鼓励教师参与国内外的学术活动，构建学术创新团队发展的平台。

3. 建设"创新型"教学团队党支部

"创新型"教学团队建设需要依托党支部和党建工作的创新来支撑和引领，未来，我们将不断创新党建工作新思路，提升党支部建设在学科建设与教学团队建设中的核心引领作用。随着学前教育学院的创建，党员教师力争达到9人，在学前教育学院教师中占比达到50.00%以上，党员教师在教科研方面起示范带头作用。

具体改革措施包括以下几项：不断创新基层党建工作的新思路、新方法，尤其是重视将党支部建设与学科建设、教学团队建设相互融合，发挥党支部在制订学科规划、凝练学科特色、把握学科方向等重大问题中的引领作用；重视党员教师在团队建设中的示范带头作用，充分发挥党员教师在团队建设中的"传、帮、带"角色和示范作用，力争将党员教师培养成团队中教科研的中坚力量。

（四）团队建设保障

1. 加强组织领导

成立团队建设工作领导小组，积极做好项目规划与实施工作，定期召开团队建设专题会议，督导和协调解决队伍建设过程中的问题。广泛开展项目计划的学习宣传，使团队成员能够了解团队建设目标与任务，明确个人的发展目标、发展路径和可获得的资源支持。加强与学校及相关职能部门的沟通协调，在专门人才引进、功能场室建设、实践基地扩充、跨校教育合作、教科研项目申报以及教师培养培训等方面寻求支持，确保各项工作任务和建设措施落实到位。

2. 健全管理机制

强化岗位设置和岗位管理，完善教师考核办法和指标体系，尤其是明确要求教师将教学作为首要任务，不断提高教育教学水平。加强教学团队管理，完善培养培训、听课评课、科研攻关、校外指导、联合教改、学术交流等方面的相关制度，保障团队建设工作的有序开展。加大对做出突出贡献、获取突出成果的人员的分配和奖励力度，建立学科带头人、教研科研骨干津贴制度、高层次人才引进科研启动经费制度。对不能履行岗位或工作责任的成员，实行项目退出机制，实现教学团队的良性循环。

3. 加大资金投入力度

在学校拨付的学前教育专业发展经费中，设立专项资金用于教师团队建设项目，保证教学团队建设计划的实施。依托学校人才引进平台的支持，结合学科发展的资源条件，形成具有竞争性的吸引措施，加大高层次人才的引进力度和效果。妥善使用团队建设资金，结合团队建设目标任务，明确各项任务经费的投入比例，确保专项经费能够重点用于办学条件与环境的改善、中青年骨干教师的选拔培养、"双师型"教学队伍的建设，以及对外学术交流与合作等方面。制定教学队伍专项经费使用管理办法，加强经费管理，实现经费使用效益。

4. 加强督导检查

根据教学团队建设项目计划，明确教学团队的工作要求，建立团队建设工作评估指标。采用实施情况的年度报告制度，定期通报建设项目实施情况，对工作成效突出的个人予以表彰和奖励，对措施不得力、工作不落实的予以批评，督促整改。建立教学团队工作专家组，加强对团队建设的跟踪指导，给予及时的专业引导和帮助。

学前教育专业经过 10 年发展，依托 3 个广东省"教学质量与教学改革工程"建设项目的助力与支持，实现了跨越式发展。

2019 年，广东省第二师范学院学前教育学院第一个获批为广东省学前教育专业省一流本科专业建设点，学前教育专业"一核四翼"复合应用型人才培养育人模式获得了广东省教育教学成果奖（高等教育）一等奖；2021 年，顺利通过师范专业认证；2022 年，获批为国家一流专业建设点。

广东第二师范学院
学前教育（师范）专业
人才培养方案
（专业代码：040106）

一、培养目标

立足广东，面向粤港澳大湾区，服务学前教育，培养教育情怀深厚、人格健全、有一定国际视野和综合素养、专业基础扎实、保教能力突出、有创新精神和研究意识的幼儿园骨干教师。

培养目标具体包括以下几项：

师德修养：践行社会主义核心价值观，热爱学前教育事业，具有职业理想和教育情怀，尊重幼儿人格，关爱幼儿，富有爱心、责任心、耐心和细心，自尊自律，做幼儿健康成长路上的启蒙者和引路人。

综合素养：人格健全，乐观向上、有亲和力，求知欲强，具有幼儿园教育所需要的广博的文化知识、科学精神和艺术修养。

保教能力：能够将学前教育理论与保教实践相结合，读懂幼儿，顺应幼儿成长规律，合理安排幼儿的一日生活，重视环境创设和游戏，开展幼儿园教育活动和班级管理工作，将立德树人渗透于一日生活和游戏活动中，成为幼儿园保教工作骨干教师。

研究意识：勤于思考，能发现并解决幼儿园保教实践中存在的问题，不断反思与改进，促进自我专业发展，成为幼儿园教研或科研骨干。

二、毕业要求

1. 师德规范

自觉践行社会主义核心价值观，热爱祖国，对中国特色社会主义有强烈的认同感；遵守师德规范，熟悉学前教育法律法规及教师职业道德规范要求，具有依法执教意识；坚持立德树人，正确理解学前教育的价值和功能，立志成为有理想信念、有道德情操、有扎实学识、有仁爱之心的"四有"好老师。

（1）思想信念

理解并自觉践行社会主义核心价值观，热爱祖国，从思想、政治、理论和情感上认同中国特色社会主义。

（2）依法执教

了解党和国家关于幼儿教育的政策与法规，熟悉教师的权利和义务，熟悉关于儿童权利的内容和维护儿童合法权益的途径。

（3）职业道德

以立德树人为己任，熟悉并遵守幼儿园教师职业规范，恰当地处理与幼儿、幼儿家长、同事以及教育管理者的关系。

2. 教育情怀

具有坚定的从教意愿，热爱教育事业，热爱幼儿，职业认同感强；具有人文底蕴和科学精神，确立科学的儿童观和教育观，尊重幼儿人格、保护幼儿权益；富有爱心、责任心、细心和耐心，能够做幼儿健康成长路上的启蒙者和引路人。

（1）乐于从教

热爱教育事业，具有坚定的从教意愿，理解教师是幼儿学习的促进者，认同教师职业的意义和专业性。

（2）职业修养

注重自身修养，丰富人文底蕴和科学精神，形成积极向上的精神、端正奋进的态度和持续努力的行动。

（3）关爱幼儿

理解并践行儿童为本的理念，尊重幼儿的人格和个体差异，富有爱心、责任心、细心和耐心，能够建立安全、温暖的师幼关系。

3. 保教知识

具备扎实的学前教育知识和多方面素养，掌握幼儿保育和教育教学知识、基本方法与策略，理解婴幼儿身心发展规律和学习特点，注重相关知识的联系和整合。

（1）专业基础知识

具有较好的自然科学、人文社会科学知识基础，具有相应的艺术欣赏与表现知识，熟悉教育学科的基础原理，了解现代教育技术，熟悉教育改革发展趋势和前沿动态。

（2）幼儿发展知识

掌握幼儿身心发展特点和规律，了解幼儿在发展水平、速度与优势领域等方面的个体差异，知道有特殊需要幼儿的身心发展特点。

（3）教育教学知识

掌握学前教育基本理论、幼儿园保育教育的知识与指导幼儿学习的方法策略，掌握早幼一体化和普特结合教育的知识与方法策略。

4. 保教能力

具有运用幼儿保教知识，科学规划并有质量地组织实施一日生活活动的能力；具有科学创设环境、设计和组织活动的能力，具有观察幼儿、与幼儿谈话记录与分析幼儿的能力；具有评价幼儿园活动的能力。

（1）教育教学能力

具有综合运用幼儿保教知识，科学规划并有质量地组织实施一日生活活动与五大领域教育教学活动的能力，做到保教结合。

（2）艺体能力

具有明显的艺体特长，能胜任幼儿教育活动所需的艺体技能，弘扬优秀传统文化的能力。

（3）观察评价能力

具有观察幼儿、与幼儿谈话并记录、分析幼儿的能力，具有评价幼儿园活动的能力，学会通过评价改进活动。

5. 班级管理

有较强的幼儿园班级管理能力，理解幼儿园班级管理的原则和方法，能依据幼儿园班级特点，建立班级秩序与规则；能合理规划利用时间与空间，积极开展班级环境创设；为人师表，并充分利用各种教育资源，建立良好的同伴关系和师幼关系，营造良好的班级氛围。

（1）常规管理

掌握幼儿园班级的特点，理解班级管理的原则和方法，能够依据幼儿园实际建立班级秩序与规则。

（2）环境创设

能够合理规划、执行和调整班级一日活动时间，依据班级活动需要合理设计、利用、管理活动空间。

（3）人际管理

建立良好的同伴关系、师幼关系和家园合作关系，营造尊重、平等、积极、轻松的班级氛围。

6. 综合育人

了解幼儿社会性情感发展的特点和规律，注重幼儿良好品质与行为习惯培养；理解园所文化和一日生活的育人价值，具有整合资源的意识和能力；能够利用幼儿园、家庭与社区等多方面资源，促进幼儿全面和谐发展。

（1）科学育人

尊重幼儿身心、社会性情感发展的特点和规律，注重幼儿良好的意志品质与行为习惯的养成教育，掌握综合育人的规律和方法。

（2）环境育人

理解园所文化和一日生活的育人价值，能够发现并利用一日生活中的教育契机，发挥园所文化和环境潜移默化的教育影响。

（3）协同育人

能够有效整合幼儿园、家庭和社区教育资源，培养幼儿良好的意志品质和行为习惯，促进幼儿全面发展。

7. 学会反思

具有终身学习与专业发展意识，能够适应时代和教育发展需求进行学习和职业生涯规划；初步掌握反思方法与技能，具有较强的批判性思维能力；具有一定的创新意识和研究意识，学会分析和解决教育实践问题。

（1）学习能力

具有终身学习与专业发展意识，具有较强的自主学习和自我管理能力，能够适应时代和教育发展需求，进行学习和职业生涯规划。

（2）反思能力

理解反思的价值，掌握反思方法与技能，能够基于自我反思促进自我改进，运用批判性思维方法分析教育实践问题。

（3）研究能力

掌握研究幼儿行为和教育教学的基本方法，具有一定的创新精神和研究意识，学会分析和解决教育实践问题。

8. 沟通合作

理解认同学习共同体的价值和团队协作的作用；掌握沟通合作的相关方法与技能，具有小组互助和合作学习体验；具有开展小组互助和合作学习意识和能力。

（1）沟通能力

学会与幼儿园领导、同事、学生、家长及社会有效沟通交流，掌握与各方沟通合作的策略与方法。

（2）合作能力

体验课程小组、社团活动的价值，理解各类学习共同体的价值与优势，具备团队协作的知识与技能。

三、课程修读要求与授予学位

1. 学制 4 年。提前修满学分可以申请提前毕业，最长修业年限 8 年。总学分 156 分。

2. 主干学科：教育学、心理学。

3. 核心课程：学前教育原理、儿童发展、学前卫生学、幼儿园课程与教学、学前教育发展史略、教育研究方法、幼儿科学教育与活动指导、幼儿艺术教育与活动指导、幼儿语言教育与活动指导、幼儿健康教育与活动指导、幼儿社会教育与活动指导。

课程分必修课、选修课两大类。必修课 103 学分，其中公共必修课 36 学分，专业必修课 20 学分，职业必修课 47 学分。选修课不少于 53 学分，其中公共选修课下限为 15 学分，专业选修课下限为 18 学分，职业课程选修课下限为 20 学分。

4. 课外活动与社会实践：10 学分，不计入总学分，纳入毕业审核条件。

5. 授予学位：教育学学士学位。

四、学分分布与教学时间表

表 1 各类课程学分分布情况

课程		一	二	三	四	五	六	七	八	总计	百分比（%）
通识课程必修课		13	9	6	4	1	1	0	2	36	23.1
专业课程必修课		4	7	0	0	2	2	0	5	20	12.8
职业课程必修课		5	6.5	8.5	10.5	7.5	0.5	8	0.5	47	30.1
必修课合计		22	22.5	14.5	14.5	10.5	3.5	8	7.5	103	66.0
通识课程选修课（下限）		1	4	4	4	2	0	0	0	15	9.6
专业类选修课	计划开设	0	2	10	10	9	17	0	0	48	—
	下限	0	0	4	2	4	8	0	0	18	11.5

续表

课程		学期								总计	百分比（%）
		一	二	三	四	五	六	七	八		
职业类选修课	计划开设	0	0	6	8（含限选）	21	12	0	0	47	—
	下限	0	0	4	4（含限选）	4	8	0	0	20	12.8
选修课合计（下限）		1	4	12	10	10	16	0	0	53	33.9
总计（选修课计算下限）		23.3	26.8	24.8	24.8	22.7	19.7	8.2	5.7	156	100

注：职业限定选修课《习近平总书记关于教育的重要论述研究》（1学分）于第四学期开设。

表2 教学时间分配情况

项目	学分	学时（各学期分配情况）								学时小计
		一	二	三	四	五	六	七	八	
军训与入学教育	2	2周	—	—	—	—	—	—	—	—
课程教学	138	366	440	440	440	296	314	8	8	2312
毕业论文/毕业设计	5	—	—	—	—	—	—	—	12周	—
观摩	0.5	—	1周	—	—	—	—	—	—	—
见习	2	—	—	1周	1周	1周	1周	—	—	—
实习	8	—	—	—	—	—	—	18周	—	—
研习	0.5	—	—	—	—	—	—	—	1周	—
小计	156	366	440	440	440	296	314	8	8	2312

注：表1、表2中的数据是根据实习在第七学期的数据统计，如实习在第六学期，则第七学期数据与第六学期对调。

五、课程方案表

表1 学前教育（师范）专业课程方案

课程模块	课程性质	课程编码	课程中文名称	课程英文名称	学分数	总学时	讲授	实践/实验	开课学期	考核方式
通识课程	公共必修	BZ1120002	军训与入学教育	Military Training and Matriculation Education	2	2周	—	—	1	考试
		BZ1120001	军事理论课	Military Theory	2	36	24	12	1	考试
		BM1150001	毛泽东思想和中国特色社会主义理论体系概论	Mao Zedong Thought and Introduction to Socialist Theory with Chinese Characteristics	5	80	72	8	3	考试
		BM1130001	马克思主义基本原理	Basic Principles of Marxism	3	48	40	8	4	考试
		BM1130005	思想道德与法律	Ideological and Moral and the Rule of Law	3	48	40	8	2	考试
		BM1130003	中国近现代史纲要	Modern and Contemporary History of China	3	48	40	8	1	考试
		BM1100001	形势与政策Ⅰ	Situation and Policies Ⅰ	0	8	8	0	1	考试
		BM1100002	形势与政策Ⅱ	Situation and Policies Ⅱ	0	8	8	0	2	考试
		BM1100003	形势与政策Ⅲ	Situation and Policies Ⅲ	0	8	8	0	3	考试
		BM1100004	形势与政策Ⅳ	Situation and Policies Ⅳ	0	8	8	0	4	考试
		BM1100005	形势与政策Ⅴ	Situation and Policies Ⅴ	0	8	8	0	5	考试
		BM1100006	形势与政策Ⅵ	Situation and Policies Ⅵ	0	8	8	0	6	考试
		BM1100007	形势与政策Ⅶ	Situation and Policies Ⅶ	0	8	8	0	7	考试
		BM1100008	形势与政策Ⅷ	Situation and Policies Ⅷ	2	8	8	0	8	考试
		BD1140001	英语Ⅰ	English Ⅰ	4	64	64	0	1	考试
		BD1140002	英语Ⅱ	English Ⅱ	4	64	64	0	2	考试
		BK1110001	计算机基础	Computer Fundamentals	1	16	8	8	2	考试
		BI1110001	体育Ⅰ	Physical Education Ⅰ	1	32	0	32	1	考试
		BI1110002	体育Ⅱ	Physical Education Ⅱ	1	32	0	32	2	考试
		BI1110003	体育Ⅲ	Physical Education Ⅲ	1	32	0	32	3	考试
		BI1110004	体育Ⅳ	Physical Education Ⅳ	1	32	0	32	4	考试
		BZ1110002	大学生职业发展与就业指导Ⅰ	Career Planning and Employment Guidance for College Students Ⅰ	1	18	16	2	1	考查
		BZ1110003	大学生职业发展与就业指导Ⅱ	Career Planning and Employment Guidance for College Students Ⅱ	1	18	16	2	6	考查
		BZ1110001	创新创业教育△	Innovation and Entrepreneurship Education△	1	16	16	0	5	考试

续表

课程模块	课程性质	课程编码	课程中文名称	课程英文名称	学分数	总学时	讲授	实践/实验	开课学期	考核方式
通识课程	公共选修		人文社科类	人文社科类公选课学分下限为6学分，其中大学生心理健康教育系列课程、《马克思主义中国化进程与青年学生使命担当》《大学生国家安全教育》为大一学生限选课；自然科学类公选课学分下限为2学分；艺术审美类公选课学分下限为2学分；技术技能类公选课学分下限为2学分，其中《劳动通论》为大一学生限选课；创新创业类公选课学分下限3学分。						
			自然科学类							
			艺术审美类							
			技术技能类							
			创新创业类△							
通识课程学时合计			公共必修课小计		36	648	464	184	—	—
			公共选修课下限		15	240	—	—	—	—
专业课程	学科基础 专业必修	BA2120001	儿童发展Ⅰ☆	Children's Development I ☆	2	32	22	10	1	考试
		BA2120007	学前教育原理☆	Preschool Pedagogy ☆	2	32	32	0	1	考试
		BA2120002	儿童发展Ⅱ☆	Children's Development Ⅱ ☆	2	32	22	10	2	考试
		BA2130016	学前教育发展史略☆	History of Chinese and Foreign Education ☆	3	48	48	0	2	考试
	专业必修	BA2120008	学前卫生学	Hygiene of Preschool Children	2	32	24	8	2	考试
		BA2120012	教育研究方法	The Methods of Educational Research	2	32	24	8	4	考试
		BA2120003	教育行业创新创业指导△	Introduction to Entrepreneurship of Educational Institutions △	2	32	24	8	6、7	考试
		BA2150001	毕业论文（设计）	Graduation Thesis (Design)	5	12周	—	12周	8	评定
	专业教育 专业选修		创新创业教育类专业限选							
		BP2320001	幼儿园改革的理念与实践△	The Idea and Practice of Preschool Education Reform △	2	32	16	16	3	考查
		BP2320002	幼儿教师教研能力训练△	Cultivation of Preschool Teachers' Teaching and Research Ability △	2	32	16	16	6、7	考查
		BP2320003	教玩具设计与开发△	Design and Development of Teaching Toys △	2	32	16	16	6、7	考查
			注：创新创业教育类专业限定选修课学分修读下限为2学分							
			专业任选							

续表

课程模块	课程性质	课程编码	课程中文名称	课程英文名称	学分数	总学时	讲授	实践/实验	开课学期	考核方式
专业课程	专业教育	专业选修	BA2220012	儿童文学	Children's Literature	2	32	24	8	3	考查
			BN2220002	教育名著选读	Selective Reading for Educational Classics	2	32	32	0	3	考查
			BA2220049	团体康乐活动	The Group Counseling Based on Happiness	2	32	8	24	2	考查
			BA2220060	学前教育专业英语	Specialty English of Preschool Education	2	32	16	16	3	考查
			BA2220090	正念减压训练基础	Practice of Mindfulness-based stress reduction	2	32	10	22	3	考查
			BA2220013	儿童营养与保健	Children's Nutrition and Health Care	2	32	24	8	4	考查
			BA2220010	儿童观察	Children's Observation	2	32	16	16	4	考查
			BA2220059	学前比较教育	Comparative Preschool Education	2	32	32	0	4	考查
			BA2220035	人格心理学	Personality Psychology	2	32	32	0	4	考查
			BA2220069	幼儿故事创编	Fairy Tales Adapting of Children	2	32	16	16	4	考查
			BA2220087	特殊儿童教育	Teaching Student with Disabilities	2	32	24	8	5	考查
			BA2230003	教育统计与SPSS软件	Educational Statistics and SPSS	3	48	24	24	5	考试
			BA2220011	儿童绘本阅读与欣赏	Children's Picture Book Reading and Appreciation	2	32	16	16	5	考查
			BA2220070	幼儿认知与学习	Children's Cognition and Learning	2	32	16	16	5	考查
			BA2210001	儿童自然教育	Natural Education for Children	1	16	4	12	6、7	考查
			BA2220020	积极心理学	Positive Psychology	2	32	24	8	6、7	考查
			BA2220037	融合教育的理论与实践	Theory and Practice of Inclusive Education	2	32	24	8	6、7	考查
			BA2220088	儿童哲学	Philosophy of Children	2	32	32	0	6、7	考查
			BA2220089	幼儿教育政策法规	Preschool——Educational Policy and Law	2	32	16	16	6、7	考查
			BA2220071	幼儿问题行为矫正	Children Behavior Modification	2	32	24	8	6、7	考查
			BA2220018	管理心理学	Management Psychology	2	32	32	0	6、7	考查

续表

课程模块	课程性质	课程编码	课程中文名称	课程英文名称	学分数	总学时	讲授	实践/实验	开课学期	考核方式
专业课程学时合计			专业必修课小计		20	240	196	44	—	—
			专业选修课下限		18	288	—	—	—	—
教师教育课程	教育理论基础	BA3120012	幼儿科学教育与活动指导Ⅰ☆	Children's Scientific Education and the Guidance of Activity Ⅰ☆	2	32	16	16	3	考试
	职业必修	BA3120021	幼儿游戏与指导	Children's Games and Guidance	2	32	24	8	3	考试
		BA3120017	幼儿语言教育与活动指导☆	Children's Language Education and the Guidance of Activity ☆	2	32	16	16	4	考试
		BA3120022	幼儿园课程与教学☆	Curriculum and Teaching Theory ☆	2	32	24	8	4	考试
		BA3120013	幼儿科学教育与活动指导Ⅱ☆	Children's Scientific Education and the Guidance of Activity Ⅱ☆	2	32	16	16	4	考试
		BA3120015	幼儿艺术教育与活动指导Ⅰ☆	Children's Art Education and the Guidance of Activity Ⅰ☆	2	32	16	16	4	考试
		BB3110001	教师职业道德	Professional Ethics of Teaching	1	16	16	0	5	考试
		BA3120016	幼儿艺术教育与活动指导Ⅱ☆	Children's Art Education and the Guidance of Activity Ⅱ☆	2	32	16	16	5	考试
		BA3120014	幼儿社会教育与活动指导☆	Children's Social Education and the Guidance of Activity ☆	2	32	16	16	5	考试
		BA3120011	幼儿健康教育与活动指导☆	Children's Health Education and the Guidance of Activities ☆	2	32	16	16	5	考试
		BP3120001	幼儿园班级管理	The Kindergarten Class Management	2	32	16	16	3	考试
		BM3310001	习近平总书记关于教育的重要论述研究	Research on General Secretary Xi Jinping's Important Expositons of Education	1	16	16	0	4	考查

续表

课程模块	课程性质	课程编码	课程中文名称	课程英文名称	学分数	总学时	讲授	实践/实验	开课学期	考核方式
教师教育课程	教育理论基础 职业选修	BP3220002	儿童英语教学	Children's English Teaching	2	32	16	16	5	考查
		BA3220026	幼儿国学教育	Traditional Culture Education for Children	2	32	16	16	4	考查
		BA3220036	蒙台梭利教学法	Montessori Didactics	2	32	16	16	4	考试
		BA3220020	幼儿心理健康指导	Infant Mental Health Guidance	2	32	24	8	5	考查
		BA3220008	家庭与社区教育	Family and Community Education	2	32	16	16	5	考查
		BA3220001	0~3岁婴幼儿保育与教育	0~3 Years Old Baby Care and Education	2	32	16	16	5	考查
		BA3220040	0~3岁婴幼儿活动设计与组织	0~3 Years Old Baby Care and Education	2	32	16	16	5	考查
		BN3200001	卓越学堂	Outstanding Teacher Forum	—	—	—	—	6	—
		BA3220024	幼儿园组织与管理	The Kindergarten Organization and Management	2	32	24	8	6、7	考查
		BA3220023	幼儿园教育评价	Kindergarten Education Evaluation	2	32	16	16	6、7	考查
		BN3220001	教师专业发展	Teachers' Professional Development	2	32	16	16	6、7	考查

续表

课程模块	课程性质	课程编码	课程中文名称	课程英文名称	学分数	总学时	讲授	实践/实验	开课学期	考核方式
教师教育课程	职业必修	BN3120005	现代教育技术	Modern Educational Technology	2	32	16	16	4	考试
		BC3110001	教师语言训练	Training in Teacher's Language	1	16	8	8	1	考试
		BA3120004	美术技能Ⅰ	Art Skills Ⅰ	2	32	16	16	2	考试
		BA3120005	美术技能Ⅱ	Art Skills Ⅱ	2	32	16	16	3	考试
		BA3120006	舞蹈技能Ⅰ	Dancing Skills Ⅰ	2	32	16	16	1	考试
		BA3120008	舞蹈技能Ⅱ	Dancing Skills Ⅱ	2	32	16	16	2	考试
		BA3120009	音乐技能Ⅰ	Music Skills Ⅰ	2	32	16	16	1	考试
		BA3120010	音乐技能Ⅱ	Music Skills Ⅱ	2	32	16	16	2	考试
	教育职业技能训练	BA3220041	儿童舞蹈赏析与创编实践	Children's dance appreciation and choreography practice	2	32	16	16	3	考查
		BA3220003	儿童视听传媒	Children's Audio-Visual Media Language	2	32	16	16	3	考查
		BA3220035	儿童歌曲伴奏Ⅰ	Children's Song Accompaniment Ⅰ	2	32	16	16	3	考查
		BA3220037	儿童歌曲伴奏Ⅱ	Children's Song Accompaniment Ⅱ	2	32	16	16	4	考查
		BA3220027	书法	Calligraphy	2	32	16	16	4	考查
		BA3220038	幼儿歌唱	Children to Sing	2	32	16	16	5	考查
	职业选修	BA3220022	幼儿园教育环境创设	Kindergarten Education Environment	2	32	16	16	5	考查
		BP3220001	儿童戏剧	Children's Drama	2	32	16	16	5	考查
		BA3220028	中国画	Chinese Painting	2	32	16	16	5	考查
		BA3220010	亲子活动设计与指导	Parent-Child Activities Instruction	2	32	16	16	5	考查
		BA3210002	教学技能训练	Training in Pedagogic Techniques	1	16	8	8	5	考查
		BA3220039	奥尔夫音乐教学法	Orff Music Teaching Method	2	32	16	16	6、7	考查
		BA3220030	幼儿绘本设计与制作	Design and Making of Children's Picture Book	2	32	10	22	6、7	考查
		BA3220012	师幼互动方法与实践	Practice of Teacher-Child Interaction Method	2	32	16	16	6、7	考查

177

续表

课程模块	课程性质	课程编码	课程中文名称	课程英文名称	学分数	总学时	讲授	实践/实验	开课学期	考核方式
教师教育课程	教育实践	职业必修								
		BA3105001	观摩	Teaching Observation	0.5	1周	—	1周	2	—
		BA3105003	见习Ⅰ	Teaching Probation Ⅰ	0.5	1周	—	1周	3	—
		BA3105004	见习Ⅱ	Teaching Probation Ⅱ	0.5	1周	—	1周	4	—
		BA3105005	见习Ⅲ	Teaching Probation Ⅲ	0.5	1周	—	1周	5	—
		BA3105006	见习Ⅳ	Teaching Probation Ⅳ	0.5	1周	—	1周	6、7	—
		BA3180001	实习	Teaching Practice	8	18周	—	18周	6、7	—
		BA3105002	研习	Teaching Inquiry	0.5	1周	—	1周	7、8	—
职业课程学时合计			职业必修课小计		47	576	312	264	—	—
			职业选修课下限		20	320	—	—	—	—
课外活动与社会实践			三字一话	Handwritings and Mandarin	2	64	0	64	6	考查
			教育调查	Education Survey	1	32	0	32	4	考查
			教师访谈	Teacher Interview	1	32	0	32	4	考查
			微课制作	Micro-lesson Making	1	32	0	32	6	考查
			劳动	Labour	1	32	2	30	6	考查
			专业兴趣小组活动	Professional Interest Group Activities	2	64	0	64	7	考查
			专业性特色活动	Specialty-featured Activities	2	64	0	64	7	考查
总学分总学时			必修课合计		103	1464	972	492	—	—
			选修课合计		53	848	—	—	—	—
			课外活动与社会实践合计		10	320	0	320	—	—
			毕业合计		156+10	2312+320	—	—	—	—

注：1. ☆表示核心课程，△表示创新创业教育类课程。

2. 课外活动与社会实践贯穿于人才培养全过程，课程方案表中的开课学期均填写考核学期，即成绩录入学期。建议师范专业三字一话、微课制作活动安排在第6学期前完成，教师访谈、教育调查活动安排在第4学期前完成。

3. 根据《教育部办公厅关于加强高校教学实验室安全工作的通知》（教高厅〔2017〕2号）文件精神，高校创新举措，推进教学实验室安全宣传教育，未经相关安全教育并取得合格成绩者不得进入教学实验室。各理工科专业必须在新生入学教育中加入实验室安全教育内容，并组织相关考试，考试合格者方可进入教学实验室。其他开设具有一定安全危险的实验课程的专业可酌情开展实验室安全教育。

制定（修订）人签字：
院（系）主管领导签字：
院（系）盖章：
2022年6月20日

表2 本专业课程体系对毕业要求的支撑关系矩阵

课程名称	师德规范	教育情怀	保教知识	保教能力	班级管理	综合育人	学会反思	沟通合作
军训与入学教育	H	M	M					
军事理论课	H	M	M					
毛泽东思想和中国特色社会主义理论体系概论	H	M		H		H	M	
马克思主义基本原理	H	M					M	
思想道德修养与法律基础	H	M					M	M
中国近现代史纲要	H	M					M	
形势与政策	H	M				H	M	
英语			H				M	M
体育			H				H	M
计算机基础		H					M	
大学生职业发展与就业指导	M	M				M	M	H
创新创业教育	M	M					H	
儿童发展Ⅰ			H		H	M		
儿童发展Ⅱ		M		H		M		
学前教育学原理	M		H	M			L	
学前教育发展史略		H			M	H		
学前卫生学		M	H	M				
教育研究方法							H	H
教育行业创新创业指导	L					M	H	
毕业论文（设计）	M	M	H	H			H	M
幼儿园课程与教学				H		M		
幼儿游戏与指导		M		H				
教师职业道德	H	H					M	
幼儿科学教育与活动指导Ⅰ		L	M	H			M	
幼儿科学教育与活动指导Ⅱ							L	
幼儿艺术教育与活动指导Ⅰ			H	H			M	M
幼儿艺术教育与活动指导Ⅱ		L	M	H			M	

续表

课程名称	师德规范	教育情怀	保教知识	保教能力	班级管理	综合育人	学会反思	沟通合作
幼儿社会教育与活动指导		L	H	H				
幼儿健康教育与活动指导		M	H	H				
幼儿语言教育与活动指导			H	H			L	
儿童英语教学			H	H			H	
现代教育技术	H	H	H	M			H	H
教师语言训练			M	H				H
音乐技能 I			M	H				
音乐技能 II			M	H				
舞蹈技能 I		L	M	H				M
舞蹈技能 II		L	M	H				M
美术技能 I			M	H			L	
美术技能 II			L	M	H			M
观摩	L		M	H	M			
见习 I						H	M	
见习 II			H	M			M	
见习 III			H				M	
见习 IV			H				M	
实习	M	M	M	H	M	H		
研习	H	H	M	M			H	
幼儿园改革的理念与实践	H	H	H	H	H			
幼儿教师教研能力训练	M			M			H	
教玩具设计与开发		M	H					L
儿童文学		M	H	L			L	
教育名著选读	M	M	M	M			H	
团体康乐活动			M	M	H			
正念减压训练基础			M	M			H	
儿童营养与保健			H	M				
儿童观察			L	H	H			

180

续表

课程名称	师德规范	教育情怀	保教知识	保教能力	班级管理	综合育人	学会反思	沟通合作
学前比较教育	L		H				H	
人格心理学		M	H				H	
幼儿故事创编		L	H				H	
特殊儿童教育		M	H			M		M
教育统计与SPSS软件	L	M					H	
儿童绘本阅读与欣赏		M	M	H				
幼儿认知与学习		L	H	M		M		
儿童自然教育			M	H				
积极心理学	L	M					H	
融合教育的理论与实践	M	M	M			H		
儿童哲学	H	H		M		M		
幼儿教育政策法规	H		H		M			
幼儿问题行为矫正		L	M	M		H		
管理心理学					H	M		L
幼儿园班级管理					H		M	
幼儿国学教育		M	M	H				L
蒙台梭利教学法		L	M	H			M	
幼儿心理健康指导		M	H	M				
家庭与社区教育			M			H		H
0~3岁婴幼儿保育与教育		M	M	H				
0~3岁婴幼儿活动设计与组织	M	L	H	M				
幼儿园组织与管理	H		M	H				H
幼儿园教育评价			M	H			H	
教师专业发展	H					M		L
儿童舞蹈赏析与创编实践			M	H				M
儿童视听传媒		M		H				M
儿童歌曲伴奏Ⅰ			M	H				

续表

课程名称	师德规范	教育情怀	保教知识	保教能力	班级管理	综合育人	学会反思	沟通合作
儿童歌曲伴奏Ⅱ			M	H				
书法		L		H			M	
幼儿歌唱			M	H			L	
幼儿园教育环境创设		M	H	H		H		
儿童戏剧		L	H	M				M
中国画		L		M				
亲子活动设计与指导	L		M	H			M	
教学技能训练			H	H				
奥尔夫音乐教学法			M	H			L	
幼儿绘本设计与制作			M	H			L	L
师幼互动方法与实践		L	M	H		M		L
三字一话		M		H		L		
教育调查			M				H	
教师访谈			M				H	
微课制作		M	M	H		L		
劳动							H	
专业兴趣小组活动			M	H			M	
专业性特色活动				H		M	M	

注：表2中毕业要求与培养目标的支撑分别用"H（高）、M（中）、L（低）"表示。

广东第二师范学院学前教育专业自评报告（节选）

一、背景信息

1. 专业所在学校的简介以及教师教育情况简述（限 300 字以内）。内容应包括：学校的历史沿革，归属关系，学科布局，本科专业数量，各类全日制在校生规模，专任教师规模及教师教育情况等。

广东第二师范学院是省属普通本科院校。前身为 1955 年创办的广东教育行政学院，1960 年更名为"广东教育学院"，2010 年改制为普通本科院校并更名为"广东第二师范学院"。2014 年获学士学位授予权，2016 年通过教育部本科教学工作合格评估。设有海珠、花都 2 个校区，开设 44 个本科专业（19 个师范类专业），分布在教育学、文学、理学、工学、法学、历史学、管理学、艺术学和经济学 9 个学科门类。现有全日制本科学生 14000 余人，专任教师 714 人，专任教师中有高级职称教师 189 人，具有博、硕士学位教师占比 84.17%。

学校以引领基础教育改革发展为己任，以学前教育和小学师资培养为重点，培养造就教育情怀深、专业基础实、实践技能强、信息素养高、发展潜力足的教师教育人才。

2. 本专业发展沿革情况（限 600 字以内）。内容应包括：专业的历史沿革，专业学制和学位、办学地点、目前在校生数、年招生规模，专业师资队伍概况，专业依托学科的情况和基本办学条件。

2009 年，创办学前教育专业专科；2011 年，设应用心理学（学前教育方向）本科；2012 年起设学前教育专业本科，获批幼儿园园长、教师省级培训基地和幼儿园教师国培基地；2018 年成立学前教育学院；2019 年获批广东省一流本科专业建设点，为全省师范院校学前教育专业中唯一入围的省一流专业；2020 年《地方本科院校学前教育专业"一核四翼"应用型复合人才培养模式的研究与实践》荣获广东省教育教学成果奖（高等教育）一等奖，为学前教育专业唯一获奖成果。专任教师数量、结构能满足本专业教学和发展需要。现有专任教师48人，其中，教授7人，副教授9人，高级职称占34.78%，高级职称比例超过学校平均水平（30.71%）。

专任教师结构合理，高学历教师占比高，本专业专任教师都具有博士学位或硕士学位（远超60%）。现有专业教师55人，其中教师教育课程教师48人，幼儿园一线兼职教师14人。

学前教育专业现有在校学生971人，生师比为17.65：1，达到规定的生师比18：1的要求。

拥有较先进的多样化专业实训场室、省级教学团队1个、省级示范性教师教育实践基地3个。毕业生培养目标达成度好，就业率高，工作与专业期待高度相关。近5年大学生创新创业项目30项等各类项目省级以上获奖达27项。

二、培养目标

第一部分：达成情况

（请用数据和事实逐条自证标准条文的达成情况。数据描述以《专业教学基本状态数据分析报告》为依据进行分析和达成说明，事实描述以具体明确的文件、制度、行为、效果等进行评价分析和达成说明。）

【目标定位】

培养目标应贯彻党的教育方针，面向国家、地区基础教育改革发展和教师队伍建设重大战略需求，落实国家教师教育相关政策要求，符合学校办学定位。

1. 用单独段落列出本专业的培养目标全文，明确毕业生服务面向、职业能力特征概述与人才定位（明确该目标出自哪版培养方案）。

本专业培养目标出自2021年版培养方案，全文如下：立足广东，面向粤港澳大湾区，服务学前教育，培养教育情怀深厚、人格健全、有一定国际视野和综合素养、专业基础扎实、保教能力突出、有创新精神和研究意识的幼儿园骨干教师。

2. 描述说明专业培养目标贯彻党的教育方针及落实国家教师教育相关政策和改革要求的情况。

本专业培养目标认真贯彻党的教育方针，落实国家教师教育相关政策和改革要求。本专业培养目标坚持"立德树人"，将师德修养与教育情怀立于培养目标之首，突出对学生保教能力和研究意识的培养。

根据2018年《中共中央国务院关于学前教育深化改革规范发展的若干意见》《中共中央国务院关于全面深化新时代教师队伍建设改革的意见》及2019年《关于加强和改进新时代师德师风建设的意见》，提出培养教育情怀深厚、人格健全的幼儿园骨干教师。

本专业培养目标定位，旨在落实国家教师教育政策和改革要求。以《中共中央国务院关于全面深化新时代教师队伍建设改革的意见》为指导，注重落实《幼儿园教师专业标准》中"师德为先、幼儿为本、能力为重、终身学习"的基本理念，将师德情怀、保教能力、研究意识和专业发展作为培养目标定位的重要参照。

3. 描述说明专业培养目标与学校本科人才培养目标定位，以及与国家、地区基础教育改革发展和教师队伍建设重大战略需求的关系。

本专业培养目标符合学校本科人才培养目标定位要求。本校是一所以教师教育为特色，以培养基础教育、学前教育师资为重点的省属普通本科院校。落实2018年《广东"新师范"建设实施方案》《广东第二师范学院"新师范"建设行动方案（2018—2020年）》，提出"将学前教育专业作为重点专业予以建设"，"在政策、师资、场地建设等方面给予重点扶持"。2018年，通过政策倾斜、师资重组、资源优化，在教育学院学前教育系基础上成立学前教育学院，这是我省本科高校组建的第一个学前教育学院。

本专业与学校目标追求相一致，注重培养学生的师德修养和教育情怀，健全人格和提升综合素质，使学生具备扎实专业基础、良好的实践能力和研究意识，培养应用型人才。

本专业经过近十年的探索，逐步形成了个性化能复制的学前教育专业"一核四翼"应用型复合人才培养模式，即围绕全面提升学前教育专业应用型复合人才素质这一核心，完善理论、实践、活动三类课程，拓展课内、课外、校外三种途径，创设教学、科研、培训三个平台，打造早幼一体、普特融合、差异发展三大特色，实现了本专业育人模式的创新。

培养目标符合国家、地区基础教育改革发展和教师队伍建设重大战略需求。广东省属于经济发达地区，但区域差异明显，学前教育发展不平衡，幼儿园教育质量和教师素质参差不齐，本科学历师资比例偏低。

2019年，中共中央国务院印发《粤港澳大湾区发展规划纲要》，提出要辐射带动泛珠三角区域发展，打造国际一流湾区和世界级城市群。这一国家战略赋予区域教育发展新的时代要求。粤港澳大湾区包括香港、澳门两个特别行政区和广东省广州、深圳、珠海、佛山、肇庆、惠州、东莞、中山、江门9个市（简称"9+2"）。广东第二师范学院地处广州，生源遍布全省各地，就业服务半径多为泛珠三角区域。该区域学前教育服务体系发达，层次类型多样，办学机制灵活。

《广东省发展学前教育第三期行动计划（2017—2020年）》提出，要"构建幼儿园教师队伍建设支持体系。加大本专科层次幼儿园教师的培养力度，扩大省属高等师范院校学前教育专业的培养规模"。

本专业培养目标强调立足广东，面向粤港澳大湾区，注重培养学生的综合素质和实践能力，培养学生的创新精神和研究意识，这一目标定位清晰，与社会需求和未来发展相适应。

4. 描述说明专业培养目标制定开展了规范有效的调研，并定性或定量分析论证专业培养目标合理性。列表体现调研需求预测与专业培养目标的对应关联关系。

专业培养目标制定开展了多次规范有效的调研，主要包括四类，第一类整体把握广东省学前教育专业发展趋势与需求情况，就广东省学前教育专业本科人才需求和广东省本科专业设置与规模等进行分析研究，结合学校发展定位与本专业办学优势形成《学前教育专业人才需求研究报告》《学前教育专业人才培养目标定位分析报告》及《学前教育专业培养目标合理性评价报告》等。第二类面向用人单位、学前教育机构和实践基地幼儿园调研，以召开研讨会、实地走访和腾讯会议等方式展开。详见表1。第三类对任课教师、在校学生及毕业生调研。第四类是"走出去，请进来"，与省内外院校及专家学者交流研讨。在专业认证整改阶段，认真研读教育部专家意见，多次研讨修改，在2020年版的基础上修改完善，形成2021年版培养目标。

表1 调研情况

目标结构	调研需求预测	目标定位描述
服务面向	1. 本科层次的幼儿园教师占比低，广东人口基数大，流动人口多，幼儿园教师需求量大 2. 经济发达但区域差异大，学前教育服务多元化、个性化需求明显 3. 归属粤港澳大湾区的广东省9市地处珠三角，毗邻港澳，就业吸引力大 4. 生源结构以广东生源为主，就业流向城市主要是广东	立足广东，面向粤港澳大湾区，服务学前教育

续表

目标结构	调研需求预测	目标定位描述
职业能力特征（包括知识、能力、素质等）	1. 幼儿园教师知识结构综合多元，只有融合教育学、心理学、营养学、艺术学及广博的人文科学素养，才能做到科学保教 2. 幼儿园教师要有深厚的教育情怀，职业认同度高，关爱幼儿，尊重、理解幼儿，保教能力要求高 3. 幼儿园教师要有一定国际视野，地处粤港澳大湾区和改革开放前沿，要面向未来，要有先进的教育理念，有健全人格，有开拓创新意识	教育情怀深厚、人格健全、有一定国际视野和综合素养、专业基础扎实、保教能力突出、有创新精神和研究意识
人才定位	1. 本科层次的幼儿园教师知识结构合理，学习能力强，心智成熟 2. 受过比较规范的科研训练，发展优势明显，有一定的担当能力 3. 被赋予高期待，接受挑战性任务的机会更多，促使其成为保教及教科研骨干教师	幼儿园骨干教师

【目标内涵】

培养目标内容明确清晰，反映师范生毕业后 5 年左右在社会和专业领域的发展预期，体现专业特色，并能够为师范生、教师、教学管理人员及其他利益相关方所理解和认同。

1. 描述说明当前执行的培养目标表述是否明确清晰，预期了师范生毕业后 5 年左右在岗位领域具有的专业技能与职业素养、在学校环境下能够达到的专业成就及显现的职业发展潜力和竞争力，并举证说明该预期可以达到。

本专业培养目标表述明确清晰，预期了师范生毕业后 5 年左右的专业技能与职业素养，具体包括以下几项：

师德修养：践行社会主义核心价值观，热爱学前教育事业，具有职业理想，有教育情怀，尊重幼儿人格，关爱幼儿，富有爱心、责任心、耐心、细心，自尊自律，做幼儿健康成长路上的启蒙者和引路人。

综合素养：人格健全，乐观向上、有亲和力，求知欲强，具有幼儿园教育所需要的广博的文化知识、科学精神和艺术修养。

保教能力：能够将学前教育理论与保教实践相结合，读懂幼儿，顺应幼儿成长规律，合理安排幼儿的一日生活，重视环境创设和游戏，开展幼儿园教育活动和班级管理工作，将立德树人渗透于一日生活和游戏活动中，成为幼儿园保教工作骨干教师。

研究意识：勤于思考，能发现并解决幼儿园保教实践中存在的问题，不断反思与改进，促进自我专业发展，成为幼儿园教研或科研骨干。

培养目标在学校环境下能够达成以下内容：

第一，本专业人才培养模式探索有成效，专业建设成果丰富。2012年，本专业获批广东省高校综合改革试点项目建设，成为幼儿园教师国培基地和广东省幼儿园园长、教师省级培训基地；2014年，获得广东省应用型人才培养示范基地建设；2016年，获得教育学省级重点学科建设项目，依托重点学科平台，加快专业建设和学科建设；2018年，获得省级教学团队建设项目；2019年，获批省一流本科专业建设项目；2020年，学前教育专业"一核四翼"应用型复合人才培养模式荣获广东省教育教学成果奖一等奖。

从2012级起，学校启动卓越师范生培养项目。到2020年以院系为单位，学前教育专业卓越师范生项目启动，组建专门的卓越师范生班。2019年"广东学前教育学院"正式挂牌，在一定程度上提升了本专业的知名度和影响力，吸引了更多的优质生源和优秀教师。

第二，本专业培养目标符合教师职业生涯发展规律，采纳幼儿园园长教师、教育主管部门人员及教研人员等意见，符合毕业后5年左右的幼儿园骨干教师的应然状态，能够通过职前教育课程、实践活动与质量评价体系以及职后培训与自我专业发展等多种途径得以达成。

第三，本专业学生培养质量高，就业率稳居学校前列，首次就业与专业期待吻合度高。用人单位对毕业生评价好。2020届毕业生就业形势严峻，但广东学前教育学院学前教育专业毕业生早就实现100.00%就业，《羊城晚报》做了专题报道。学生在广东省师范生技能大赛、广东省大学生科学影像大赛、广东省大学生合唱比赛等各类比赛中屡获佳绩。2018年本专业学生获得全国大中专学生志愿者暑期"三下乡"社会实践"千校千项"之匠心传播好作品国家级特等奖。

毕业生发展态势良好，5年左右成为幼儿园骨干教师。学校与学院两级对毕业生有系统的跟踪调查制度和实施办法，注重调查结果的分析、反馈和改进，通过问卷、访谈、信函回访等形式对毕业生及用人单位进行调研，形成《广东第二师范学院毕业生就业质量年度报告》。用人单位对学前教育专业毕业生满意度高，对毕业生给予高度评价，充分反映本专业的毕业生具有良好的工作适应力，表现出较好的创造性，赢得用人单位的认可与肯定。

2. 描述说明当前执行的专业培养目标能够体现专业在人才培养过程中形成的特色和优势。

本专业依托"幼儿园教师"国培基地、广东省幼儿园园长和幼儿教师培养基地等培训平台，获批为广东省学前教育专业首个省一流本科专业建设点、省级教学团队建设项目以及广东省教育学重点学科建设点，形成职前职后一体化、校内外协同育人机制，构建了"一核四翼"应用型复合人才培养模式，完善理论课程、活动课程和实践课程三类课程，利用课堂教学、课外活动、校外实践三种途径，搭建教学平台、科研平台、培训平台三大平台，形成早幼一体、普特融合、差异发展三大特色。培养目标中的"教育情怀深厚、人格健全、有一定国际视野和综合素养"体现了这一特色与优势。

本专业依托学科背景多元的教师团队，坚持"全程实践"理念，强化实践教学环节，强调"教学做合一"的"全程实践"，注重活动育人。本专业构建了贯穿四年的全程实践教学体系，见习、实习、研习"三习"贯通，涵盖师德体验、教学实践、班级管理实践和教研实践。这种"理论+实践+'三习'"贯通的实践教学模式，有助于学生在实践感悟和真实场景中完成"从知识理解到实践体验""从惰性知识到综合运用"的转变，培养目标中的"专业基础扎实、保教能力突出"体现了这一特色与优势。

本专业不断推进和完善提升学生研究意识的课程建设和研究性项目训练，细化毕业论文过程指导，构建了循序渐进式、主题探究式的学生研究训练体系。鼓励学生积极参加大学生创新创业项目研究，加强教育研究方法与科研项目训练，培养目标中的"有创新精神和研究意识"体现了这一特色与优势。

3. 描述并举证说明专业采取多种途径让培养目标能够为本专业师范生、教师、教学管理人员及其他利益相关方所理解、认同。

本专业在修订培养目标过程中考虑各利益相关方的期望，获得各利益相关方的理解和认同。通过多种途径，有针对性地让利益相关方理解认同培养目标。

广东省教育主管部门对本专业培养质量和培养目标定位高度认同，招生计划数最多，最早获批的唯一的省一流学前教育专业，这是对本专业培养定位和培养质量的认同。

学校制订"新师范"建设行动方案，强调到2020年，以培养学前教育和小学师资为重点的师范生培养体系基本形成，成为广东省最大的学前教育和小学教育本科人才培养基地。师范生校内外协同培养新机制有效建立，教师教育师资队伍明显优化，师范生培养质量和教师培训质量显著提升，培养培训一体、职前职后融通、科研引领有力、实践取向鲜明的教师教育特色进一步彰显，成为教师教育规模适当、布局合理、质量较高、特色鲜明的普通本科师范院校。学校对学前教育专业发展高度重视并给予大力支持，认同本专业培养目标。

本专业注重专业入学教育。让师范生理解本专业培养目标定位、核心理念和内涵要求，形成共识，提升师范生的专业认同感，明确努力方向。本专业还注重师范生选课指导、学业指导、心理辅导和就业指导。

全体教师参与人才培养方案的制订修订工作，多次讨论交流，线上线下结合，每位教师参与其中，深入理解和把握培养目标、毕业要求以及课程设置整体结构，并根据培养目标和毕业要求设计相应课程目标、教学内容、教学方式和评价方式。

教学管理人员、用人单位等利益相关方，通过教学工作会议、专业认证推进会、专业建设研讨会、实践基地建设研讨会等多种形式，参与人才培养方案的制订与修订，参与培养目标研制过程，达成共识并积极支持。

【目标评价】

定期对培养目标的合理性进行评价，并能够根据评价结果对培养目标进行必要修订。评价和修订过程应有利益相关方参与。

1. 描述说明专业培养目标合理性定期评价机制，包括评价制度、评价依据、评价周期、评价程序、评价责任机构和责任人、评价结果的形成过程及结果反馈等。

学校有一系列发展举措、教学管理、教学评价、教学督导等制度文件，学生评教系统完善，建立学生信息员制度等，以确保学生培养质量，毕业生跟踪反馈与改进机制完善，运行常态化。成立专门的毕业生跟踪反馈与评价工作组，建立了完善的毕业生跟踪反馈与改进机制，定期对毕业生进行跟踪回访。

在"学生中心、产出导向、持续改进"的专业认证理念指导下，学校制定了《广东第二师范学院师范类专业培养目标达成度评价实施办法》《广东第二师范学院师范类专业毕业要求达成度评价实施办法》等，本专业根据学校制度完善了《学前教育专业人才培养目标合理性评价及修订制度》，明确评价责任机构和责任人、评价制度、评价依据、评价周期、评价程序、结果反馈等工作要求，规范了评价活动。

详见学校及学院教学管理制度文件汇编。

2. 说明最近一次培养目标合理性评价的过程和结果。

2020年5月至6月，对人才培养目标做了修订。本次修订收集了专家、专业教师、毕业生、用人单位的意见和建议。多次召开线上线下座谈会，对毕业生和用人单位发放问卷等。

最近一次培养目标合理性评价结果分析如下：

专家：精准定位培养目标，将之前的"应用型人才""骨干型幼教工作者"直接改为"幼儿园骨干教师"，清晰明确，符合师范类专业认证要求。突出区域特色优势，面向粤港澳大湾区，有责任担当，这是时代赋予的使命，培养目标要着眼于未来。

园长：培养目标体现了毕业生毕业后5年左右的应然状态，毕业后5年左右能够成为"骨干教师"，这既符合教师专业成长的阶段规律，也基于现实，更是幼儿园对本科层次教师的期待。注重提升班级管理能力，强化研究意识和研究能力，成为幼儿园科研骨干。

毕业生：认同培养目标，认为培养目标准确全面，能有效引领其专业发展。覆盖了学前教育专业理论与实践能力，关注了师范生的实践能力和研究能力。

专业教师：普遍认为培养目标体现国家和广东省教师教育改革发展方向，顺应新时代学前教育发展需要，突出"师德""立德树人""教育情怀""实践能力""创新精神"，定位准确，内涵清晰，符合本专业"一核四翼"应用型复合人才培养模式，能够体现办学过程中形成的特色和优势，立足广东，面向粤港澳大湾区，要适应学前教育多样化需求，要有创新精神、研究意识，凸显本科生优势。

3. 关于培养目标修订的相关制度，包括修订周期、修订依据、修订程序、主要参与人员。

每学年学校出台的《广东第二师范学院关于制订本科专业人才培养方案的通知及指导意见》则是学前教育专业人才培养目标修订与评价的重要依据。

学校教学管理制度文件健全完善。学校先后制定了《广东第二师范学院人才培养（含教学与专业建设）"十三五"规划》《广东第二师范学院"新师范"建设行动方案（2018—2020年）》《广东第二师范学院2019—2021年学位建设规划》《广东第二师范学院"卓越教师培养计划"实施方案》《广东第二师范学院学士学位授予暂行办法》《广东第二师范学院教学督导工作管理办法》《广东第二师范学院院（系）教学状态评估办法（修订）》等制度文件，既规定专业培养目标的导向，又规范专业培养目标的落实。

学院制定了相关的教学管理文件《教育学院毕业生跟踪反馈机制与社会评价机制实施方案》《教育学院关于师范类专业培养目标达成度评价实施细则》《学前教育专业人才培养目标合理性评价与实施办法》等，学院教学管理文件强化实施细则与过程管理，明确评价责任机构和责任人、评价制度、评价依据、评价周期、评价程序、结果反馈等评价工作要求，以规范培养目标评价活动，完善专业培养目标合理性定期评价机制。详见学校及学院教学管理制度文件汇编。

院系形成以教学管理人员、专业教师、在校生、毕业5年左右师范生、幼儿园等其他利益相关方共同参与的多方评价机制。定期召开专门的专家论证会，进行毕业生、用人单位对专业培养目标的合理性调查（以访谈或问卷调查为主），整合评价意见（用人单位评价、毕业生评价、专业教师评价、麦可思报告等第三方评价），得出评价结论。

4.描述说明最近一次专业对培养目标进行修订情况，包括修订时间、内容和依据等，重点说明培养目标合理性评价结果在修订过程中发挥的作用。

2020年6月，主要针对2016届、2017届、2018届、2019届毕业生，发放有效问卷138份，本次评价由学前教育学院组织实施，以问卷调查为主。开展满意度调查，通过实践基地幼儿园座谈会，毕业生访谈及用人单位对毕业生进行意见鉴定形式进行了解，有72份表示非常满意。

以腾讯会议的方式召开由教学管理人员、本专业教师、广州市部分幼儿园园长、兄弟院校的专家参与的培养目标咨询评价会议（依据相关制度及评价依据，按既定评价程序进行）。

贯彻落实专业认证理念，围绕培养目标定位与内涵展开研讨，形成以下结论：

第一，用人单位的评价。本专业培养目标达成评价小组组织本专业毕业生就职的部分幼儿园园长开展座谈，了解本专业毕业生的工作与发展情况。用人单位一致认为，本专业毕业生热爱学前教育事业，热爱幼儿，踏实肯干，保教知识扎实，保教能力和班级管理能力良好，善于合作，有专业发展潜力。

第二，专业教师的评价。2020年5月至6月学前教育学院多次组织"线上+线下"会议研讨培养目标、毕业要求及人才培养方案。本专业教师普遍认为现行的培养目标体现国家和广东省教师教育改革发展方向，顺应新时代学前教育发展需要，突出"师德""立德树人""教育情怀""实践能力""创新精神"，定位准确，内涵清晰，符合本专业"一核四翼"人才培养模式，能够体现办学过程中形成的特色和优势。

第三，毕业生意见反馈。毕业生调查结果显示，认同培养目标，认为培养目标准确全面，能有效引领其专业发展，毕业后5年左右达成培养目标，多数毕业生能成为所在单位的骨干。认为4年专业知识学习系统，还培养了多方面的专业能力。合唱、舞蹈、环保时装秀等比赛锻炼了学生在舞台上大胆、自信表现的能力。在图书馆接触各种各样的书籍，养成了自主阅读、勤于思考的习惯，这对于今后学习专业知识是非常有益的。课程体系基本覆盖了学前教育专业理论与实践能力。关注了师范生的实践能力，专业特色鲜明，注重与家长沟通及幼儿园班级管理。

5. 描述说明师范生、教师、教学管理人员和用人单位及其他利益相关方参与专业培养目标合理性评价和修订过程的相关规定，以及在最近一次评价和修订工作中利益相关方发挥的作用。

本专业注重发挥各相关力量的作用，对人才培养目标做合理评价和必要修订。每学期期初、期中、期末召开学生座谈会、督导评教等方式征询意见，对培养目标的合理性及课程教学等达成路径进行反馈；通过见习、实习、研习、观摩等了解调查师范生素养能力等方面的实践需求与期待，作为修订培养目标的依据之一。

本专业全体教师和教学管理人员全程参与人才培养目标的评价和修订，从定位思考、内涵界定到语言表述对人才培养方案进行研讨和修订。定期或不定期召开教育实践基地负责人会议、专业建设研讨咨询会等，加强与区域学前教育部门的多样化合作，保持与用人单位和区域学前教育主管部门的沟通交流，征询毕业生的情况和实际学前教育需求；邀请兄弟院校和幼儿园实践专家论证，帮助全面把握培养目标定位和人才培养方案，提出修改建议。

最近一次评价与修订工作中，各利益相关方的意见受到充分重视，在培养目标完善过程中体现出来。

结合培养目标合理性评价结果，在修订过程中充分考虑相关方意见，体现专业认证理念，增强培养目标可操作性和可预期达成，注重"产出导向"。准确定位"幼儿园骨干教师"的培养，符合专业认证要求；"面向粤港澳大湾区"符合广东省未来学前教育发展趋势和时代要求。未来的幼儿园教师要有"国际视野"，要有更高的综合素养和深厚的教育情怀。骨干教师要在保教能力、班级管理能力和科研能力方面更为突出，要善于合作，有专业发展潜力，等等。

第二部分：主要问题

（请根据上述达成情况，逐条对标诊断，明确清晰地描述分析专业自评中发现的问题与不足，为专业持续改进提供依据；若难以归结到某项二级指标的共性问题可单独列出。）

【目标定位】

第一，目标定位难以兼顾"专业性"和"适应性"。在培养目标的修订过程中，本专业基于0~6岁学前教育服务体系的多元化和市场化，将培养目标定位为"应用型人才"和"学前教育工作者",强化厚基础、宽口径、强适应,胜任幼儿园教育、早幼一体教育和普特结合教育,这种调整有助于学生就业创业和差异发展。在最近一次培养目标修订时,通过与行业专家和专任教师的反复论证,将培养目标定位调整为"幼儿园骨干教师",有助于进一步凸显师范特色和专业认证要求。那么,该如何兼顾学生就业多样性,以满足社会对学前教育多元化人才需求和毕业生本人就业多样化的需求?培养目标定位趋同,不利于学生差异化发展和多样化发展。

第二,本科层次高素质幼儿园骨干教师的独特优势如何在培养目标中得以体现?如何处理好理论素养与实践能力、教育性与艺术性、研究意识培养与教学技能训练的复杂关系?相应的课程体系与课程门类如何统整,才有助于培养幼儿园骨干教师的核心素养?

【目标内涵】

第一,目标内涵解读有待深入。本专业培养目标贯彻党和国家的教育方针政策,需进一步明晰培养目标4方面的内涵,进一步体现与毕业要求的有机联系。比如,培养目标与"一践行三学会"的内在关联如何体现?能否成为幼儿园教师专业标准的通俗理解?"践行师德"要求把师德修养和教育情怀置于培养目标首位,但师德修养和教育情怀的构成要素及其培养机制等尚缺乏深入研究。

第二,目标内涵有待丰富拓展。时代在进步,培养目标预期的是毕业5年左右幼儿园教师的知识能力和综合素养需要更加具体化,具有可检测性。身处新时代,地处粤港澳大湾区,培养目标内涵还需要与时俱进,不断丰富其时代内涵。

第三,培养目标及其内涵的解读和宣传工作有待加强。人才培养目标的修订需要持续改进,但其核心内容应该是基本固定的。本专业培养目标及其内涵需要更广泛的宣传、落实与深化。

【目标评价】

第一,本专业人才培养目标的评价机制有待进一步完善。评价制度和评价程序需要更具体可行的长效机制保障,评价方法不够科学合理,评价结果不够详细。

第二,评价保障机制需要进一步完善。利益相关方的有效参与机制有待完善,如用人单位参与目标评价的制度化与常态化问题,学生毕业后5年的专业追踪指导机制的健全,第三方评价数据的有效利用制度,以及评价资料管理系统的健全等。

第三部分：改进措施

（请针对自评中发现的问题与不足，逐条对标检查，明确清晰地描述已采取的或拟采取的改进措施，并提供支撑材料。认证专家将视改进情况做出评判。若难以归结到某项二级指标的措施可单独列出。）

【目标定位】

第一，秉承"持续改进"理念，不断反思和修订人才培养目标，准确把握时代要求和国家政策导向。致力于提升学生培养质量和就业率，从学生就业、用人单位满意度以及行业专家论证信息中寻求培养目标与用人需求及毕业生发展之间的动态协调，持续优化培养目标。每年根据学校要求修订人才培养方案时，邀请用人单位和理论专家进行评审，密切多方合作，加强学术交流，"走出去，请进来"，完善沟通机制和交流平台，不断完善本专业培养理念和培养模式特色。认真听取幼儿园一线教师的意见，强化实践教学环节，真实了解幼儿园骨干教师的综合素养和核心能力。精准定位培养目标及其内涵，努力构建"产出导向"的师范生培养目标体系。

第二，增进粤港澳大湾区的交流合作。通过借鉴和研究，进一步明确培养目标定位，细化与粤港澳大湾区发展需要相适应的目标要求，鼓励学生在既有培养目标框架内，拓宽理论视野，满足学生多元化发展需求；鼓励有学术兴趣和学习意愿的学生深造，密切与粤港澳大湾区大学的学术交流和学生培养；完善多类型教育实践基地，提供多样化实践体验，为学生多元化就业创造机会；鼓励学生参与大学生创新创业项目申报和各类教学技能大赛，提升学生的综合素养和研究能力。

第三，守正创新，精准培养。充分彰显本科层次高素质幼儿园骨干教师的独特优势，着力从师德修养、综合素质、保教能力和研究意识4方面提升本科毕业生的核心能力，以专业认证为契机，抓住"主线"和"底线"，做好反向设计和正向施工，强化毕业要求对培养目标的支撑，课程体系对毕业要求的支撑，建立面向产出的评价改进的"底线"要求，理性反思培养目标定位的合理性与达成度，清醒认识课程体系及课程门类设置的意义与价值。

【目标内涵】

第一，深入挖掘培养目标内涵，理顺培养目标与毕业要求的逻辑关系，深化对幼儿园骨干教师的核心素养研究，探寻幼儿园教师成长的关键要素和内在规律。依托实践教学基地平台与多样化培训平台，与用人单位和相关利益群体保持密切联系，关注幼儿园实践改革动态和用人需求变化。

第二，增强目标内涵表述的可操作性和可视化，将"师德修养""教育情怀"等素质要求具体化。本专业注重学生专业认同和教育情怀教育，强调学生心理健康教育，倡导理论引领和活动育人，注重学生的师德修养，要体现在对幼儿的热爱与尊重、对专业的钻研与创新、对学前教育事业的执着与坚守上。让学生在多样化的实践活动中深化对幼儿群体和个体的深入了解，能够"读懂孩子""呵护孩子"，实践教学中加强儿童观察、师德修养与教育情怀的践行与考核，这样更有助于学生师德修养和教育情怀的培育，有助于从外在的专业要求变成学生的内在需求和自觉行动。

第三，依托本专业课程教学、教研室活动、学生活动等渠道，不断支持师生对培养目标内涵的理解，引导师生将培养目标和专业要求落到实处。加强对培养目标的实践丰富性与解读宣传工作，定期组织本专业教研活动，根据人才培养目标设计课程目标和教学目标，通过两级督导、教研活动提高课堂教学活动对培养目标内涵的支撑与落实。

【目标评价】

第一，进一步完善学校和学院两级培养目标评价制度，保障培养目标评价定期进行。依托专业人才培养方案修订，落实"反向设计，正向施工"的专业建设思路，完善"产出导向"的师范专业人才培养体系。建立利益方多元化、全方位参与培养目标修订的评价机制，开拓实践教学基地与实践教学多元反馈路径，建立长期稳定的参与交流机制。

第二，完善毕业生质量跟踪反馈的常态化机制。成立专门的毕业生质量跟踪反馈与评价工作组，全面跟踪与重点跟踪相结合，定期跟踪与不定期跟踪相结合，定期对毕业生进行跟踪回访。一方面，通过对用人单位大面积的问卷调查获取相关数据，并进行分析，总结经验，找出存在问题，并加以反馈改进；另一方面，由班主任对毕业生进行一对一的跟踪回访，由用人单位将书面反馈材料交由毕业生寄回母校，及时反馈我系毕业生的职业生涯发展情况。

第三，细化评价依据的可操作性，完善科学有效的评价程序。改进人才培养目标评价调查表，质性评价和量化评价相结合，优化评价方法。充分利用第三方评价机制和评价数据，注重评价过程资料的收集整理与归档。建立健全毕业生后续发展跟踪机制，在学校和学院就业指导部门、学生工作部门及教务工作部门的支持下，完善毕业生追踪的长效机制，扩大毕业生调研的参与面，加强毕业生校友工作。加强与毕业生沟通合作及专业指导机制建设，积极探索校内外持续培养机制。加强与境外的合作交流，积极举办和开展国际学术研讨会和多元化合作。

三、学生发展

第一部分：达成情况

（请用数据和事实逐条自证标准条文的达成情况。数据描述以《专业教学基本状态数据分析报告》为依据进行分析和达成说明，事实描述以具体明确的文件、制度、行为、效果等进行评价分析和达成说明。）

【生源质量】

建立有效的制度措施，能够吸引志愿从教、素质良好的生源。

1. 表2说明本专业近3年的生源情况。简要分析生源状态、变化情况和主要原因。

表2 本专业近3年的生源情况

年份	所在省份	招生数（人）	该省份录取分与本专业分数线比较	专业第一志愿录取比例（%）
2018	广东	186	文科 443/534 理科 376/470	48.92
	山西	2	理科 432/480	50.00
	贵州	3	理科 379/466	0.00
	云南	3	理科 430/502	100.00
	湖北	2	理科 375/465	100.00
	湖南	2	理科 450/491	100.00
	海南	2	理科 539/571	50.00
2019	广东	282	文科 455/540 理科 390/481	36.17
	山西	2	理科 432/476	50.00
	贵州	2	理科 369/454	100.00
	云南	2	理科 435/514	100.00
	湖北	2	理科 388/481	100.00
	湖南	2	理科 448/499	100.00
	海南	2	理科 539/601	0.00
	四川	2	理科 459/538	100.00
	江西	2	理科 449/511	100.00
	河北	2	理科 379/492	100.00

续表

年份	所在省份	招生数（人）	该省份录取分与本专业分数线比较	专业第一志愿录取比例（%）
2020	广东	232	文科 430/525 理科 410/501	34.00
	山西	2	理科 449/506	50.00
	贵州	2	理科 384/469	100.00
	云南	2	理科 440/531	100.00
	湖北	2	理科 395/507	0.00
	湖南	2	理科 464/508	50.00
	海南	2	理科 463/583	100.00
	四川	2	理科 443/513	0.00
	江西	2	理科 463/535	100.00
	河北	2	理科 415/519	50.00

生源质量尤其是广东省生源第一志愿录取情况不超过50.00%的原因分析如下。

根据近3年的专业第一志愿录取比例来看，广东省生源专业第一志愿录取比例均不超过50.00%，可喜的是生源质量不断提高。随着广东学前教育学院学前教育专业的影响力和知名度的提升，招生规模不断扩大，2018年招生200人，其中，14人为外省市生源；2019年招生300人，18人为外省市生源，2020年招生250人，18人为外省市生源。作为地方本科院校，学校广东省生源占绝大多数，扩招带来的是数量的激增，难以短时间内聚集大量优质生源，也在情理之中。

经过抽样调查得知，原因主要有三：其一，广东省考生报考志愿时，优先考虑的是城市和学校，广州高校集中，第一志愿选择理想学校又要选择学前教育专业的考生比例不大；其二，部分广东省考生对于学前教育专业认识不足，更多的是受到家长的传统观念的影响，填报志愿时对学前教育专业的认同度比较低；其三，部分广东省考生认为选择学前教育专业，毕业后就业归口相对狭窄，要当幼儿园教师，与大学教师、中小学教师比较，幼儿园教师的社会地位和工资待遇也较低。

2. 描述说明学校和院系两级建立符合学前教育专业特点，吸引乐教、适教的优秀生源制度及效果情况。

学校和院系两级建立了符合学前教育专业特点，吸引乐教、适教的优秀生源的制度。学校执行教育部规定的"学校负责,招办监督"的录取体制,招生录取严格遵守教育部、各生源省招生办有关政策和规定,以考生高考成绩为基本依据,本着公平、公正、公开的原则,综合衡量德智体美劳全面发展情况,择优录取。

在本科提前录取批次的学前教育(师范)专业招收高中起点4年制本科层次公费定向培养粤东粤西粤北地区中小学教师(教师专项计划),通过广东省普通高考招收学生,用24278单独代码进行报考。实行单设志愿、单独划线、单独投档录取。

报读公费定向培养专业考生被录取后,原则上不能转学,不能转专业,否则取消当年录取资格。且须由考生或考生(未满18周岁)及其法定监护人与培养计划来源地县级政府、培养院校签订《广东省公费定向培养粤东粤西粤北地区中小学(含幼儿园、特殊教育学校)教师协议书》,毕业时由培养计划来源地相关职能部门按照规定进行面试、考察,派遣到定向安排的学校(含村小、教学点和幼儿园)任教不少于6年。

公费定向师范生在学校基本修业期内免除学费、住宿费、军训服装费、教材资料费、实习实践费、体检复查费和领取生活补助费等,其中生活补助费标准为每生每年8000元,学校按照1年10个月逐月发放。

教育学院认真总结招生宣传的经验,建立吸引优秀生源的制度,规定招生宣传工作的职能,明确招生人员应具备的资格,确定招生宣传人员的职责。

在相关制度的规范下,教育学院的招生宣传工作通过日常宣传方式,发挥互联网作用,利用QQ群、微信群、微博、官方网站等网络平台开展招生宣传;充分发挥"传帮带"作用,高年级学生和"导航学长"提供在线答疑帮助。

重点宣传以下五方面。一是广州概况。宣传广州的发展前景,突出地方优势等。二是学校概况。学校由广东省人民政府主办,广东省教育厅主管,是新中国成立后广东省较早设置的省属公办高校之一。设有教育学院等16个教学院系和基础教育研究中心等15个研究机构,开设37个本科专业,分布在教育学、文学、理学、工学、法学、历史学、管理学、艺术学和经济学9个学科门类。三是办学特色。学校以引领基础教育改革发展为己任,以"进德修业 为人师表"为校训。坚持民主与科学并重、人文与自然统一的办学理念,秉承"追求真理、关注民生、勇于担当"的优良传统,教育师生"学为君子,兼善天下",着力培养"人格健全、文化知识广、专业基础实、职业技能强"的应用型人才。广东第二师范学院学前教育专业在全国公办大学学前教育专业排名中为广东省第1名,全国第15名,且学前教育专业被省厅推荐参评国家一流本科专业(广东省唯一）。四是学生就业。区位优势、教育质量明显，广东第二师范学院学前毕业生近3年就业领域走向为儿童图书（绘本）创作、编辑、少儿节目主持人等。五是补充说明。介绍包括招生代码、关于农村贫困地区定向招生专项计划的情况、综合评价招生情况、按类招生的情况等。在此过程中，做好学生的个别咨询，尽最大可能帮助学生排忧解难。由于服务热情、工作到位，受到家长和学生的热烈欢迎。

效果良好。在学校和学院的高度重视下，学前教育专业吸引了较多省内和省外的学生，新生在未入学前就通过各种网络平台与高年级学生、"导航学长"以及新生辅导员取得联系，各种入学困惑与问题得到解答，提升了新生的归属感，让其有"家"的感觉。与此同时，学校地理优势的吸引力也比较大，学校地处广州市市中心，优越办学环境给新生带来了更加强烈的求学愿望。广东学前教育学院不断完善与更新官方网站信息，大力宣传学前教育专业育人成效，重视人才培养，硕果累累，学科专业的深厚底蕴也是学生选择的重要因素。

【学生需求】

了解师范生发展诉求，加强学情分析，设计和制订兼顾共性要求与个性需求的培养方案与教学管理制度，为师范生发展提供空间。

1. 描述说明学校和院系两级建立师范生发展诉求、学情调研机制和师范生发展评价指导体系，及其支持师范生个性化发展的情况。

学校和院系两级建立了师范生发展诉求、学情调研机制和师范生发展评价指导体系，支持师范生个性化发展。学校有教学信息员制度，学院有定期的学生座谈制度以及师生联系制度，听取学生发展诉求并及时体现到课程及其他教育活动中。学生信息员每周反馈课堂教学相关信息。每学期组织期中、期末教学质量检查，对学生的学习需求进行全面调研，学生以给老师一封信的形式反馈关于课程、教学、教师等方面的意见、诉求。由教学管理部门一一对应地书面反馈给任课教师，让教师更好地把握学情，优化教学过程，本专业建立了专门的学生发展评价办法，引导学生朝卓越方向发展。

在支持师范生个性化发展方面，学校建设"师匠启航计划"，坚持一个核心，两个目标，五个工作平台，如举办"师范生文化节""师范生技能竞技月"等推动师范生成长进步，学院建设"筑梦教育，卓越树人"大学生成长实践工程，开展手工艺制作大赛、合唱比赛、歌手大赛等赛事。学校通过多形式的选修课及社团活动给予实现；学院则通过开放所有的实验、实训场地，让学生自由选课，引导学生跟导师做各类项目，做好班级文化建设，以专业技能为基础，创建班级特色品牌，形成鲜明的班级文化标志。积极拓展"第二课堂"，为师范生个性化发展提供更多平台,到目前为止,学院设书法班、手工班、手语班等有着鲜明专业背景的特色班级。同时,学院鼓励学前教育专业课程开展专业展示活动,在期末举办课程汇报演出并推出优秀作品展示墙,让本专业每个学生都有展现自我的机会,汇报一学期学习收获。每年举办学前宣传月活动,给学前教育专业学生提供展示平台,扩大专业影响力,促进学生发展。学生在广东省师范生技能大赛、"挑战杯"等赛事中获奖,如2016届学前教育B班的李颖薇参加2019年广东省大学生职业规划大赛,荣获本科组二等奖;2018届学前教育C班的简颖娜获得第十一届广东省规范汉字书写大赛(大学组)一等奖;学生合唱节目《绒花》荣获五四团支部合唱三等奖等。

2. 描述说明学校和院系两级针对专业教学和师范生个性化发展需求的培养方案与管理制度,以及这些制度和措施在支持和促进师范生发展,满足师范生多样化需求方面发挥的作用。

学校和院系两级针对专业教学和师范生个性化发展需求的培养方案与管理制度。学校制定了《广东第二师范学院卓越教师培养计划试点专业建设实施方案》《广东第二师范学院"卓越学堂"师范生培养实施方案》《广东第二师范学院教育实习工作规定》《广东第二师范学院本科生自主实习管理规定》《广东第二师范学院优秀毕业论文(设计)评选实施办法》《广东第二师范学院本科生课外创新创业实践学分实施细则》《广东第二师范学院学科技能竞赛奖励暂行办法》《广东第二师范学院学生教学信息员制度实施办法(试行)》《广东第二师范学院教师教育专业实践教学标准》等制度,在专业教学、自我发展、选课及实习等方面适当满足师范生的个性化需求。

学院有大学生创新项目管理细则,给师范生的个性化发展提供了更广阔的平台;学院设置学生特长的学生综合评价制度和导航学长制,促进了学生的个性化发展。

【成长指导】

建立师范生指导与服务体系,加强思想政治(以下简称"思政")教育,能够适时为师范生提供生活指导、学习指导、职业生涯指导、就业创业指导、心理健康指导等,满足师范生成长需求。

1. 描述说明学校和院系两级依据毕业要求设立的师范生指导和服务体系及运行方式。

学校和院系两级师范生指导和服务体系及运行方式。学校设有学生工作处(部)和团委。学生工作处内设思想教育、学生管理岗、学生资助中心、心理健康教育中心、就业创业指导中心,校团委内设团委办公室、组织宣传部、实践调研部、科技学术部、文体艺术部、青年传媒中心。

学校设有教师教育学院，是在积极响应中共中央国务院《关于全面深化新时代教师队伍建设改革的意见》、全面落实广东省建设"新师范"战略的背景下成立的。教师教育学院是一个集教学、科研、教师培训、新师范建设研究、师范专业认证决策咨询研究、教师资格考试研究、学校教育信息化决策咨询研究等职能为一体的教学单位，学校未来教育与未来学习体验中心挂靠本单位，学校智能教育产业学院与教师教育学院合署办公。该学院承担全校"中（小）学教育基础""儿童发展与学习""心理健康与道德教育""现代教育技术"等教师教育类公共课程教学工作；开展师范专业认证、师范教育改革与学校新师范建设研究；开展教师资格考试研究，寻求应对教师资格考试有效策略，并对全校师范生开展教师资格考试辅导。

广东第二师范学院未来教育与未来学习体验中心／教育信息技术应用能力实训中心（以下简称"中心"）成立于2018年12月20日，是华南地区第一家面向师范生和中小学在职教师开展师范生技能培训、信息技术应用能力实训、网络教学教研、全媒体创作与实践、新学习模式体验等的新型教学空间。

教育学院内设学工办和院团委，配备辅导员4名，为每个班级配备班主任1名，以加强师范生指导和服务工作。近年来，学院学生工作逐步在深化学风建设和日常管理中取得实效，在各方面都取得了积极进展。

2. 表3说明对应相关毕业要求指标点对师范生开展立德树人教育，为学生提供思想政治指导，学业指导，职业生涯指导、就业创业指导、心理健康指导等方面的情况，包括指导人、指导渠道、指导方式，指导频度、受益学生、落实情况，并描述分析取得的实效。

表3 师范生指导与服务体系及实效

指导内容	指导人	指导渠道、方式	指导频度	受益学生（人）	落实情况
思想政治指导	院领导、辅导员	入学教育、形势政策课程、年级大会	每月	732	是
学业指导	系主任、班主任、专业课教师	入学教育、学风建设活动、班会、课程	每天	732	是

续表

指导内容	指导人	指导渠道、方式	指导频度	受益学生（人）	落实情况
职业生涯指导、就业创业指导	辅导员、就业创业任课教师	就业创业指导课程、讲座	大一年级、大三下学期	732	是
心理健康指导	辅导员、心理健康任课教师	大学生心理健康课程、心理健康普测、二级心理辅导站	大学四年	732	是

思政教育效果明显。拓宽了"思政教育"阵地，完善基层思政工作，学校以学习习近平总书记系列重要讲话精神等为指导，高扬社会主义核心价值体系主旋律，积极推进网络思政建设，线上、线下双管齐下开展思政教育，占领网络思政平台。如结合学校继续完善学院公众号建设、探索开设其他媒体平台。

以学生党建工作为龙头，充分发挥学生党支部的战斗堡垒作用和党员先锋模范作用。以入学教育为契机，上好新生思政第一课。持续打造教育学院"星之火"学生党员先锋营活动——"1234"组织力提升工程，疫情防控期间积极发挥先锋营作用，举行"清明追思，家国永念""绽放战役青春·坚定制度自信"等多场主题党日活动，开展线上党课，听取线上思想汇报，加强学生党员教育。

先锋营二期在思想引领、规范建设、先锋示范、质量提升四个阵地持续发挥作用。一是实施促进了考研升学"育苗计划"。举办考研经验交流会，邀请考研成功的同学和老师给他们传授考研经验；组织本专业教师进行考前辅导；经常看望和慰问考研学生，给他们送去关怀和温暖。二是打造了学院思政特色，营造学风建设氛围。持续深化建设学风建设长效机制，结合学生发展诉求及专业特色开展系列特色活动，进行了"优秀学风建设班级"评比，结合学生发展诉求，从考勤、获奖、班级特色活动、班级公众号建设等方面评比表彰学风建设先进班级。三是增强了学生的创新意识，开展各种具有专业特色的学术活动，如师范生技能大赛、手工文化节、三字一画大赛、教学成果展、学风建设活动等。

3. 描述说明开展学习指导的机制、内容、方法与效果，指导师范生根据培养目标和毕业要求制订学习规划、根据课程目标制订课程学习计划，并指导有效学习。

开展学习指导的机制主要包括发展性评价机制与跟踪评估机制。

第一，形成性评价与终结性评价相结合。每门课程教学大纲和质量标准里均明确了形成性评价所占比例，并在实际教学过程中按课程大纲实施评价。教师在教学过程中及时记录学生的学习情况，对课堂出勤率、课堂表现、课堂参与度等进行检测，对学生认知、情感、态度、策略等方面的发展做出评价，有效地监控了教与学的过程。总评成绩时对形成性评价进行量化评价，并折算成分数记入学生的课程总评成绩。师范生实践技能的评价每学期进行，要求学生将自己好的作品及其他成果放入成长档案袋。

第二，加强学生生涯规划教育。以大学生就业指导课为抓手，从低年级起，指导学生进行职业规划，支持学生参加职业规划大赛。学院注重对学生理论知识、社会实践及创新能力的培养，建有实验室31个，教学实践基地34个。由于学生的综合素质提高，近年的毕业生深受社会欢迎，就业率达到100.00%，得到用人单位一致好评。2016届学生李颖薇获2019年广东省大学生职业规划大赛本科组二等奖。

4. 描述说明学校和院系两级全面、全程、全员育人制度建设情况，思政教育工作贯穿专业教学全过程的情况及其实效。

学校和院系两级强调全面、全程、全员育人，思政教育工作贯穿专业教学全过程。课程思政教育效果明显。

第一，学校强化思政课程。关于印发《广东第二师范学院强化课程思政建设一流课程实施方案》（广东二师党〔2019〕87号）的通知，要求围绕立德树人根本任务，树立"全课程"育人理念，以强化课程思政为切入点，以课程团队发展为基础，以课程内容优化为重点，以课程教学模式创新为手段，以现代信息技术为支撑，积极建设一流课程，打造线下"金课"和线上、线下混合式"金课"，把立德树人内化到课程建设和课堂教学各方面、各环节，努力培养德智体美劳全面发展的社会主义建设者和接班人。

要积极开展课程思政试点工作，实施一流课程建设计划，全面落实"三全育人"，努力构建一流课程体系，打造一流课堂教学，建设一流教学队伍，营造一流育人文化，培养一流本科人才。到2023年，学校课程思政育人机制基本健全，课程建设和课堂教学质量保障机制有效建立，课程建设水平不断提升，学生学习成效和教师育人能力显著增强。并要求院系领导做到听课全覆盖，把好课程思政关。

学生思政教育工作以"学生党建"工作为龙头，拓宽"思政教育"阵地，完善基层思政工作，积极推进网络思政建设，线上、线下双管齐下开展思想政治教育，占领网络思政平台。充分发挥学生党支部的战斗堡垒作用和党员先锋模范作用。以入学教育为契机，上好新生思政第一课。持续打造教育学院"星之火"学生党员先锋营活动——"1234"组织力提升工程。

第二，学院注重实践育人和第二课堂。启动"筑梦教育，卓越树人"教育学院大学生实践成长工程，举办"广东学前教育学院毕业生招聘会"，当天活动广东电视台和广州电视台分别对广东学前教育学院举办的学前教育招聘会进行了报道，《人民日报》进行了转载报道，为毕业生提供更加精准化、精细化的就业服务，营造更加良好的毕业生就业氛围，扎实有效推进毕业生就业工作。在第七届中国国际"互联网+"大学生创新创业大赛广东省分赛决赛上教育学院学子斩获2枚银牌，创广东第二师范学院历史佳绩。

活跃第二课堂。教育学院启动"筑梦教育，卓越树人"教育学院大学生实践成长工程。此工程与教育学院"一核四翼"人才培养模式中课内课外相结合、理论课程与实践课程相结合的理念相得益彰，是教育学院协同创新、特色发展的重要举措之一，是激发大学生的创新创造潜能，培养专业应用型复合人才的内涵式体现。如环保时装秀、手工艺术节、成立书法班等，为教育学院学生在手工专业课程之外能够得到更好的第二课堂活动实践和应用、提升师范生技能，同时为专任教师更加紧密参与指导学生课外实践能力的锻炼提升提供了平台。

举办首届"百年建党圆师梦，学前竞技励师能"学前教育专业能力大赛，强化教师教育类本科专业师范生教师教育基本技能的教与学，充分调动教师教育类本科师范生专业学习的积极性、主动性和创造性，为全面提升师范生的教学技能与实践应用能力、提高求职技能、提升就业竞争能力做出更大努力，为师生提供更多学习交流与提升专业能力发展的平台与空间。

第三，注重心理健康教育。强化心理健康教育常抓不懈。主要做法有以下几项。一是认真做好本专业学生的心理摸排和心理普测工作，对评分较低的学生，安排班主任老师对他们进行心理约谈。针对需要特别关注的学生，长期跟踪观察，定期谈话。利用心理健康宣传月，开展形式多样的活动，不断推进心理健康活动的阵地建设。举行了心理活动月等活动来营造良好的心理健康氛围。二是发挥"心理站"作用。广东学前教育学院二级心理健康辅导站努力探索发展二级学院心理健康教育工作。结合广东学前教育学院设有应用心理专业、拥有心理学的专任教师的优势，通过举办主题沙龙活动、心理健康讲座、开展团体康乐活动等形式广泛开展各项教育活动，培育学生积极的心理素质，做到学生心理健康教育全覆盖，努力营造良好的"助人—自助—互助"的人文关怀氛围。在依托教育学院二级心理健康辅导站平台的基础上，结合"心动力"乐享工作室，以"各美其美，美人之美，美美与共，天下大同"的理念将美感教育与心理健康教育紧密结合，以培养学生认识美、发现美、爱好美和创造美的能力为切入点积极开展大学生心理健康教育，通过美育促进大学生的心理健康良性发展、强化大学生的包容合作意识、提高大学生的审美情趣、培养大学生高尚的道德情操。

【学业监测】

建立形成性评价机制，监测师范生的学习进展情况，保证师范生在毕业时达到毕业要求。

1. 描述说明本专业对学生毕业、获得学位的管理规定，对各类考核合格标准的控制措施。

本专业依据学校教学管理制度规定，对学生毕业、获得学位严格管理，完善各类考核合格标准。学校教学管理制度完善，各类文件主要有：《广东第二师范学院全日制学生学籍管理规定》《广东第二师范学院学分制管理办法》《广东第二师范学院成绩管理办法》《广东第二师范学院公共选修课管理办法》《广东第二师范学院本科生毕业论文（设计）管理办法》《广东第二师范学院优秀毕业论文（设计）评选实施办法》《广东第二师范学院本科生毕业论文检测与处理办法》《广东第二师范学院实践课程实施管理办法》《广东第二师范学院教育实习工作规定》《广东第二师范学院本科生自主实习管理规定》《广东第二师范学院校外实践教学基地建设与管理办法》《广东第二师范学院本科生课外创新创业实践学分实施细则》《广东第二师范学院学生考试违规处分规定》等。

学院加强对学生毕业、获得学位的管理，加强学生学习质量评价及结果运用。做好学生学习质量评价，将专业课程学习评价和实践课程学习评价、"第一课堂"学习评价和"第二课堂"学习评价相结合，促进学生全面发展。

将学习考核评价结果作为奖励和评优评先的主要依据，强化学生学业预警机制，督促学生成长成才。及时反馈质量信息，促进整改提高。保持教学质量监控过程与实际教学工作紧密结合，对于教学检查、教学督导、教学评估以及通过其他渠道获取的教学质量信息充分进行现场交流、随时反馈。

加强跟踪监控，促进持续改进。在教学评估、督导、日常检查等过程中强化跟进监督，对教学中存在的问题持续监控，对于相关整改落实工作保持跟踪督导，保证教学质量的持续改进与提高。

学院专门成立学士学位评议委员会，根据学校关于全日制本科毕业生学士学位审核要求，开展学位审核相关工作，严格按照学士学位授予要求和条件审核。

依据学校学分制管理办法、成绩管理办法、毕业论文管理办法、实践教学管理办法等规定各类考核合格标准,细化课程教学大纲要求,规范考核内容与考核方式,强化过程监控和试卷管理。课程考核采用的形式和要求要按教学大纲规定严格执行。所有修读的课程必须参加考核,考核成绩在及格以上,方可取得该门课程的学分。课程期末结课考试与课程过程考核按一定比例综合评定考核成绩,过程考核包括平时作业、期中考试、课堂讨论、实验、考勤等。其中,期末结课考试占比为 60.00%~70.00%,课程过程考核占比为 30.00%~40.00%。所有课程考核成绩均要求用百分制记分。采用学分绩点的办法评定和比较学生的学习质量。

必修课程考核成绩不及格,学生可向开出课程的院(系)提交《广东第二师范学院补考、重修申请表》申请补考或重修。每学期开学第一周为学生补考和重修的申请时间。其他时间不受理学生的补考和重修申请。毕业班学生在毕业学期所修课程的补考或重修,在考试成绩公布后即可申请。补考安排在课程考核结果公布的 30 天后至 1 年内进行。如果学生在课程考核成绩公布后 1 年内没有提出补考申请,将视为自动放弃补考机会。补考可以使用课程考核的备用卷单独进行,也可以安排学生参加同专业、同层次、同形式教学班的同一课程的考试。补考只有 1 次。若补考仍不合格,则只能重修;若重修还不合格,则可以继续重修,直至在最长学习期限内取得合格成绩。

有正式学籍的学生,按就读专业的专业人才培养方案的要求,修读规定的全部课程,并取得毕业所需的学分,同时必须达到就读专业毕业的其他条件,方可毕业。毕业所需的其他条件,是指除了修读课程以外的条件,包括品德操行的要求,职业技能水平的要求,某些课程的统考或水平、等级测试以及纳入毕业审核的各种要求。普通高等教育师范类专业学生在学期间须参加普通话水平测试,测试等级要求不低于三级甲等。符合学士学位授予条件的毕业生,可以按有关规定申请学士学位。

2. 描述说明师范生形成性评价机制的建立情况,以及对师范生在整个学习过程中的表现进行跟踪与评价情况及实施成效。

《广东第二师范学院全日制学生学籍管理规定》对课程的修读与考核做了专门的规定,强调学生应当参加学校教育教学计划规定的课程和各种教育教学环节(以下统称"课程")的考核,考核成绩记入成绩册,并归入本人档案。学校现阶段实行学年学分制,课程修读、课程考核、成绩记载、免听和免修、补考和重修等有关问题,按照《广东第二师范学院学分制实施办法》执行。学生考试违纪或作弊,按照《广东第二师范学院学生考试违规处分规定》处理。学生不能按时参加教育教学计划规定的活动,应当持有关证明办理请假手续。请假未经批准而缺席者，按旷课、旷考论处，根据学校有关规定，视情节轻重做出相应处理。

学校规定，课程期末结课考试与课程过程考核按一定比例综合评定考核成绩，课程过程考核范围包括平时作业、期中考试、课堂讨论、实验、考勤等。其中，期末结课考试占比为 60.00%~70.00%，课程过程考核占比为 30.00%~40.00%。所有课程考核成绩均要求用百分制记分。采用学分绩点的办法评定和比较学生的学习质量。

课程教学大纲编制及修订重点之一就是评价内容与评价方式，注重形成性评价与终结性评价相结合，教师依据课程目标、性质特点、课程内容及教学过程方式的不同而选择不同的形成性评价机制与方式。本专业偏理论类课程，多选择考核出勤率、课堂提问、案例分析、小组研讨、小组/个人作业等方式；偏实践技能类课程多选择考核出勤率、课堂表演、作品创作、活动设计、模拟教学等方式。

每门课程教学大纲都设计了精细化的形成性评价机制与方式，并提升了形成性评价的占比，学校和学院都加强了对教师教学过程的监控指导，注重学生课堂表现、参与度和课堂学习质量提升，确保课程目标达成度，实现课程目标达成对毕业要求达成度的强有力支撑。在校内课程教学和校外实践教学过程强化形成性评价，关注学生的参与度和学习成效，课堂教学状态得到很大改善，教师教学效果和学生学习质量也有很大提升。

3. 以 1~2 门专业核心课程为例，说明课程如何跟踪和评价学生的学习表现，如何根据评价收集的信息，评价和判断学生个体的学业情况，并据此采取改进措施，帮助学生达成课程目标等。

这里以两门课程为例，一是理论类课程，二是实践类课程。

以"学前教育发展史略"为例。该课程包含学生课堂学习表现、小组讨论参与度、作业完成情况、小组合作贡献度等。教师可以及时评价和判断学生个体学业情况，有效采取改进措施，帮助学生达成课程目标。

成绩评定。

（1）课程目标达成评分标准见表4。

表4 课程目标达成评分标准

项目 目标 标准	100~90分 （优秀）	89~80分 （良好）	79~70分 （中等）	69~60分 （合格）	59~0分 （不达标）
形成性考核	1. 课堂表现：能积极回答问题，主动参与小组讨论 2. 作业情况：作业按时提交，无缺交；设计思路正确、完整 3. 小组合作：能积极投入参与小组学习，小组内主动承担任务，遇到问题能协调沟通 4. 课堂考勤：全勤，课堂精神状态饱满	1. 课堂表现：能较积极地回答问题，较主动参与小组讨论 2. 作业情况：作业按时提交，无缺交；设计思路较正确、完整 3. 小组合作：能较主动参与小组学习，能服从小组安排合作，遇到问题能较好地协调沟通 4. 课堂考勤：有请假手续，课堂精神状态较好	1. 课堂表现：能回答问题和参与小组讨论 2. 作业情况：作业按时提交，无缺交；设计思路尚正确、完整 3. 小组合作：能参与小组学习，能服从小组安排，基本能小组内协调沟通 4. 课堂考勤：请假手续不全，课堂精神状态尚可	1. 课堂表现：基本能回答问题和参与小组讨论 2. 作业情况：作业按时提交，无缺交 3. 小组合作：基本能参与小组学习，经他人协调能解决小组问题 4. 课堂考勤：迟到3次以内，旷课1次；课堂精神状态一般	1. 课堂表现：不能回答教师的问题，不参与小组讨论 2. 作业情况：作业缺交1次，经要求无补交 3. 小组合作：不参与小组学习，和小组成员无法沟通协调 4. 课堂考勤：旷课3次以上，课堂精神状态差
小计	（1）小组研讨与问题回答：通过学生在课堂上的小组讨论与发言情况评价学生对相关知识和技能的掌握以及能力状况（40分） （2）学生阅读学前教育家名著撰写3000字以上读书心得（35分） （3）课堂考勤：学生的学习态度（25分）					
终结性考核	期末考试成绩： 100~90分为优秀 89~80分为良好 79~70分为中等 69~60分为合格 59~0分为不达标				
成绩评定	形成性考核（40%）+终结性考核（60%）				

（2）课程分目标与课程总目标达成度评价见表5。

表5　课程分目标与课程总目标达成度评价

考核比例（分）		课程目标1	课程目标2	课程目标3	课程目标达成评价方法
终结性考核比例		40	40	20	(1) 各课程子目标的达成度计算：$P_i = a \times S_i / T_i + (1-a) \times Q_i / Z_i$ a：根据综合成绩的计算比例，如期末成绩占60%，平时成绩占40%，则 a 为0.6 T_i：各课程子目标在期末试卷中的考核总分 S_i：各课程子目标在期末试卷中学生得分的平均分 Q_i：根据平时成绩的总平均分确定形成性考核在各目标的平均分 Z_i：形成性考核在各目标的分值 (2) 课程总目标达成度计算：$P = \sum P_i W_i$ P_i：课程分目标达成度 W_i：课程各分目标权重
形成性考核比例	课外资料阅读讲演研讨		40		^
^	学前教育家名著选读心得撰写			35	^
^	出勤	25			^

以"舞蹈技能Ⅱ"为例。该课程注重形成性考核，细化评分标准，融课堂表现过程性评价与结果展示于一体，尝试构建促进学生发展的多元评价体系，帮助教师评价和判断学生个体的学业情况，让学生学有所得，达成课程目标。成绩评定：形成性考核（100分），包括考勤、课堂练习、平时作业；终结性考核（100分），包括文案撰写考核、表演组合展示和创作小品展示。详见自评报告的课程与教学评价案例。

4. 说明本专业的学业预警制度，对学业有困难学生的帮扶措施和取得的效果。

本专业严格执行学校的学业预警制度，对学业有困难学生采取相应的帮扶措施，分类处理。教务处每学年召开学分预警会议，每学年清查一次学生成绩，针对累计学分过低者予以预警，开展学年学籍预警工作。

从实行预警制度以来，学院没有一例根据学校预警制度被学校教务处下达预警通知书的情况。根据学校学业预警制度，教务员认真负责，落实到位，提前做好提醒和预警，防止出现工作疏漏。具体做法如下：每个学期初的第一周对上一学期所有课程成绩进行审核，确保学生能补考的补考，能选修的及时选修。

虽然选课、补考都是由学生自己申请的，但学院教务员依然坚持两条线走，尽量做到不漏掉一个学生，根据系统核查，发现没提交补考申请的再次和学生确认是否个人放弃还是个人疏忽。同时，通过班干部通知到位，还专门建立一个面向全院学生的重修、补修和补考微信群，涉及这些问题的学生都确保让班干部拉他们进群，同步发布重要通知，避免班干部出现缺漏。

学校休学制度和复学制度健全，允许适当延长学制年限，允许分段完成学业。针对特殊情况的学业困难学生，学校和学院有相应的制度和帮扶措施，注重课程教学过程指导和多元机会，尽可能为学生的长远发展和健康成长负责。

对于能够正常学习生活的学业困难学生，加强日常教学管理与督促工作。所有课程教学和实践教学环节管理规范，实施学业预警制度。倡导课程教学过程指导和形成性评价机制，教师设计多元化作业与评价方式，既考核学生的综合能力素养，又避免单一考核方式带来的偏差风险，防患于未然。如果学生确实需要补考，则及时提醒督促，明确告知补考时间、流程要求。

实践教学注重过程性作业的指导与提交，注重全面考核学生的师德修养、教育情怀、工作态度、知识能力等，本专业实习成绩严格按考核要求和相应的评价办法开展，考核内容包括师德表现（为人师表行为）、教学工作实习、班主任工作实习。评分比例：为人师表行为成绩占总成绩的20.00%，教学工作实习成绩占总成绩的45.00%，班主任工作实习成绩占总成绩的35.00%，实习其他内容作为成绩评定参考依据。实践课程结束后，每位同学都要根据实施计划要求撰写并提交实践课程总结报告。该总结报告是指导教师评定学生实践课程成绩的重要依据。对于能够正常学习生活的学业困难学生，加强日常教学管理与督促工作。所有课程教学和实践教学环节管理规范，实施学业预警制度。

5. 描述说明近3年师范生学业预警情况，分析指导师范生开展自我监测和自我评价的效果。

实施学业预警机制。学校制定了《广东第二师范学院学分制实施办法》，其中第五章第四十三条规定，学分制下取消升级、跳级、留级、降级制度，实行学分预警制度。教务处每学年清查一次学生成绩，对于累计学分过低者予以预警，各学年学分预警值分别为第一学年30学分、第二学年60学分、第三学年90学分、第四学年及以上120学分。

学院适时召开专题会议，核实学生学业情况，批准并下达《学业预警通知书》，开具的书面预警通知书，一式三份。一份发受预警学生，一份发学生家长,一份装入学生学业预警档案。辅导员、班主任要根据批准的预警名单,与预警学生谈话,根据学生状况,及时联系任课教师,对学生进行学习指导和帮助教育。近3年来,由于一般教育机制和预警设置的协同作用,学生提高了学业成绩警觉度,因此,学前教育专业学生没有人受到学业预警。

6. 描述说明根据学生自我监测和自我评价结果开展指导和改进,保证师范生在毕业时达到专业毕业要求的情况,并举例说明。

建立毕业资格审查机制,严把质量关。学校依据《广东第二师范学院全日制学生学籍管理规定》对毕业资格审查做出明确规定,学生在学校规定学习年限内修完人才培养规定的内容,成绩合格,达到学校毕业要求的,准予毕业并发给毕业证书,对于不具备毕业资格的学生,学院根据其修读情况给出"结业"或"肄业"的结论。此外,依据《广东第二师范学院学士学位授予办法》,对申请学位授予的学生逐个进行审核,对拟授予学位的学生名单报教务处复审,由教务处复核、汇总后报学校学位评定委员会审定。近3年学前教育系经过严格的毕业资格审查以及学位授予资格审核,学生毕业证书获得率为100.00%,学位证书获得率为100.00%。

例如,毕业论文(设计)是人才培养的重要组成部分,是培养独立工作能力、创新能力与实践能力的重要途径,是全面检验学生综合素质与综合能力的重要手段。通过毕业论文(设计)课程考核,是本科生取得毕业资格、获得学士学位的必要条件。为规范和加强毕业论文(设计)工作的组织和管理,学校制定了《广东第二师范学院本科生毕业论文(设计)管理办法》。对本科生毕业论文(设计)基本要求做了详细规定,从内容要求、质量要求、程序要求、时间要求等方面进行规范管理。

所有指导教师与学生都严格按照时间节点和论文写作要求完成相应的指导任务和撰写内容,环环相扣,不让一个学生在最后的关键环节掉队,学前教育专业学生也没有因为完成不了毕业论文而推迟毕业。

根据专业培养方案的安排,一般要求在第七学期下达毕业论文(设计)任务,第七学期至第八学期安排研究和论文撰写,从选题到完成的时间一般不少于12周,其中,必须安排不少于8周的独立撰写时间。本专业在第七学期期末通过双向选择确定论文指导教师,第一次面对面指导,不仅沟通选题意向,更重要的是提醒学生做好自我规划,实习与毕业论文撰写同步进行,在便利的、真实的实践场景注重观察和收集研究资料,聚拢研究选题,做好前期研究准备。学校毕业论文管理系统平台开放后就可以按照学校统一时间节点提交选题意向、开题报告、论文初稿、修改二稿、定稿,统一参加论文检测,准备论文答辩等。

如果有学生写作比较困难，指导教师会通过线上线下多种指导路径提示引导，答疑解难，从选题到内容表述、格式规范等提出详细修改建议，督促学生按时完成提交，统一答辩，顺利毕业。

为了让学生顺利完成学习任务，任课教师在第一次上课时就会提醒学生本课程的性质、任务、重点难点和考核要求，教学过程中有哪些形成性评价作业是学生必须完成的。尤其是必修课程，学校对必修课程的要求更高，如果学生考试不及格，就要申请补考，只有一次补考机会。如果补考还不及格，就要重修这门课程。如果下一届没有同样的班型和课程，则更麻烦。在日常教学中督促学生完成作业、努力学习，不旷课、不违纪，到期末结课时更是提醒学生认真复习，遵守考场纪律等。

辅导员、班主任、教务员不断提醒学校对学生的管理要求和本科生应遵守的规章制度，与任课教师一起激发学生的学习自觉性，引领学生做好自我规划和自我监测，走好每一步，做好过程，确保结果。

【就业质量】

毕业生的初次就业率不低于本地区高校毕业生就业率的平均水平，获得教师资格证书的比例不低于75.00%，且主要从事教育工作。

1. 描述说明学校和院系两级促进专业毕业生就业质量的制度措施及效果。

学校和院系促进专业毕业生就业质量的制度和保障措施完善。学校鼓励和支持毕业生面向基层就业；深入推进创新创业教育，鼓励学生自主创业；加强教学实习与就业实习、专业实践与创新创业实训相融合的校企合作基地建设；为经济困难和就业困难毕业生求职提供专项补助等。

学院结合学前教育专业毕业生特点和就业意向，不断拓展毕业生就业市场渠道，全方位开展毕业生就业指导和服务工作，领导班子压实责任，加强主体责任落实，设立学院就业帮扶小组，学院5个毕业班相互结对帮扶，领导班子、系主任、辅导员和班主任组成就业帮扶小组，加入班级群建档帮扶。召开班级就业促进班会，通过面谈、电话、微信等方式对毕业班学生进行一对一就业情况排查、就业辅导、就业心理压力疏导等。及时掌握和跟进指导学生的就业情况，引导学生树立正确的择业就业观。始终把就业工作作为检验教育教学质量的重要标准。完善了就业工作制度，以制度建设作为就业指导工作顺利进行的基石，力促学生就业。学院加强与用人单位的长期合作，积极拓展省内外就业市场，邀请用人单位来学院举办校内招聘会和用人单位宣讲会，形成全方位、立体化就业保障体系。

毕业生就业率高。将学校提供的就业数据对照广东省高校招生就业指导中心有关信息得知，除考上研究生的学生外，近3年应届毕业生的初次就业率为95.80%，专业对口入职率高。近3年最终就业率100.00%。

2. 列表说明近3年专业毕业生教师资格考试通过率、就业率及就业去向，并对就业质量及毕业生从教情况进行分析。

广东学前教育学院学前教育专业毕业生工作与专业平均相关度为76.63%，对口就业率较高；通过对广州地区毕业生情况所做的追踪抽样调查发现，毕业生专业思想稳固，理论知识扎实，愿意长期从教、终身从教，受到用人单位的一致好评。

表6 近3年学前教育专业毕业生毕业率、教师资格考试通过率、就业率及就业去向

年份	毕业生数/人	毕业率/%	获学位率/%	获教师资格证书率/%	一次就业率/%	分类就业状况/%							
						读研	政府及事业单位（教育部门）	政府及事业单位（非教育部门）	国有企业	外企	其他企业	入伍	出国
2018	50	100.00	100.00	100.00	96.00	2.00	42.00	0.00	0.00	0.00	56.00	0.00	0.00
2019	99	100.00	100.00	92.92	95.96	1.01	57.60	1.01	0.00	0.00	41.40	0.00	1.01
2020	149	100.00	100.00	86.58	95.30	3.36	59.73	0.60	0.60	0.00	12.08	0.00	0.06

注：分类就业状况可按照读研/政府及事业单位（教育部门）/政府及事业单位（非教育部门）/国有企业/外企/其他企业/入伍/出国划分，特定专业也可以按照行业性质划分。

【社会声誉】

毕业生社会声誉较好，用人单位满意度较高。

1. 描述说明用人单位对专业毕业生满意度调查情况及调查结果（可用专业认证标准7.3外部评价有关满意度调查相关信息举证）。

用人单位对专业毕业生满意度高。用人单位普遍反映本校的毕业生教学教研能力较强，悟性高，好学上进，有爱心、有责任心。毕业生中已有多人次在所在省、市的省市级论文比赛、教学比赛、幼儿教师技能竞赛中获得优异的成绩，已成为所在幼儿园的骨干教师；部分毕业生或从事教育专业的教学与科研工作，或继续深造读研。

广东第二师范学院对毕业生有系统的跟踪调查制度、实施办法，注重调查结果的分析、反馈和改进，通过问卷、访谈、信函回访等形式对毕业生及用人单位进行调研，形成《广东第二师范学院毕业生就业质量年度报告》。2017—2019年往届毕业生及就业单位调研报告显示，用人单位及教师同行和幼儿家长对学前教育专业毕业生满意率都接近100.00%。通过随机抽取样本进行问卷和

访谈发现，幼儿家长对本专业毕业生满意度高达100.00%，充分反映本专业的毕业生具有良好的工作适应力，表现出了较好的创造性，赢得了用人单位的认可和幼儿家长的肯定与好评。

建立健全与管评办分离相适应的质量评估体系，充分发挥第三方评估的作用。近3年广东第二师范学院就业质量报告数据显示，毕业生教学满意度为90.00%、就业现状满意度为85.00%。毕业生工作与专业相关度达87.00%，对母校的总体满意度高达95.00%，对母校和专业的高度认可与积极情感使得他们在工作岗位上认真负责，无论在思想还是业务上，都努力做到出类拔萃，为母校争得荣誉，许多毕业生在各自工作岗位上取得比较显著的成绩，获得各类奖项。

2. 描述说明建立专业毕业生跟踪反馈与改进机制的情况及其实效（可用专业认证标准7.3外部评价有关毕业生跟踪调查相关信息举证）。

学校毕业生跟踪反馈与评价制度健全，建立了完善的毕业生跟踪反馈与改进机制，定期对毕业生进行跟踪回访。一方面，通过对用人单位大面积的问卷调查获取相关数据，进行分析，总结经验，找出存在问题，并加以反馈改进；另一方面，由班主任对毕业生进行一对一的跟踪回访，由用人单位将书面反馈材料交由毕业生寄回母校，及时反馈我系毕业生的职业生涯发展情况。通过跟踪反馈获悉，学前教育专业毕业生普遍得到用人单位的认可和欢迎，不少毕业生取得了令人瞩目的成绩。

2016届毕业生黄力，现任广州市海珠区晓港中马路幼儿园小二班班主任，广州教育学会幼儿教育教学研究专业委员会科学中心教研组成员。黄力参与广东省教育科研"十三五"规划2019教育科研一般项目、中国学前教育研究会"十三五"滚动课题等，探索新课程改革之路，承担实验班的任务。参加2019年广州市"文溪雅荷杯"幼儿园场景化课程设计竞赛并获全市特等奖，撰写的论文在广东教育学会学前教育专业委员会年会中获奖并发表在《教育导刊》上，参加了省、区、市的多媒体教育课件评比、征文、摄影、运动会、朗诵等竞赛项目，硕果累累。

2015届毕业生薛颖茵代表清远市参加第二届广东省中小学青年教师教学能力大赛学前教育总决赛，并荣获省级一等奖；2019届毕业生钟伟娟、陈思瑜、詹颖、彭嘉欣、曾欣参加"智绘盟公益活动——边缘儿童群体绘本阅读推广公益活动"，并荣获2018年"挑战杯·创青春"广东大学生创业大赛铜奖；在第六届广东省高校师范生技能大赛中，2020届毕业生戴琼颖、叶玉媚获学前教育组二等奖。

第二部分：主要问题

（请根据上述达成情况，逐条对标诊断，明确清晰地描述分析专业自评中发现的问题与不足，为专业持续改进提供依据；若难以归结到某项二级指标的共性问题可单独列出。）

【生源质量】

第一，学前教育专业就业主要流向是幼儿园教师，与其他行业收入相比，存在一定的差距，导致许多学生报考时会有所顾虑。

第二，由于招生制度限制，本专业招生难以进行有效的面试和心理测试，不能保证所招学生百分之百适合当幼儿园老师，吸引乐教、适教的优秀生源措施有待创新。

【学生需求】

学生发展评价体系不够健全，相应指导制度也不完善；跨校选修课程制度落实不够到位。

【成长指导】

以集中的指导形式为主，一对一的个性化指导有待加强，指导形式还需要多样化和创新性。

【学业监测】

形成性评价机制尚不够系统，有待进一步完善；定向生退出机制不够健全。

【就业质量】

幼儿园教师编制供给量相对较少，竞争激烈，部分毕业生不能进入正规幼儿园，部分毕业生进入了各种培训机构，少数毕业生转入其他相关行业，导致对口就业率相对较低。

【社会声誉】

毕业生跟踪与反馈机制有待完善，反馈渠道有待拓宽，反馈方式需要更多样化，加强反馈的常态化、制度化。

第三部分：改进措施

（请针对自评中发现的问题与不足，逐条对标检查，明确清晰地描述已采取的或拟采取的改进措施，并提供支撑材料。认证专家将视改进情况做出评判。若难以归结到某项二级指标的措施可单独列出。）

【生源质量】

进一步改善生源质量，吸引优质生源，主要举措有以下四项：

第一，不断加大宣传力度，提升专业影响力和知名度，进一步加强专业建设和队伍建设，凸显专业特色，擦亮教育品牌，成立广东省第一个学前教育学院，举办国际研讨会，创办"树人讲堂"，营造学术氛围，优化育人环境。获得显著的专业建设成果，2019年，学前教育专业"一核四翼"应用型复合人才培养模式获广东省教育教学成果奖（高等教育）一等奖，本专业作为省一流专业进行建设。这样有助于社会和考生对学校及学前教育专业的了解和认同，提高第一志愿报考率。

第二，充分利用省级幼儿园园长和幼儿园教师培训平台，围绕立德树人的根本任务，打造协同育人的实践教学模式，积极与幼儿园、幼教集团、早教机构等共建教育实践基地，聘任名园长和名教师参与课程教学和实践育人工作。人才培养质量有保障，得到更多用人单位的认可，学生素质高，就业前景好，提升专业吸引力。

第三，充分发挥在校学生的示范带动作用。学前教育专业注重教师队伍建设，作为省级教学团队建设项目，形成理论教学团队、实践教学团队和艺术教学团队等微团队建设，建立导师制，密切与学生的交流指导，丰富多样的社团活动、创新创业项目研究、专业性活动指导等，课内外结合、校内外结合，学生有获得感，有归属感，有存在感，每个学生都是一颗有生命力的"种子"，播撒在广东全省。相信这些传播力量是无限的。

第四，开展系列化、精准化的区域与高级中学的招生宣传工作。发放学前教育专业招生宣传资料，利用各种媒体和网络平台，完善网络资源和公众号宣传，多渠道加大宣传力度。

【学生需求】

第一，研究并确定基于师范生核心素养的评价体系。

第二，完善本科生导师制和班主任制度，进一步明确本科生导师和班主任的工作内容及相应职责。

第三，在人才培养方案及学院课程管理的相关制度里明确学生跨校选课方式与认定程序，鼓励支持学生在一定范围内跨校修课。

【成长指导】

需通过多种形式了解学生需求，将学生需求调研常态化；及时将调研结果反馈给本专业所有教师及学院学生工作办公室，形成有效的反馈机制；学院教师注意了解所指导学生的情况，对他们进行有针对性的指导，促进其发展。

【学业监测】

第一，进一步增加形成性评价的比重，形成性评价占比要大于终结性评价占比。

第二，进一步将学生纳入评价主体，成为评价的参与者，激励学生学习，帮助学生有效调控自己的学习过程，使学生获得成就感，增强自信心，培养合作精神。

第三，进一步丰富形成性评价方式，细化评价指标，增加评价科学性和操作性。

第四，进一步完善形成性评价反馈机制，发挥评价的诊断作用，及时发现教与学中的问题，获得教学过程的连续反馈，为教师调整教学内容、改进教学方法提供参考，从而达到以评促学、以评促教，全面提高人才培养质量。

【就业质量】

提高学生的保教能力和自我发展能力，进而提升毕业生在就业市场上的竞争力，让更多毕业生顺利进入幼儿园教师的行列。

【社会声誉】

健全毕业生跟踪反馈机制，安排学工部门专人负责此项工作，保证与毕业生的联络顺畅，了解毕业生的工作、学习和生活状况；定期向毕业生供职单位了解毕业生情况，根据反馈信息调整和完善人才培养目标，修订人才培养方案，重构课程体系，使人才培养更好地满足经济社会发展对学前教育人才的需求。

四、支持条件

第一部分：达成情况

（请用数据和事实逐条自证标准条文的达成情况。数据描述以《专业教学基本状态数据分析报告》为依据进行分析和达成说明，事实描述以具体明确的文件、制度、行为、效果等进行评价分析和达成说明。）

【经费保障】

专业建设经费满足师范生培养需求，教学日常运行支出占生均拨款总额与学费收入之和的比例不低于13.00%，生均教学日常运行支出不低于学校平均水平，生均教育实践经费支出不低于学校平均水平。教学设施设备和图书资料等更新经费有标准和预决算。

1. 描述说明学校和院系保证专业教学经费足额投入并逐年增长的制度和采取的措施。

本专业通过多渠道共同筹集经费，经费来源稳定，生均拨款稳定，2018年、2019年、2020年均保持在1万元以上。学费为每生每学年4590元。近3年在校生人数依次为534人、707人和960人。除学校拨给经费和学费收入外，本专业的经费2018年投入中央支持地方高校建设经费项目881万元，还投入省重点学科"教育学"，学前教育专业作为重要的二级学科，分别在2017年投入60万元，2018年投入120万元用于课程建设和教师出国交流。此外，学校统筹学前教育专业环境改善建设经费180万元给学前教育专业用于实训室的改善；学院每年还从创收中投入16万元用于学前教育专业教师的学术研讨、学生的学术报告等。

2018—2020年，本专业教学日常运行支出占生均拨款总额与学费收入之和的比例均在16.00%以上。详见表7。

表7　2018—2020年学前教育教学日常运行支出占投入比例情况

年度	教学日常运行支出（万元）	学前教育专业生均拨款总额（万元）	学费收入（万元）	教学日常运行支出占生均拨款总额与学费收入之和的比例（%）
2018	127.22	550.02	245.11	16.00
2019	168.44	728.21	324.51	16.00
2020	250.67	988.80	440.64	17.54

2. 描述说明学校和院系在学生实验、实习和毕业论文（设计）上的生均经费投入情况及满足专业教学需要情况。

为规范毕业实习，不断提高毕业实习质量，学校于2016年重新修订了《广东第二师范学院教育实习工作规定》，并按规定给予经费，专业教育实习严格按照实习经费预算（师范生）生均330元的标准实施，以保证师生教育实践需要，其中实习经费生均330元，见习经费生均20元。另外，还给予毕业论文经费生均60元，确保充分满足实践教学的需要。2018—2020年，学前教育专业生均教学日常运行支出与生均教育实践经费支出均高于学校平均水平。详见表8。

表8 2018—2020年学前教育专业生均经费投入与全校比较

年度	项目	学前教育专业经费（万元）	学前教育专业生均（元）	全校生均（元）
2018	教学日常运行支出	127.22	2382.40	2041.33
2018	教育实践经费支出	16.38	306.74	290.14
2019	教学日常运行支出	168.44	2382.46	2246.10
2019	教育实践经费支出	24.76	350.21	340.16
2020	教学日常运行支出	250.67	2611.15	2581.55
2020	教育实践经费支出	39.52	411.67	106.05

3. 列表说明近3年学校和院系用于专业教学的经费收支情况。

2018—2020年学校和院系用于专业教学的经费收支情况，保障学前教育专业办学条件改善和教学质量提升。详见表9、表10、表11。

表9 2018年用于专业教学的经费收支情况

年份	收入总数（万元）	来源	数额（万元）	支出项目	数额（万元）
2018	376	国家：教育学省级重点学科经费	120.00	课程建设	12.67
2018	376	国家：教育学省级重点学科经费	120.00	教学设备	32.12
2018	376	国家：教育学省级重点学科经费	120.00	日常教学开支	127.22
2018	376	地方	—	教改	5.00
2018	376	社会	1.00	学生实验	4.33
2018	376	创收	16.00	学生实习	3.03
2018	376	学校	239.00	学生见习	0.87
2018	376	其他	—	毕业论文（设计）	0.81
				其他	189.95

表10 2019年用于专业教学的经费收支情况

年份	收入总数（万元）	来源	数额（万元）	支出项目	数额（万元）
2019	1302.94	国家：中央支持地方高校发展专项资金	881.00	课程建设	98.25
				教学设备	368.8
				日常教学开支	168.44
		地方	—	教改	8.00
		社会	—	学生实验	6.04
		创收	16.00	学生实习	3.09
		学校	405.94	学生见习	1.21
		其他	—	毕业论文（设计）	0.82
				其他	648.29

表11 2020年用于专业教学的经费收支情况

年份	收入总数（万元）	来源	数额（万元）	支出项目	数额（万元）
2020	670	国家	100.00	课程建设	28.00
				教学设备	108.30
				日常教学开支	250.67
		地方	—	教改	12.00
		社会	—	学生实验	6.55
		创收	16.00	学生实习	5.00
		学校	554.00	学生见习	1.62
		其他	—	毕业论文（设计）	0.91
				其他	256.95

【设施保障】

教育教学设施满足师范生培养要求。建有学前教育专业教师职业技能实训平台，满足保育实践、实验教学、教学技能训练、艺术技能训练等实践教学需要。信息化教育设施能够适应师范生信息素养培养要求。建有教育教学设施管理、维护、更新和共享机制，方便师范生使用。

1. 列表说明学校和院系用于学前教育专业教学的主要教学实验室、教师职业技能实训平台、实验实训设施满足保育实践、营养卫生实践等实践教学任务需要情况。（《专业教学状态数据分析报告》有相关数据信息）描述说明现代信息技术与专业教学工作进行融合用以支撑教学改革与师范生学习方式转变情况。

本着共享与专有相结合的建设思路，在积极创建具有自身专业特点实验平台的基础上，借助心理学实验中心、教师教育学院实训平台以及特殊教育专业实验平台，构建完善的学前教育专业实训平台，为学前教育专业学生通用技能、专业技能、拓展性技能的训练提供了强有力的支撑与保障，确保对学生实施高质量的培养，促进学生高质量的发展。

建立完善以"树人楼"为中心的学前教育专业"实验实训平台"。投资1061万元打造全省领先的学前教育专业"实验实训平台"，目前是省内学前教育专业学生实训平台配置和功能实现最好的平台之一。详见表12。

表12 学前教育专业主要教学实验室、技能实训平台

序号	实验室名称	实践教学模块
1	书法训练室（教学楼901）	教师通用技能实训平台
2	教育技术与技能实训室（综合楼C802）	
3	微格教学实训室（一）	
4	微格教学实训室（二）	
5	微格教学实训室（三）	
6	微格教学实训室（四）	
7	微格教学实训室（五）	
8	微格教学实训室（六）	
9	云平台计算机实验室（教学楼902）	信息化教育实训平台
10	计算机基础实验室（7间，综合楼6~9层）	
11	会议型智慧教室（3间，教学楼501、综合楼C703、B703）	
12	分组型智慧教室（3间，综合楼C702、B503、B507）	
13	虚拟微课制作室（1间，综合楼B505）	

续表

序号	实验室名称	实践教学模块
14	心理学教学实验室（教学楼 802）	专业技能实训平台
15	电子钢琴教室（2 间，树人楼 502、504）	
16	奥尔夫音乐教育实训室（树人楼 503）	
17	美术与手工训练室（树人楼 501）	
18	教师综合技能实训室（树人楼 401）	
19	儿童安全训练室（树人楼 403）	
20	舞蹈室（树人楼 601）	
21	蒙氏教学法训练室（树人楼 404）	
22	保育实践训练室（树人楼 402）	
23	幼儿游戏室（教学楼 702）	
24	幼儿体育室（教学楼 703）	
25	幼儿哲学室（教学楼 704）	
26	钢琴练习室（41 间）	
27	儿童剧场（树人楼 102）	
28	模拟幼儿园室（树人楼 1 楼）	
29	创客空间（树人楼 306）	
30	学前教育高层论坛（树人楼 7 楼）	

学院为学前教育专业师范生"三字一话"、教学设计技能等教师基本职业技能训练以及蒙氏教育技能、奥尔夫音乐技能、美术手工技能等特色专业技能训练提供了优良条件。为使钢琴训练室等得到充分利用，本专业为每班学生使用这些训练室安排好时间表。

2. 描述说明这些资源是否满足专业教师和学生需求，专业与资源管理部门的信息沟通渠道，以及专业设施使用绩效评价考核机制。

学前教育专业实训平台建设专业技能实训室 24 个，面积 3400 余平方米，各实验、实训室设施完备。学前教育实训平台为教师教育提供良好的信息化教育教学环境。本专业教学所使用的教室全部装有多媒体教育设施，学院建有智慧录播教室 2 间、有电子白板的专门教室 5 间，安全虚拟仿真平台 1 个，数码钢琴教室 2 间，拥有 90 台数码钢琴，购买了上万套与本专业相关的电子图书，能满足本专业的相关需要。为现代信息技术与专业教学工作的融合提供了物质保障，本专业要求和支持教师在教学工作中充分运用现代信息技术并进行相应教学变革。

目前，本专业多数教师注重建设网络课程资源及微课视频，采用翻转课堂、微信打卡教学、移动教学等多种信息化手段辅助教学，注重开发信息化的教育教学资源、实施信息化的教育教学活动，使学生线上、线下学习相结合，增强其学习主动性，提升教学效果。

3. 说明教育教学设施的管理、维护、更新和共享机制的制度、措施及其执行情况。

本专业教育教学设施的管理规范，使用率较高。学校和学院均制定了系统的实验室管理与使用制度。学院实验中心主任进行实验室日常管理工作和实验室建设统筹工作，协助分管实验室建设的副院长进行实验室建设规划，并有1名资产管理员对学院实验室固定资产和耗材使用进行统一管理。还有1名专职实验员负责学前教育专业功能室的管理工作。实验实训设备和场地维护，与学校教务处实践教学办公室、资产管理处等部门建立顺畅的沟通机制，设备的采购、养护、维修等均可在管理平台上进行线上报批，线下实施。每间实验室有相应的负责老师。

本专业通过课程内的实验、课程外的开放实验项目、为社会提供服务等途径提高实验室使用效能。从实验实训课程、开放实验室项目、开放实验室社会服务情况、实验室安全使用记录本等建立实验室效能评价机制，确保实验室设备及时更新维护，并能运行良好。

本着共享与专有相结合的建设思路，在积极创建具有自身专业特点实验平台的基础上，借助心理学实验中心、教师教育学院实训平台以及特殊教育专业实验平台，构建完善的学前教育专业实训平台，为学前教育专业学生通用技能、专业技能、拓展性技能的训练提供了强有力的支撑与保障。

【资源保障】

专业教学资源满足师范生培养需要，数字化教学资源较为丰富，使用率较高。生均教育类纸质图书不少于30册。建有幼儿园教学资源库和优秀幼儿园教育教学案例库，其中《幼儿园教育指导纲要（试行）》《3~6岁儿童学习与发展指南》和教学实习用幼儿园课程方案每6名实习生不少于1套。

1. 描述说明学前教育专业相关多媒体教育设施和数字化教学资源建设和使用，以及满足师范生学习需要情况。

本专业教学所使用的教室全部装有多媒体教育设施，学院建有智慧录播教室2间、有电子白板的专门教室5间，安全虚拟仿真平台1个，数码钢琴教室2

间，拥有 90 台数码钢琴，购买了上万套与本专业相关的电子图书，能满足本专业的相关需要。为丰富数字化教学资源，学院专门组建幼儿园各领域教育活动案例库。同时，教师在教学及对学生的技能训练中注重使用这些数字化教学资源。

本专业注重幼儿园教学资源库和优秀幼儿园教育教学案例库建设。为丰富数字化教学资源，学院专门组建幼儿园各领域教育活动案例库。教学案例资源库建设目标定位于丰富幼儿园教育教学的课程资源，以满足学前教育本科生自主学习、个性化学习的需求，并为教师课程教学和幼儿园教师专业发展与职后培训服务，精选国内外优质幼儿园教育教学活动案例，覆盖学前教育五大领域及教师专业发展领域，资源库集优质教案、课件、活动视频、优秀学前论文及讲座等多种形式，发挥多种资源优势，按照五大领域及小中大班进行分类整理，优中选优。

至 2021 年，已经上传 700 多个课例到超星平台供师生使用，其中艺术领域 66 个课例，科学领域 140 个课例，语言领域 133 个课例，社会领域 124 个课例，健康领域 97 个课例、教师专业发展 10 个课例，全国幼教名师吴佳瑛、应彩云、蒋静老师等公开课 77 节。其系统性、针对性和前瞻性得到师生好评。幼儿园教学资源库持续不断地更新完善，开阔了学生的视野，满足学生的实践教学需要，提升了学前教育专业建设内涵和人才培养质量。

疫情防控期间的见习、观摩等实践教学顺利进行，都有赖于这些数字化教学资源，能满足学生的学习需要，学生认真观看、撰写观察记录和观后反思。在线网络学习的优势之一就是能满足个别化教学需求，学生自定步调，不断重复强化，可以暂停、可以回看，学生始终保持着一种积极主动的学习状态。

教师课程教学需要使用电子资源或资源库资源，取用方便，操作简单，教师和学生可以共享资源，更便于展开互动交流研讨，深化学习理解。

2. 描述或列表说明公共基础设施、图书资源、网络信息服务专业教学的情况和管理情况。

学校为改善学前教育专业的办学环境，2018 年 9 月，将原来的美术楼交由学前教育学院使用，并进行改造翻新，增加基础设施和教学设备。经过两轮的基础设施改造，大大提升了学前教育专业的办学环境和办学条件。

图书及电子文献资料数量充足，种类较全，更新较快。广东第二师范图书馆藏书 141 万册，其中，教育类纸质图书 23808 册，生均教育类纸质图书 34 册；与本专业相关的电子图书 19294 册，均由超星平台提供。专业期刊（含电子读物）方面学校图书馆现有学前教育专业相关中文期刊 31 种，学校购买了中国知网、维普中文期刊、万方知识平台等多个期刊数据库，有大量的电子文献供本专业师生查阅。

学校加强网络教学平台建设，师生积极使用尔雅、智慧树、雨课堂、学堂在线、超星学习通等课程学习平台开展线上教学、线上线下混合教学。特别是采购了超星公司的"一平三端"智慧网络教学云平台，极大地促进了线上教学的开展。

学院在专业教学设施和图书资料经费投入不断增加的基础上，同时购入了各类绘本、美术、音乐教材，合计458册，用于幼儿园各领域活动的辅助教学。《幼儿园教育指导纲要（试行）》《3~6岁儿童学习与发展指南》人手1册，远远超过了标准要求的每6人1套。

3. 描述说明用于教学设施和图书资料等更新的经费标准和预决算情况，特别是幼儿园教学资源库和优秀幼儿园教育教学案例库建设情况、使用与激励机制。

近3年，学校对本专业教学设施和图书资料的投入标准高。学校对本专业教学设施投入预算金额每年不低于50万元，3年总计决算金额345万元，学校用于为本专业购置图书文献资料的预算金额每年不低于3万元，3年总计决算金额11万元，此两项投入合计356万元。详见表13。

学校每年都会投入大量预算资金用于本专业教学设施的更新和图书资料的购买，特别是2018年，学校校长办公会议审议通过了学院提出的资金预算使用计划表，将中央支持地方高校建设的881万元预算资金用于学前教育专业发展。

表13　2018—2019年用于教学设施和图书资料等更新的经费情况　单位：万元

年份 经费项	2018	2019	2020	3年合计
教学设施	180.00	65.00	100.00	345.00
图书资料	3.36	3.68	3.96	11.00
合计	183.36	68.68	103.96	356.00

为丰富数字化教学资源，学院专门组建幼儿园各领域教育活动案例库。同时，教师在教学及对学生的技能训练中注重使用这些数字化教学资源。数字化教学资源可以满足学前教育本科生自主学习、个性化学习的需求，并为教师课程教学和幼儿园教师专业发展以及职后培训服务。

幼儿园教学资源库持续不断地更新完善，开阔了学生的视野，满足学生的实践教学需要，提升了学前教育专业建设内涵和人才培养质量。资源库的持续更新完善，将有利于提升学前教育专业建设内涵，提高学前教育专业人才培养质量，未来也将有利于充分发挥学前教育专业服务大众的社会功能。

学前教育专业还拥有丰富的社会资源，分别与广东教育出版社、广东城际教育事业集团、深圳思可教育集团、黄泰华（天使投资人）、广东致远教育投资有限公司等知名教育企业和教育集团签署了合作协议，与国内外学前教育专业知名高校开展合作培养项目。

第二部分：主要问题

（请根据上述达成情况，逐条对标诊断，明确清晰地描述分析专业自评中发现的问题与不足，为专业持续改进提供依据；若难以归结到某项二级指标的共性问题可单独列出。）

【经费保障】

学校经费投入与学生培养需求仍有差距。学校经费主要来自教育事业收入、地方生均拨款和学费收入，来源渠道不够丰富。由于省级财政投入太少，学校总体经费紧张，与师范生培养实际需要相比，还有不小缺口。目前的投入与学生培养的需求相比，仍有较大差距。例如，课时费偏低，不利于吸引优质的外聘师资。

实践教学经费的投入方面仍有待提高。在实践教学经费投入方面，虽然不低于学校生均平均水平，但相比于国内同类专业，仍显不足。学前教育专业实习基地教师指导费用增长缓慢，不利于激发指导教师的积极性，影响优质实习基地的维护。

实验设施设备投入仍需改善。在教学设施设备的投入方面，落实到学前教育专业的师范生上的生均投入仍显不足，还需要通过专项经费来对实验、实训设备等基础条件予以保障。例如，学前教育专业的实验室从原来的3个增加到16个，琴房由原来的14间增加到41间，但是相应的实验室运行经费并未增加。近3年来，在实验耗材的经费投入上，每年仅1万元，不利于实验室的高效利用及利用实验室开展各类实训教学活动。对更新教学设施设备和图书资料的经费投入仍需加大。虽然每年都有一定额度的投入，但增长幅度不大。对信息化资源建设投入力度还需加大。该类资源建设本身需要较大的经费投入，尤其是具体到学前教育专业，目前的投入水平仍较低，且缺乏持续投入的制度保障。用于课程建设、教改项目方面的经费投入仍显不足。尤其是在信息化建设背景下，利用现代技术进行课程建设和教学改革的项目资助金额不足。目前主要是学校教务处的项目式方式予以支持。但总体而言，所占比例较少。

【设施保障】

学前教育专业的实验场地数量相对其他几个专业较多，但是用于学前教育专业学生进行日常训练的41间个体钢琴室场地属于临建，部分个体钢琴室遇到极端天气天花板容易脱落，形成安全隐患。而且，由于个体钢琴室是临建，无法在里面进行进一步的设施设备优化，夏天室内温度高，空气不流通，严重影响学生日常训练。

目前的信息化教学和远程教学虽然有了超星公司"一平三端"智慧网络教学云平台的支持，但是不能完全满足进行远程教学的硬件要求，影响教学实践的效果。

学校出台的信息化教学改革实施的支持性措施，如工作量计算方式、学生测评方式等配套设施还不够完善，影响了教师教学方式和学生学习方式的主动改变。

【资源保障】

涉及本专业的课程资源建设相对薄弱，优秀课程资源有待增加。学前教育教学资源库和优秀教学案例库仍需建设，深入基层幼儿园采集的数据有待丰富化。

与本专业相关的数字化教学资源建设力度有待加大；应用到学生教学过程的数字化资源不够多，相关平台建设和数字化资源库的建设有待增加。

应用于专业学生实践教学的基本资料，如绘本、教辅资料、视频资料等，一些在幼儿园已有的基本配置，广东第二师范学院还需要更新和加强建设。

第三部分：改进措施

（请针对自评中发现的问题与不足，逐条对标检查，明确清晰地描述已采取的或拟采取的改进措施，并提供支撑材料。认证专家将视改进情况做出评判。若难以归结到某项二级指标的措施可单独列出。）

【经费保障】

学校出台相关政策，继续加大对实践教学经费的投入，确保生均实践教学经费不低于同类师范院校的学前教育专业。继续加大教学经费投入，在预算中增加教学设施设备和图书资料等的更新经费。增加用于教学改革的经费，把实践教学、毕业论文等环节的使用经费增加落到实处，充分肯定师生的劳动价值，提高实践教学工作积极性，保证师范生实习等工作的有效开展，维护优质实习基地，促进学校和幼儿园共同培养、协同教研等共同发展机制。

积极争取上级财政更多拨款，加强社会资源开发，努力拓宽教育经费来源。

加大对精品课程建设、信息化课程建设的项目经费支持力度，在立项比例、资助金额、工作量认定上给予支持；学院配套课程建设和教改项目支持经费；扩大课程建设和教学改革项目的参与面与受益面。

学校和学院出台政策，确保教学设施设备和图书资料等更新每年有一定幅度的增长，并进一步完善经费的预决算和管理制度。学校加大对学院实验室建设项目的支持力度。

【设施保障】

学校场地、设备应首先满足本科教学一线需要，加大教学场地、设施投入，加快制订本专业学生钢琴室切实可行的迁移方案，优化学生钢琴室的学习环境，增加相应设备。积极提供符合学前教育需求的实验场地。

建设远程录播系统，增加学生社会见习的机会和频次，解决学生外出不便、实践时间安排困难的问题。

学校尽快出台配套的信息化教学改革实施的支持性措施，如工作量计算方式、学生测评方式等，以便达成促成的信息化教学效果，进一步增强师生的信息化教与学的意识，提升信息化技术水平。

【资源保障】

提高对专业建设的重视程度，加大资金投入，加大相关多媒体教育设施和数字化教学资源建设力度，紧密联系学前教育实际建好配套资源。

加快专业教学资源库和优秀教学案例库建设，丰富教学资源，提高资源利用效率。加强与实习单位、合作单位教学互动，加大一手资料的收集力度。充实学前教育相关的图书、电子资源，提高使用率。

"蒙台梭利教学法"课堂模拟教学示例

——粉红塔与棕色梯的结合

丁静[*]

活动简介

活动名称：粉红塔与棕色梯的结合

活动对象：大班幼儿

活动目的：

1. 学习大小和粗细的相对概念

2. 学习立体与平面图形的配对以及转换

3. 学会较为复杂的排序，培养秩序感

4. 培养敏锐的观察力以及建构美的能力

活动时长：45分钟

活动准备：粉红塔教具及对应的卡纸一套，棕色梯教具及对应的卡纸一套，字卡若干（"粉红塔""棕色梯""粗的""细的""最粗的""最细的""比较粗""比较细""大的""小的""最大的""最小的""比较大""比较小"），呼啦圈一个、魔法布一块、魔法箱一个。

活动过程：

静默训练与课程起始。

静默训练2分钟。

静默训练结束，教师说："今天我们来做粉红塔与棕色梯结合的工作。"

一、先做棕色梯的工作（15分钟）

教师取出棕色梯散放在工作毯上，拿起最大的棕色梯从粗到细排列三块，余下的让幼儿完成，告知这种排列是"从粗到细""越来越细"的。

---

[*] 作者简介：丁静，广东第二师范学院学前教育学院教授。

（一）三阶段教学，认识粗细

1. 区分"粗的"和"细的"

命名——教师随机取粗的和细的两块棕色梯放在幼儿面前，依次告诉幼儿："这是粗的"，"这是细的"，呈现相应字卡。

辨别——教师问幼儿"哪个是粗的，哪个是细的？"或者说"把粗的棕色梯给我"。

判断——教师手指一个棕色梯，让幼儿做出判断："这个是？那个是？"

2. 同样方法认识"最粗的"和"最细的"

再拿起最粗的和最细的棕色梯进行同样的三阶段教学。教师让幼儿依次传递触摸最粗的及最细的棕色梯。

3. 区分"比较粗的"和"比较细的"

教师从棕色梯中随便抽出一个，问幼儿："这是粗的，还是细的？"当幼儿说出这是粗的或者细的时，教师则相应拿出一个比这个更粗的或者更细的，从而让幼儿明白：粗细是相对的，要通过比较才能知道。教师呈现字卡："比较粗的""比较细的"，幼儿跟读。

教师把棕色梯平均分发给每个幼儿。幼儿两两比较大小，并进行口头表述："我的比你粗"，"你的比我细"。教师可先找一个幼儿做示范。

4. 分类练习

进行分类训练，初步建立集合的概念。教师取出一个呼啦圈，从棕色梯中随机取出一块，要求幼儿找出所有比这个粗的棕色梯并把粗的棕色梯放到呼啦圈内；增加难度，取出一粗一细有间隔的两块棕色梯，要求找出比这个细的粗而比粗的细的所有棕色梯，放到呼啦圈内。

（二）排序练习

打乱棕色梯秩序，让幼儿重新水平排序。可从粗到细，或从细到粗，也可从中间开始排序。

让幼儿闭上眼睛（或者用魔法布盖住棕色梯），教师从棕色梯序列中拿出一个或两个放进魔法箱。然后让幼儿观察棕色梯是否还和以前一样。如果不一样，让幼儿指出在哪个位置不一样。然后让幼儿把棕色梯从魔法箱取出放回序列中。（可用魔法箱、魔法布等道具，增强趣味性）

二、做粉红塔与棕色梯的配对工作（10分钟）

取出粉红塔散放在棕色梯前面，教师问："请小朋友观察一下，这些粉红塔和棕色梯有什么地方是相同的？"幼儿议论，教师概括："有一个面是一样大的，它们可以成为好朋友。"将最大的一块粉红塔并排放在对应的棕色梯前面，余下的让幼儿完成。

三、做"横"梯和"纵"梯的建构工作（15分钟）

1. 建构"横"梯

棕色梯从粗到细进行排序，粉红塔从大到小放置于棕色梯的上面，并居于棕色梯的中部。建构完成后让幼儿绕着"横"梯看一圈，可平视，也可以从上往下看，感受和欣赏粉红塔与棕色梯组合在一起的序列美（见图1）。

2. 建构"纵"梯

教师说："现在我们把'横'梯竖起来好不好？看看是什么样子？"教师与幼儿一起搭建"纵"梯。作品完成后，让幼儿依序轮流由上往下看，感受"纵"梯的高大与壮观（见图2）。

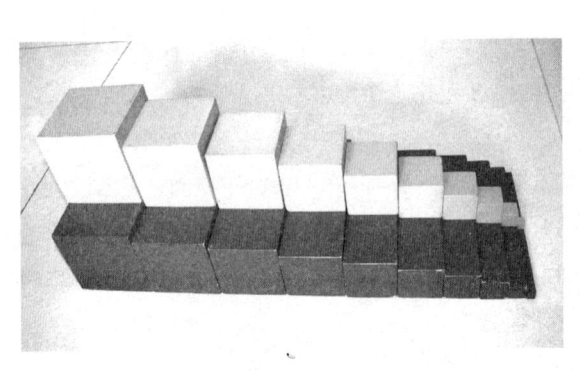

图1　横梯 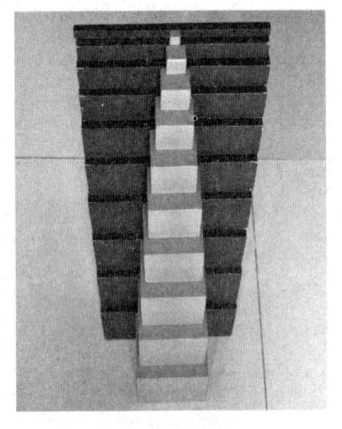　　　　　　　　　图2　纵梯

3. 建构平面卡纸的"横"梯与"纵"梯

教师拿出粉红塔与棕色梯的卡纸，依次建构平面卡纸的"横"梯与"纵"梯，幼儿全程参与，培养幼儿由立体到平面变化的空间感知能力。

4. 延伸与拓展

教师询问鼓励幼儿还能不能排出别的图形。教师和幼儿一起做其他图形的搭建工作，并欣赏每块粉红塔与棕色梯组合的序列美。搭建的平面图形可以是鞭炮形、太阳圈，立体图形可以是"双子塔"，见图3。让幼儿自己来命名搭建的图形，也可以发挥幼儿的想象力，让幼儿回答这个图形像什么、叫什么……

图 3　其他图形

四、游戏"找朋友"（5 分钟）

幼儿分成两组，将粉红塔和棕色梯平均分成两份放置于对面地垫的左右两边，棕色梯有序排列，粉红塔散放。要求幼儿一组一组出发，以最快的速度把粉红塔与对应的棕色梯进行配对。第一名幼儿回来后与第二名幼儿击掌，第二名幼儿出发，又快又准确的小组获胜。

游戏也可变化成卡纸与实木教具的配对，见图 4。

图 4　卡纸与实木教具的配对

新闻篇

第四编

一核四翼：助推一流学前教育专业建设

朱 旭 周 峰[*]

经过近10年的探索，广东第二师范学院形成了可推广、能复制的学前教育专业"一核四翼"育人模式，即围绕全面提升应用型复合人才素质这一核心，完善理论课程、活动课程和实践课程3类课程，利用课堂教学、课外活动、校外实践3种途径，搭建教学平台、科研平台、培训平台3个平台，打造早幼一体、普特融合、差异发展三大特色。"一核四翼"育人模式成为2019年广东高等教育教学成果奖学前教育专业仅有的获奖成果并获一等奖，被人称为"小儿科"做出的"大文章"。

一、"一核四翼"育人模式引领学前教育专业改革创新

聚焦"协同"，盘活办学资源。以开放性、全球化、多元性的办学理念，不断突破各种潜在的壁垒和阻碍，在课内外协同、校内外协同、校企协同、国内外协同4个"协同"上着力，盘活办学资源。在校内外协同方面，与珠海城市职业技术学院就学前教育专业开展合作办学，成功获批广东省"三二分段专升本协同育人试点名单"；与广东省外语艺术职业学院合作，开展"专插本"的学前教育专业人才培养。在国内外协同方面，学校与英国西英格兰大学签订框架协议，拟与该校就学前教育本科和研究生培养开展中外合作办学。

重视"创新"，激发专业活力。一是师资队伍建设创新。通过建立实践导师队伍、成立合作发展联盟、培育"双师型"教师科研团队来创新师资队伍建设。二是课程设置创新。必修课程模块实现理论课程、活动课程和实践课程3类课程的有机整合。选修课程模块由早期教育、学前教育、儿童玩具3个特色方向组成，打破了传统选修课程设置随意化、拼盘式的弊端。三是培养机制创新。通过凸显学前教育综合性、实践性、文化性的专业属性，构建多元化的人才培

---

[*] 作者简介：朱旭，广东第二师范学院教师教育学院副教授；周峰，广东第二师范学院学前教育学院教授，博士。本文发表于《中国教育报》2020年6月10日。

养方案，重视学生的创新创业教育，建立学前教育专业毕业考核标准等措施，不断改革和创新学前教育专业的人才培养机制。

凸显"特色"，擦亮品牌效应。特色凸显品牌效应，学校学前教育专业建设注重以下3个特色。一是目标特色。人才培养目标定位为培养能适应0~6岁幼教市场需要的师资，实现早幼师资一体化培养，体现人才培养的"宽口径、厚基础、强能力、高素质"。二是课程特色。顺应普特融合的发展趋势，将学校特殊教育专业相关课程引入学前教育专业，构建学前教育课程新体系。三是教学特色。面向学前教育市场的多元化要求，鼓励学生差异化发展，实践见长，强调教、学、做合一。

二、学前教育一流专业建设成效显著

办学实力全面提升。招生规模方面，成为广东省较大的学前教育专业本科人才培养基地，年招生规模达300人以上（占广东省的25%）。师资团队建设方面，通过外引内培，建设广东省较强的学前教育师资团队。专业建设硬件设施方面，学校先后投入近1500万元建设的各种专业功能场室，在广东省内处于前列水平。在此基础上，成立了广东首个学前教育本科学院。据2018年艾瑞深第三方提供的专业排名，学校学前教育本科专业在广东省排首位，全国公办高校排第15名。

教师团队业绩突出。学前教育教师团队承担了省部级以上课题15项，获得广东省哲学社会科学优秀成果奖2项，广东省高等教育教学成果奖1项，发表高水平论文和学术专著20余部（篇）。学校学前教育专业先后获批省高等学校"专业综合改革试点项目"、省应用型人才培养示范基地、省特色重点学科、省级教师团队建设项目、广东学前教育专业仅有的"省一流本科专业"建设点。

人才培养质量优异。学校学前教育专业就业率一直稳居前列，学前教育专业在校生和毕业生在广东省各类相关比赛中屡获嘉奖。特别值得一提的是，2019年，第二届广东省中小学青年教师（学前教育组）教学能力大赛高手云集，学校毕业生勇夺一等奖和二等奖。在学校受训的"百千万"学员王翔园长领衔的教学成果荣获2019年广东基础教育教学成果奖特等奖。

精准培训基础教育高端人才

黎晓君　周　峰[*]

广东省中小学新一轮"百千万人才培养工程",是广东省"强师工程"的核心项目之一,旨在培养一批办学思想先进、教育理论扎实、教育管理水平高、富有实践创新精神、具有社会影响力和示范作用的中小学高层次领军人才队伍。广东第二师范学院教育学院先后承担了两轮广东省小学名校长幼儿园名园长培养项目。

一、培训路线:高端定位,分段递进

我们围绕"成名"与"成家"这一核心组织研讨,将名校长(园长)角色定位为教育理论的建构者、教育实践的创新者、教育思想的引领者。在此基础上,确定"名家"的"模型",随之建立三年培养期的目标,进而设计培养路线及选择培养模式,打造名校长、铸造"成家"的蜕变之路。

依据高端定位,项目设定"在反思中定位自我、在行动中发展自我、在展示中实现自我"的培训主线,制定校长"成名"发展菜单,设计分阶段、分重点的发展路线图。第一年度,以理论研读与名校(园)跟岗活动深化学员思考,形成校长(园长)个人研修计划与学校整体发展规划;第二年度,以学校协同诊断、台湾教育考察和课题研究提升学员引领变革与创新的专业能力和管理智慧;第三年度,以世界名校美国哥伦比亚大学研修、个性化指导、校长讲堂进一步检验、丰富和传播学员的教育思想。根据每年度阶段性的推进需要和活动形式的不同,有分有合地实现和导引各阶段培养内容及活动的有效衔接。

二、课程模块:突出主题,形式多样

名校长课程设置围绕研修主题和研修目标,课程架构为"模块化+菜单式"

---

[*] 作者简介:黎晓君,广东第二师范学院教师教育学院讲师,博士;周峰,广东第二师范学院学前教育学院教授,博士。本文发表于《中国教育报》2019年10月16日。

的设计。课程模块包括理论研修、岗位研修、名校考察、高峰论坛与示范引领，课程主题包括教育政策理论类、教育领导类、学校实践经验类、教育科研方法类等。这样的课程架构注重以学员需求为主体，以问题解决为中心，以行动研究为方式。"模块化"课程强调培训系统建构与专业知识引领，凸显培养机构调动校内外优质资源的优势，而"菜单式"课程则突出校长在研修中的主体性和交互性。

我们通过名家讲坛、名校考察、名著研读、小组协同、境内外实地研修考察等多种类型的培训形式及活动，引导参训学员自主学习、互动和参与。在课题陈述会、小组专题研讨、学校诊断活动中，学员通过思想交融、智慧碰撞，进一步梳理办学思想，总结管理风格，催生对有关学校教育重大实践问题进行深入的理论探究和实践探索。培养期间逐渐建立校长专业学习社群，学员学校组成区域教研联盟，为其所在学校创造全方位、深层次、多角度交流的机会。

三、实践行动：个性导向，研学一体

我们通过理论带动行动，通过实践反哺认识，秉持"一人一案，因校施策"的培养理念，实行"双导师制"：在导师协助下，初步形成学校改进实践的基本方案；通过后续的学校诊断活动，分组引导经济发达的珠三角地区学员与经济欠发达的粤东、粤西、粤北学员结对，量身定做学校改进计划。结业年度开展"个性化指导"活动：再次走进学员学校与幼儿园，检验教育管理成果，整合办学理念与改进管理经验，形成指导学校变革的完整体系。

在研学一体联动机制中，导师与学员相互促进、相互支撑，理论研修与实践探索优势互补；过程中，学员们积极申报省级"百千万"专项教育管理课题，已全部结项；培养期间，学员主持多项国家级、省级教育科研课题，研究领域广泛，极大提高了学员自身的专业化水平。

四、示范引领：传播思想，辐射成果

"立德、立功、立言"，对于校长和园长专业化成长具有指导意义。作为名校长与名园长，既要回归并履行立德树人的责任，带动学校改进提升，又要凸显自己的教育理想，办学思想凝练，践行自己的教育观点。有23位培养对象在教育科研领域取得丰硕成果，国家级、省级教育科研立项项目40余项，发表教育类论文90余篇，出版教育类著作29部；有17位学员建立了市级以上名校长（园长）工作室，参加县级以上讲座（主讲）超过500场次；持续转化办学成

果，学员及其学校先后获得70余项省级以上奖项。更宝贵的是，学员生成科学的教育主张和办学实践，继而持续保持研修发展的动力，不断引领学校（幼儿园）优质发展。

经过7年省级"百千万人才培养工程"的实践探索，我们在基础教育高端人才培养方面，逐步形成了"广东二师"特有的校长（园长）培训模式。

培训应与时代接轨

周 峰[*]

"百千万人才培养工程"是国家实行的一项以强化高层次专业技术人才队伍建设、加速培养年轻一代学术带头人的重大人才培养计划。对广东省来说，该工程对推进教育现代化、打造南方教育"高地"具有重要意义。

广东省教育厅副厅长李学明指出，"百千万人才培养工程"的根本宗旨，就是为名教师、名校长、教育家的成长创造条件、搭建平台、奠定基础，涌现出更多富有人格魅力和学识魅力、师德高尚、师能高超的优秀教师、优秀校长。

广东教育已经处在由注重外延扩张到注重内涵发展，由注重数量增长到注重质量提高，由注重硬件建设到注重软件建设的关键阶段，因此，一定要从广东教育发展的进程、教育现代化的宏伟背景，畅想建设南方教育"高地"的战略任务。

培养、培训要取得成功，仰赖多方面的力量和因素。作为承担培养、培训任务的主要机构之一，学院实施"百千万人才培养工程"能取得目前的成绩，与以下几方面密不可分：

管理到位。广东第二师范学院校长肖建彬从项目申报到总体方案设计，多次参与研讨，并提出修改意见。此外，我们设置了项目管理小组、方案策划实施小组、简报制作和博客管理小组、质量监控小组，确保培训有序、高效地进行。

指导到位。首先，培训实行"项目首席专家负责制"，由院长担任项目首席专家，负责统筹方案制订、培训实施和效果评估等工作，副院长负责项目的具体实施和质量监控；其次，培训实行"双导师制"，理论导师由相关领域资深教授担任，实践导师由国内教育家型小学校长和幼儿园园长担任；最后，成立培训课程专家指导委员会，负责课程资源的开发和整合。

---

[*] 作者简介：周峰，广东第二师范学院学前教育学院教授，博士。本文发表于《中国教师报》2019年10月16日。

服务到位。培训实行"双班主任制"。教学班主任由具有博士学历或副教授以上职称的专业教师担任，行政班主任由熟悉班务管理的资深教师担任，确保在教学和生活上为学员提供优质服务。

学习到位。培训实行"考勤管理制度"，执行"百千万人才培养工程"中期考核和最终考核制度，认真检查每阶段学员作业提交的情况。

为了让培训效果最大化，我们在培训师资上下功夫，除了充分利用本校专家以外，学校还借力国内外优质培训资源，延请美国、英国、澳大利亚等国家的专家学者。为名校（园）长提供最需要的培训，不仅是我们开展培训工作的策略，更是我们在新课改背景下，对培训工作做出的全新诠释。

广东省新一轮"百千万人才培养工程"小学名校（园）长培训，特色鲜明，可以概括为"五个并重"，即在价值取向上，理论引领与实践优化并重；在培养内容上，课程预设与动态生成并重；在培养过程上，外在引领与内在修炼并重；在培养资源上，境内资源与境外资源并重；在项目评价上，过程评估与成果评估并重。

小中见大：广东第二师范学院学前教育专业发展纪实

黄日暖[*]

在被问及来到广东第二师范学院（以下简称"广东二师"）学前教育专业学习有什么收获时，学生都说收获很大。2019级学生陈咏琪说："虽然学前教育专业没有像以前想的那么容易，但在这里接收到了专业有趣的指导，而且接触这个专业让我找回了童年的感觉。"2018级学生罗金玲说："我印象深刻的是参与学院开展的团体康乐活动，既能减压又收获了友谊。"2017级学生林靖雯说："这几年学习下来，最大的变化是改变了对学前教育的看法。一开始我以为学前教育就是照看孩子而已，很容易的，通过学习我了解到幼儿在人的一生当中的重要性，也认识到处于学前教育阶段的幼儿有其身心发展与学习规律，需要学前教育教师发挥自觉能动性，为幼儿的发展创造适宜的环境。"

在对部分学生的采访中，我们不难看出广东二师学前教育专业对学生成长的影响。事实上，学前教育专业学生的成长过程也见证了广东二师学前教育学院的发展壮大。广东二师教育学院兼学前教育学院院长周峰说："广东学前教育学院学前教育专业创办于2009年，当年以学前教育专业大专起步，两年后开始招收学前教育专业本科生。作为广东学前教育专业的新兵，我们主动向国内外相关高校求教，高起点规划学前教育专业人才培养方案，大力度优化和引进学前教育专业师资。通过十年的不懈努力，争得了学前教育专业五个'广东第一，即2018年广东学前教育本科专业排名第一，2019年被确认为学前教育专业广东唯一的省一流本科专业建设点，2019年广东省高等教育教学成果奖学前教育专业唯一的获奖成果，学前教育专业连续三年本科生招生规模位列广东省第一，广东省第一个成立本科的学前教育学院。"这些丰硕成果，彰显了广东二师在本科教育教学改革与学前教育实践方面取得的突破性成绩。

---

[*] 作者简介：黄日暖，《广东教育》杂志编辑部主任。该文发表于《广东教育·综合》2020年第6期。

在全省诸多高校中，不是最先发展学前教育的广东二师为什么能够异军突起，实现学前教育从无到有、从有到优的华丽转型呢？学前教育向来被业内人戏称为"小儿科"，但是，广东二师能从中看到大趋势，书写大文章，主动服务国家学前教育发展战略，提出"聚焦'小儿科'，争做大文章"的办学理念，坚持走错位发展、特色发展之路，积极完善应用型人才培养体系，聚力深化教育综合改革，着力创新本科人才培养模式，大力开展专业课程建设、奋力推进产科教协同育人，从而切实有效提升了学前教育专业的人才培养质量及其影响力。这，就是答案所在。

一、以大视野谋划"小儿科"

学前教育虽为"小儿科"，但其发展现实与愿景都显示它一点也不小。随着社会的发展，学前教育日益受到重视，办好学前教育逐渐被视为国家和社会治理的重大民生工程。

"学前教育是基础教育的基础，更是广东教育现代化建设的奠基工程，但长期以来，学前教育都是我省教育的'短板'，发展不平衡不充分问题十分突出，'入园难''入园贵'依然是困扰老百姓的烦心事之一。而高水平高学历的幼儿教师奇缺又是我省教育'短板'中的'短板'。在一个1亿多人口的大省，招生数据显示，2017年广东学前教育专业本科招生规模仅900多名。'学前教育'，这个人人当成'小儿科'的专业，其在综合性大学和高水平大学那里通常处于边缘的地位，招生数量远远不能满足广东学前教育事业发展的需要。"周峰说，广东二师教育人正是看到了这一点，所以在2009年学前教育专业创办之初，就制定了"三年打基础、六年出成效、十年出特色"的基本办学思路。同时，广东二师领导班子通过研判国家发展大势以及广泛深入的调研，确立了"聚焦'小儿科'，争做大文章"的办学理念，将学前教育专业和小学教育专业作为学校发展的重点，彰显了广东二师教育人的责任担当。

广东二师前身是广东教育学院，在多年的办学实践中，办学的重点一直放在中学师资的职前职后培养、培训上，为广东省培养了大量合格的中学教师。近年来，基础教育阶段教师需求结构正在发生深刻改变，尤其是随着国家对大力发展学前教育的高度重视，学前教育专业本科师资的培养缺口很大，已经成为广东省学前教育质量提升的瓶颈之一。2018年11月，《中共中央 国务院关于学前教育深化改革规范发展的若干意见》明确指出，要"完善教师培养体系"，"支持师范院校设立并办好学前教育专业"。《广东省发展学前教育第三期行动计划（2017—2020年）》提出，广东省要"构建幼儿园教师队伍建设支持体系。加大本科层次幼儿园教师的培养力度，扩大省属高等师范院校学前教育专业的培养规模"。为此，广东二师积极响应国家政策导向，积极主动转变办学观念，加快学校转型发展，将办学重点从培养中学教育师资转变为培养学前教育和小学教育师资，明确提出将学前教育专业作为重点专业予以建设，并且在政策、师资、场地建设等方面给予重点扶持，向"小儿科"要"大文章"。

  2018年，广东二师在教育学院学前教育系的基础上，通过政策倾斜、师资重组、资源优化，克服多种困难，成立了学前教育学院。这是广东省本科高校组建的第一个学前教育学院。在学校人事编制有限的情况下，广东二师想方设法，积极扩大学前教育学院的教师编制，并面向海内外重金招聘高层次学前教育专业人才。"经过努力，广东第二师范学院学前教育学院专任教师从原来的10人增加到26人，其中，教授4人，副教授2人，博士13人，师资配备在全省本科院校学前教育专业中处于领先水平，所有教师均毕业于国内外知名高校，并且专业结构、学缘结构合理。"周峰说，2018年，广东二师学前教育教师团队成功申报省级教学团队建设项目，为进一步发展奠定了坚实的基础。2020年，广东二师根据省人社厅博士工作站的相关政策，提供具有吸引力的待遇条件，拟再引进3名学前教育相关专业的博士。同时，为了增强师资队伍的实践性，广东二师还聘请了近20名省内知名幼儿园园长或名师做学前教育学院的兼职教授，突出学前教育专业的应用型人才培养要求。

  2019年5月26日至27日，广东二师发起主办"面向未来的学前教育"国际学术研讨会，在500多位国际国内学前教育专家、学者和学前教育工作者共同见证下，广东省教育厅副厅长朱超华，广东教育学会会长李学明，广东二师党委书记王左丹、校长廖伟群等为"广东学前教育学院"揭牌。《中国教育报》《中国青年报》《南方日报》等媒体进行了宣传报道，为学前教育专业的发展营造了良好的社会环境。

二、以大格局发展"小儿科"

  一所高校要发展好一个专业，除了需要明确方向，还需要精准定位。就算在资金和场地紧张的情况下，对待学前教育这个"小儿科"，广东二师不仅做了充分的规划，而且进行了大手笔的投入，想方设法为学前教育专业发展提供最大支持，确保其华丽转型。

  其中，最值得一提的是，广东二师通过整合资源把"树人楼"作为学前教育学院的"根据地"。2018年，学校克服各种困难将海珠校区黄金地段的一栋6层2500多平方米的美术楼改名为"树人楼"，整体提供给学前教育学院办学之用。为改善和提升学前教育专业办学硬件，2018年学校投入资金1000万元，建设以"树人楼"为载体的学前教育科研平台和学生专业能力实训平台，建成了设施设备齐全的学前教育功能场室，主要有钢琴实训室、形体艺术中心、儿童美术教育中心、奥尔夫音乐教室、蒙台梭利教学法专用课室、儿童绘本研究中心、儿童科学发现室、幼儿园班级环境实训室、儿童游戏实训室、幼儿安全教育室、儿童剧场等。如今，学校学前教育本科专业的硬件水平已经处在全省领先位置。记者实地走访过这些功能场室，发现硬件水平确实非同一般。接下来，学校将继续加大学前教育专业投入，建设学校附属实验幼儿园，为学前教育专业学生提供更直接的实训见习基地，进一步强化学前教育专业的实训平台建设。

广东二师充分挖掘潜力，最大限度扩大学前教育专业办学规模，满足社会对学前教育教师的需求。2018年，学校在学生宿舍床位数有限的情况下，仍坚持扩大学前教育本科办学规模，学前教育专业招生数从原来的100人扩招到200人；2019年，在原有的基础上扩招到300人。学校还实施公费定向师范生培养计划，2018年，面向粤东、粤西、粤北等经济欠发达地区共招收学前教育专业公费定向师范生50人；2019年，招收公费定向师范生50人。在成人教育方面，2018年，学前教育专业专升本招生规模达1153人。目前，广东二师学前教育本科招生规模居广东省第一，招生数约占广东省的1/5，为弥补广东幼儿园本科师资缺口做出了较大贡献。广东二师还积极探索与国内外高职院校合作办学，扩大学前教育专业本科规模。2018年，广东二师与珠海城市职业技术学院进行了深度交流，就学前教育合作办学达成了实质性合作框架，开展多种办学模式的探索。2019年，广东二师与英国西英格兰大学签订框架协议，拟与该校就学前教育本科专业开展合作办学。

与此同时，广东二师学前教育学院坚持以"全程实践"的理念来改革和强化实践教学环节。周峰说："所谓全程实践，是指实践教学贯穿本科四年的全部学程，并力争做到时间上贯穿、空间上拓展、课程中渗透。让学生走进真实的学前教育现场，深度体验学前教育实践，熟悉0~6岁婴幼儿教育服务体系的人才需求和运作方式，以开阔学生视野，扩展学生就业空间，提升学生职业认同感和专业实践能力。"为此，一方面，广东二师学前教育学院抓实实践基地网络建设，建构高校与幼儿园一线的有效联结。目前，广东二师学前教育学院已经在广州、深圳等地建设了一大批学前教育专业实践基地，建立了完善的实践教学领导与组织机构，并系统构建了学前教育专业学生见习和实习方案，逐步形成了以珠三角地区为核心，辐射全省的学前教育专业实践基地网络。另一方面，广东二师学前教育学院与幼儿园深度合作，打造高校与幼儿园发展共同体。已成功申报了学前教育专业省级教师教育示范性实践基地两个，落实了高校教师与优秀幼儿园教师共同指导教育实习的"双导师"制度，定期开设了学前教育学院"树人论坛"，专门邀请一线优秀园长和国内外专家学者为学生做学术讲座。

三、以大育人提升"小儿科"

办好教育最终都要落实到学生发展上，这就需要育人模式的建构。这一点，正是广东二师教育人极为注重的。立足于协同创新、特色发展，广东二师周峰领衔，苏鸿、高慎英、丁静、郑向荣、王彦波等教授或博士参与完成的《地方本科院校学前教育专业"一核四翼"应用型复合人才培养模式的研究与实践》荣获广东省教育教学成果奖（高等教育）一等奖，就是一个很好的明证。

周峰认为，"协同创新，特色发展是新建的学前教育学院超常规发展的助推器"。学前教育学院突破学术型人才培养的传统思维定式，紧密结合专业建设基础和广东经济社会发展需要，聚焦应用型复合人才培养的时代方向，进一步拓宽学前教育人才培养的深度和宽度，学前教育专业本科生培养努力做到课内课外协同、校内校外协同、本土培养与国际合作协同，并加强与发达国家学前教育专业高水平大学合作，开辟学前教育专业本科和硕士层次的国际化培养新通道，切实为广东省早期儿童教育、儿童文化产业发展提供人才和科技支撑。以全面提升应用型复合人才素质为核心，完善理论、活动、实践三类课程，利用课堂教学、课外活动、校外实践三种途径，创设教学、科研、培训三大平台，打造早幼一体、普特融合、差异发展三大特色，广东二师学前教育学院逐步形成了有个性、能推广的学前教育专业"一核四翼"育人模式。

对于学校的育人平台，参加2019年广东省中小学青年教师教学能力大赛学前教育总决赛并取得优异成绩的毕业生薛颖茵记忆犹新："五年前，我毕业于广东第二师范学院学前教育系。在母校的学习生涯中，辛勤培育我的恩师们不仅给我传授了系统的专业知识，还培养了多方面的专业能力。此外，我积极参加各项文娱活动，如合唱、舞蹈、环保时装秀等，锻炼了自己在舞台上大胆、自信表现的能力。"

基于应用型复合人才培养的视角，广东二师将学前教育专业的人才培养目标定位为：培养高素质的早期儿童教育工作者。"高素质"涵盖了四个维度，包括专业精神、实践能力、探究意识、特色发展。"专业精神"反映学校学前教育专业学生的精神面貌和专业伦理，要求学生热爱儿童、热爱学前教育事业，具有职业理想、敬业精神和合作意识。"实践能力"要求学生按照《幼儿园教师专业标准》，具备保育和教育的专业能力。"探究意识"要求学生善于思考和研究，养成终身学习的习惯，具备初步的学前教育研究能力。"特色发展"要求学生在校期间根据自己的兴趣有所侧重地多元发展，力争做到学有所长。

针对学前教育专业的特殊性，广东二师还在师资队伍、课程设置、培养机制等方面不断创新。面向未来的学前教育需要，主动拓宽专业口径，培养能适应0~6岁幼教市场需要的师资，实现早幼师资一体化培养；面向学前教育的复合型人才培养，把特殊教育课程引入学前教育专业，并大力开发专业性活动课程，构建学前教育课程新体系；面向学前教育市场的多元化要求，鼓励学生差异发展，实践见长，强调教、学、做合一。

四、记者观察：差异化特色发展成就"小儿科"里的"大文章"

"小儿科""大文章"，在采访中，周峰多次提及的这两个词给我留下了深刻的印象。如何实现"小儿科"里的"大文章"？广东二师学前教育学院找到了一条差异化的特色发展之路。周峰说："专业建设应该根据每所学校的实际，探索自己独特的办学定位和办学思路，而不是'盲目攀比'，更不是'同质竞争'。为此，我们从学校的办学特点和办学定位出发，思考差异发展、错位发展的办学之路。与华南师范大学、广州大学等高校的学前教育专业相比，我们是学前教育的新兵，但我们坚定认为'小儿科'一样可以做'大文章'，我们在改革中更重视人才培养的宽口径、强能力，更强调与广东省儿童教育机构和儿童文化产业的紧密联系，走出了一条特色化发展的新路。"

以大促小，小中见大。目前，广东二师不仅建成了全省最大的学前教育本科人才培养基地，还把学前教育学院打造成了广东省高水平的学前教育研究中心、高质量幼儿园园长和教师培训基地、高层次学前教育咨询与服务机构，为广东省学前教育的高质量普及发展做出应有的教育贡献。

办"小儿科"，做大文章

周　峰[*]

自 2018 年以来，作为应用型本科院校，广东第二师范学院认真践行《广东"新师范"建设实施方案》，积极加快学校转型发展，坚定不移地走"强特色"办学之路。根据当前国家大力发展学前教育的政策导向，结合广东学前教育本科学历师资严重紧缺的现实需要，在深入调研的基础上，广东第二师范学院及时调整办学定位，把大力发展本科学前教育专业和小学教育专业作为"新师范"建设的突破口。广东学前教育学院学前教育专业快速发展的实践证明，本科高校办"小儿科"，一样可以做大文章。

图1　广东第二师范学院教育学院兼学前教育学院院长 周峰教授

---

[*] 作者简介：周峰，广东第二师范学院学前教育学院教授，博士。本文发表于中国网 2020 年 11 月 12 日。

一、聚焦学前教育，主动为广东教育现代化补短板

众所周知，学前教育是基础教育的基础，更是广东教育现代化建设的奠基工程，但学前教育长期是广东省教育的短板，而高水平高学历的幼儿教师奇缺又是我省教育"短板"中的"短板"。高考招生数据显示，2017—2019年，广东学前教育专业本科招生规模只有1000名左右，远远不能满足一个常住人口近1亿2000万的大省对于高质量学前教育的需求。"学前教育"这个人人当成"小儿科"的专业，高水平大学瞧不上它，不愿下大力气解决。那么，广东学前教育本科学历师资紧缺的问题到底由谁来解决？

广东第二师范学院积极响应国家政策，主动转变办学观念，坚持错位发展、特色发展，将办学的重点从培养中学师资转变为培养学前教育和小学教育师资，其中，学前教育被确定为广东第二师范学院重点发展的专业。经过近三年的努力，如今，广东学前教育学院学前教育专业不仅是广东省最大的学前教育本科人才培养基地，还成为广东省高质量的省级幼儿园园长和教师培训基地、高水平的学前教育研究中心、高层次的学前教育咨询与服务机构。

二、推动学前教育专业超常规发展的基本举措

学前教育作为学校重点发展的学科与专业，全校上下凝心聚力，多措并举推动学前教育专业超常规发展。

第一，加强顶层设计，及时调整办学重点。学校领导高度重视学前教育学科发展，在顶层设计上，对办学重点进行调整，在"新师范"建设中，突出重点，强化特色，聚焦义务教育和学前教育学段师资培养。这是广东第二师范学院师范教育发展的战略举措，也为学前教育专业发展提供了最有效的保障。

第二，加大资源投入，加强体制机制建设。广东第二师范学院在资金和场地紧张的情况下，想方设法为学前教育专业发展提供最大支持。2018年，学校将广州市海珠校区一栋6层2500多平方米的美术楼改名为"树人楼"，供学前教育学院使用。同时，为改善和升级学前教育专业办学硬件，学校先后投入资金1500万元，建设以"树人楼"为载体的学前教育专业教学与科研平台，已经建成了设施设备齐全的学前教育功能场室，学前教育专业的硬件水平居广东省领先地位。

优良的师资是专业建设的核心。在教育学院学前教育系的基础上，学校通过师资重组、资源优化、扩大编制、重金招聘海内外高层次学前教育专业人才

等一系列手段和机制保障，使学前教育学院聚集了一批有专业度、有工作热情的优秀人才，师资配备在广东省本科院校学前教育专业中处于领先水平。此外，我们还聘请了20多名省内知名幼儿园园长或名师担任学前教育学院的兼职教授，他们的加入凸显了学前教育专业的应用型人才培养目标的定位。

图2　广东第二师范学院学前教育学院全体教师合影

第三，积极探索合作办学，扩大招生规模。广东第二师范学院积极探索合作办学的新培养路径，扩大学前教育专业本科招生规模。例如，与珠海城市职业技术学院就学前教育专业开展合作办学、获批广东省"三二分段专升本协同育人试点名单"、与广东省外语艺术职业学院合作培养"专插本"的学前教育专业人才等。

第四，强化实践基地建设，实现大学四年全程实践。广东第二师范学院学前教育学院坚持以"全程实践"的理念来促进应用型复合人才培养目标的实现。为此，我们加强实践基地建设，扩大高校与一线幼儿园有效合作，成功申报2个学前教育专业省级教师教育示范实践基地，逐步形成了以珠三角地区为核心并辐射全省的学前教育专业实践基地群。

第五，坚持协同创新、特色发展，打造新型育人模式。广东学前教育学院学前教育专业首创的"一核四翼"育人模式，即围绕全面提升学前教育专业应用型复合人才素质这一核心，完善三类课程，利用三种途径，创设三大平台，打造三大特色。具体而言，三类课程就是构建相互关联、互为补充的学前教育理论课程、活动课程和实践课程；三种途径就是课堂教学、课外活动、校外实践,并做到课内、课外协同,本校与外校协同,高校与幼教机构协同;三个平台就是教学平台(硬件一流的学前教育实训平台)、科研平台(充满活力的学前教育研究中心)、培训平台(广东省幼儿园园长教师培训中心);三大特色包括:早幼一体(早幼师资一体化培养特色),普特融合(普通教育与特殊教育融合特色),以及差异发展(注重学生个性特长培养的差异发展特色)。

图3　广东第二师范学院学前教育专业"一核四翼"育人模式结构

三、"冲补强"项目启动以来,学前教育专业建设取得的主要成效

2018—2020年,广东省教育厅依据分类扶持高等学校发展思路,把广东省本科院校分成冲一流高校、强特色高校和补短板高校三种类型,简称高校"冲补强"项目。广东第二师范学院作为"强特色"高校,在学校党政的坚强领导下,全院上下奋发图强发展学前教育专业,取得了不俗的办学业绩。

第一,体现在学科建设上。广东第二师范学院把"学前教育学"确定为广东省特色重点学科"教育学"的主攻方向,学科建设得到倾斜扶持。

第二,体现在办学规模上。广东学前教育学院已成为广东省最大的学前教育专业本科人才培养基地。2019年,招生规模达300人以上(占全省的1/4),目前,在校学前教育专业本科生近千名。广东第二师范学院成立了全省唯一的本科学前教育学院。2019年5月26日,广东学前教育学院正式揭牌。

第三,体现在办学质量上。根据艾瑞深第三方公布的我国高校专业排名,2018年,广东第二师范学院学前教育专业在广东省排第1名,在全国排第15名;2019年,广东第二师范学院学前教育专业正式被确认为"省一流本科专业"建设点,这也是广东学前教育专业唯一的省一流专业,目前,正在向国家一流专业冲刺。

图 4 广东学前教育学院正式揭牌

图 5 2020 年广东省高等教育教学成果奖获奖证书

第四，体现在课题研究上。本人领衔的《地方本科院校学前教育专业"一核四翼"应用型复合人才培养模式的研究与实践》荣获 2020 年广东省教育教学成果奖（高等教育）一等奖。

第五，体现在学术交流上。2019 年 5 月，广东第二师范学院组织召开了"面向未来的学前教育"国际学术研讨会，与会代表 500 多人，出席专家来自美国哥伦比亚大学、英国牛津大学、西英格兰大学、澳洲西悉尼大学等。这种高规格的国际学术会议的召开在广东省学前教育界尚属首次。在这次会议上，广东第二师范学院还聘请了 10 位国外专家作为广东学前教育学院学前教育专业办学顾问。

图 6　广东第二师范学院聘请了 10 位国际友人做学前教育专业特聘顾问

第六，体现在影响力上。广东学前教育学院学前教育一流专业建设业绩先后在中央电视台发现之旅频道《聚焦先锋榜》栏目、《中国教育报》《南方日报》《羊城晚报》《广州日报》《新快报》、广东教育、早期教育、教育导刊、教育家、师道等众多新闻或教育媒体宣传报道。

广二师这个专业就业率100%

叶湛霞*

今年对广大高校毕业生而言，是不平凡的一年。据统计，今年全国高校毕业生达创纪录的874万人。

然而，作为学校新师范建设的排头兵，广东第二师范学院的学前教育专业的毕业生就业工作呈现了新气象。截至2020年6月10日，学校2020届学前教育专业毕业生就业率已达100%。

图1　学前教育专业学生参加校园招聘会

据了解，作为广东省学前教育专业唯一的"省一流本科专业"建设点，广二师学前教育专业旨在培养专业知识扎实、实践能力突出、综合素质高、适应

---

* 作者简介：叶湛霞，广东第二师范学院学前教育学院辅导员，讲师。本文发表于《羊城晚报》2020年6月13日。

能力强，具有创新精神和研究意识的幼教工作者。

"在大学四年的培养过程中，我们充分发挥学前教育专业首创的'一核四翼'应用型复合人才培养模式的育人优势，完善理论、活动和实践三类课程，利用课内、课外和校外三种途径，打造教学、科研和培训三大平台，形成早幼一体、普特融合、差异发展三大特色，为毕业生就业打开了广阔空间。"学前教育学院院长周峰表示。

据介绍，学院今年鼓励同学们转变观念，"先就业再择业"。在具体做法上，学院采取线上结合线下推荐、举办就业辅导专题讲座、个别精准对接帮扶等多种有效方式做好今年的毕业生就业工作，并鼓励毕业生到国内外高校就读研究生。据最新统计，学院2020届103名学前教育专业毕业生率先全部实现就业。

"进入6月，随着各地幼儿园陆续开始'公招'，学院学前教育专业本科毕业生呈现供不应求状态。"周峰表示。

据悉，为了进一步落实"聚焦'小儿科'，争做大文章"的办学思路，2019年5月，学校在二级学前教育学院基础上组建了"广东学前教育学院"，现已成为广东省最大的学前教育专业本科人才培养基地之一，目前，专业就业率一直稳居学校前列。

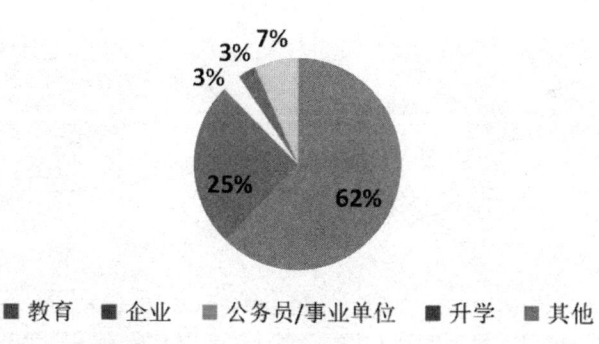

图2　广东第二师范学院2020届学前教育专业毕业生就业分布

据统计，今年学院学前教育专业毕业生全部在广东省内就业。

再上央视，看看广东第二师范学院学前教育"一核四翼"育人模式

陈咏琪[*]

2021年1月30日，中央广播电视台总台中央新影发现之旅频道播出广东第二师范学院学前教育《"一核四翼"育人模式助推一流学前教育专业建设》。

一、话说学前教育

学前教育是国家和社会治理的重大民生工程，关系亿万儿童健康成长、关系社会和谐稳定。然而，学前教育是我国教育发展中的"短板"，发展不平衡、不充分的问题十分突出。高水平幼教队伍建设落后则是"短板"中的"短板"。大力发展学前教育离不开学前教育师资的培养。

图1 聚焦先锋榜栏目采访周峰教授

党和政府对学前教育高度重视，努力弥补学前教育"短板"，师资培养能够快速促进学前教育的发展，是学前领域发展的重要抓手。

---

[*] 作者简介：陈咏琪，学生，广东第二师范2015级学前D班。本文发表于2021年1月31日广东第二师范学院微信公众号。

经过近十年的探索，针对当前高校学前教育专业办学实践中普遍出现的突出问题，广东第二师范学院学前教育借鉴发达国家"新大学运动"的办学经验，认真领会国家关于应用型本科高校转型发展精神，并积极结合学前教育专业建设基础和广东省经济社会发展的需要，在学校党委书记王左丹、校长廖伟群的大力支持与指导下，提出"办小儿科、做大文章"的办学方略，确立协同创新，特色发展的办学理念，逐步形成了地方本科院校学前教育专业"一核四翼"的育人新模式。

通过创新和实践，广东第二师范学院正逐步将学前教育学院打造成为广东省高质量的省级幼儿园园长和教师培训基地、高水平的学前教育研究中心，高层次的学前教育咨询与服务机构，实现为党育人，为国育才。

二、"一核四翼"育人模式

为了实现学生素质的全面提升，广东第二师范学院学前教育办学通过"四个三"的工作来推动。

图2　学前教育专业"一核四翼"育人模式结构

①开发三类课程：理论课程、活动课程、实践课程。
②打造三种途径：课堂教学、课外活动、校外实践。
③打造三大平台：教学平台、科研平台、培训平台。
④营造三大特色：早幼一体、普特融合、差异发展。

三、学前人的话

图 3　广州市第二幼儿园园长　张秀英

"因为他们年轻，有一些大胆的尝试，带给我们孩子不少的惊喜。"

图 4　广州市天河区金穗幼儿园园长　徐云燕

"他们来到我们幼儿园之后，学习非常认真，很快就适应了幼儿园的一些工作，相信在幼儿园的培养下，他们一定会成长得更好。"

图 5　广东第二师范学院学前教育学院 2020 届毕业生　叶子朋

"大学四年的学习我收获了很多专业理论知识,学校也提供了很多参加社会实践的机会,可以让自己的理论更好地在一线工作中去落实、落地。在这些孩子身上能够看到很多美好的东西。"

四、未来发展

(1) 创办附属幼儿园或者实验幼儿园,与更多广东省省内优质的幼儿园进行结对。

(2) 加强与国内外学前教育比较好的学校合作。

(3) 与社会各界想办学前教育的产业学院进行合作。

周教授的文章受到学界关注

郑 瑜[*]

2022年4月3日，广东省中小学德育研究与指导中心执行主任周峰教授的文章《"一核四翼"育人模式，为学前教育专业插上腾飞翅膀》，在我国最具影响力的中央级新闻媒体"新华网"一经发表，就受到学界关注。

图1 周峰教授生活照

周峰教授在担任广东省中小学德育研究与指导中心执行主任之前，曾长期担任广东第二师范学院教育学院院长，他还亲手创办了广东第二师范学院学前教育学院和教师教育学院并曾兼任这两个学院的院长，对广东第二师范学院学前教育专业的发展倾注了大量的心血。在他担任院长期间，2009年，创办了学前教育专业专科；2011年，将学前教育专业专科升级为学前教育专业本科；2018年，在学前教育系基础上成立广东省第一个本科学前教育学院。但作为学前教育领域的一员新兵，如何建设一流的学前教育专业，他们没有现成的经验，只能借鉴国内外其他高校的经验，结合自身学校实际进行探索。为此，周峰教授带领学前教育专业全体师生着力于育人模式的改革创新，经过十多年的努力，

---

[*] 作者简介：郑瑜，女，广东省中小学德育研究与指导中心培训部秘书。本文发表于2022年4月6日广东省中小学德育中心微信公众号。

逐步形成了个性化、可复制的地方本科院校学前教育专业"一核四翼"育人模式。2020年，该教改成果荣获广东省教育教学成果奖（高等教育）一等奖，这是该届学前教育专业唯一的获奖成果。

图2 学前教育专业"一核四翼"育人模式结构图

图3 广东省教育教学成果奖获奖证书

学前教育专业"一核四翼"育人模式，紧紧抓住"协同、创新、特色、发展"这四个关键词，围绕全面提升学前教育专业应用型复合人才素质这一核心，完善三类课程，利用三种途径，创设三大平台，打造三大特色。如今，这一模式受到了学前教育界的广泛关注，周峰教授的文章一天浏览量到达50万次就是最好的证明。我国著名教育家、北京师范大学资深教授顾明远先生为广东学前教育学院和"一核四翼"育人模式题字。

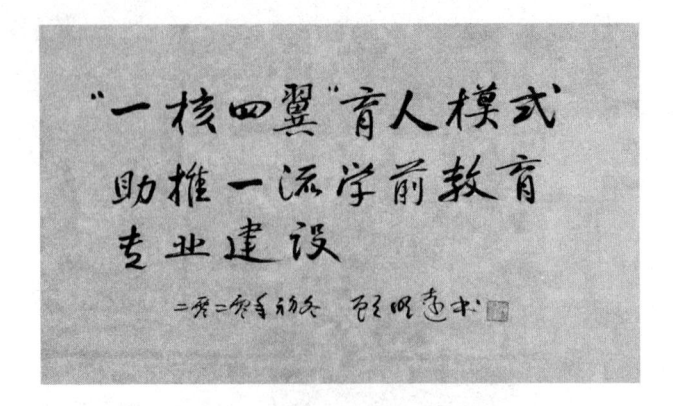

图4 著名教育家、北京师范大学资深教授顾明远先生题字

在已公示的第十届广东省教育教学成果奖名单中，周峰教授领衔的《广东基础教育高端人才"三高一低"培养模式的研究与实践》又获一等奖。如今，周峰教授正潜心于广东省中小学德育的研究与指导。我们期待省德育中心能引领广东省中小学德育改革与创新，多出成果，多出人才，为广东基础教育高质量发展做出更大的贡献。

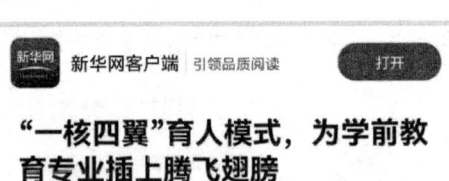

图5 周峰教授在新华网发表文章的浏览量

"一核四翼"育人模式，为学前教育专业插上腾飞翅膀

中央广播电视台总台 中央新影发现之旅频道。

新闻视频《"一核四翼"育人模式助推一流学前教育专业建设》，扫码观看。

后 记

广东省教育教学成果奖和广东省科研成果奖（含哲学社会科学、自然科学和技术发明）是省级政府奖励，含金量大，竞争激烈。广东省教育教学成果奖自2000年设立以来，每两年评选一次，本人曾先后四次获奖。本人主持的《珠江三角洲教育现代化个性化办学研究》荣获2001年广东省教育教学成果奖（基础教育）二等奖，该成果收入2002年广东人民出版社出版的《珠江三角洲学校教育现代化模式研究》一书；本人主持的《中小学优质学校及其创建研究》荣获2017年广东省教育教学成果奖（基础教育）二等奖，该成果于2012年以《创建优质学校：理论探索与行动策略》为名由天津教育出版社出版；本人主持的《地方本科院校学前教育专业"一核四翼"应用型复合人才培养模式的研究与实践》荣获2019年广东省教育教学成果奖（高等教育）一等奖，这也是广东第二师范学院省级高教成果奖的新突破，成果内容较为丰富，集中反映了广东学前教育学院作为学前教育专业新兵，用短短十年时间创建国家一流专业的办学业绩。

根据2021年7月颁布的286号《广东省人民政府令》，广东省教育教学成果奖由每两年评选一次改为每四年评选一次，与国家教育教学成果奖同步。该令第十八条规定："个人获得省教育教学成果奖的情况应当记入本人档案，所在单位在获奖个人的业绩考核、职称评定、岗位聘任、评优评先等方面，应当按省级表彰落实相关待遇。" 2021年，在四年一评的第一次广东省教育教学成果奖的评选中，竞争异常激烈。本人主持的《广东基础教育高端人才"三高一低"培养模式的研究与实践》脱颖而出，成为在新一轮广东省基础教育"百千万人才培养工程"前后两届共20多个项目中唯一获奖成果，并荣获一等奖，该成果还被广东省教育厅推荐送教育部参评2021年国家教育教学成果奖。为此，作为项目主持人，我有责任把2019年和2021年两项获奖成果汇编成书，公开出版。

在编辑出版过程中，我要感谢光明日报出版社的鼎力支持，感谢广东第二师范学院科研处毕振力处长，教育学院郭凯院长、苏鸿副院长，高慎英教授，教师教育学院朱旭副教授的大力支持，感谢广东省中小学德育研究与指导中心姚汶璇、蔡弋鹏两位同志认真负责地对本书进行编辑校对，还要感谢叶湛霞老师在本书编辑出版过程中付出的辛勤劳动。

由我主编的《学前教育专业"一核四翼"育人模式探索》和《基础教育高端人才"三高一低"培养模式探索》，作为广东第二师范学院"新师范"建设的成果，也是广东省特色重点学科"教育学"的建设成果，虽然都荣获广东省教育教学成果奖一等奖，但我深知两项成果还有许多尚待探索完善之处，现公开出版，以便同行专家批评指正。

本书出版得到广东第二师范学院"省特色重点学科教育学"和"新时代教育学创新研究团队"建设经费的资助，同时，还得到光明社科文库的资助，特此致谢！

周峰　谨上

2023 年 2 月 12 日